Erika Friedl

Die Frauen von Deh Koh

Geschichten aus
einem iranischen Dorf

*Aus dem Amerikanischen von
Jutta Ostendorf*

KNESEBECK & SCHULER

Titel der amerikanischen Originalausgabe:
Women of Deh Koh, Lives in an Iranian Village
© 1989 by Smithsonian Institution Press

CIP-Titelaufnahme der Deutschen Bibliothek

Friedl, Erika:
Die Frauen von Deh Koh: Geschichten aus einem iranischen Dorf/Erika Friedl.
Aus dem Amerikan. von Jutta Ostendorf – München:
Knesebeck & Schuler, 1991
Einheitssacht: Women of Deh Koh <dt.>
ISBN 3-926901-41-1

Copyright © 1991 by von dem Knesebeck & Schuler
GmbH & Co. Verlags KG, München
Umschlaggestaltung: Dieter Zembsch, München, unter
Verwendung eines Fotos von R. Löffler
Herstellung: Heidi Kitz, München
Satz: Utesch Satztechnik, Hamburg
Druck und Bindung: Pustet, Regensburg
Printed in Germany

Für Kati und Agnes,
damit sie sich erinnern

Einleitung

Deh Koh bedeutet »Bergdorf« und ist ein erfundener Name für ein wirkliches Dorf, eines von ungefähr vierzigtausend im Iran. Die meisten Dörfer sind wie Oasen aus eng aneinander geschmiegten Häusern inmitten von Feldern, die – wie die Leute sagen – eine einsame, karge Wildnis umgibt. Auch Deh Koh ist so ein Dorf: Schmutz, Staub, Mauern aus Lehmziegeln, Mauern aus Steinen, Brombeergestrüpp, Esel, Schafe, Ziegen, Kühe, Motorräder, ein paar Autos, sonnenverbrannte Menschen im Schatten und sehr viele Kinder. Pappelgesäumte Bewässerungskanäle laufen wie Lebensadern entlang der Straßen, kreuzen die Gassen und ziehen sich durch Gärten und Felder.

Deh Koh ist wegen seiner Hochlage und des Wasserreichtums begünstigt – trotz der steinigen Felder, der kalten, schneereichen Winter, der scheinbaren Abgeschiedenheit und der mühseligen Kletterei. Die Luft ist sauberer, sagen die Leute, der Wind ist frischer, die Aussicht über die bewaldeten Hügel ist lieblicher, die Äpfel sind süßer, die Schafe fetter und die Kinder gesünder als in der drückenden Hitze der Tiefebene. Sogar die Fliegen scheinen hier weniger lästig zu sein, und die traditionellen Röcke und langen Hemden der Frauen, ein Erbe der Stammesgeschichte, sind viel kleidsamer und farbenprächtiger als anderswo. Alles in allem leben die Leute gerne in Deh Koh.

Obwohl heute eine gut ausgebaute Straße die größeren und kleineren Orte der Gegend verbindet, ist eine Reise nach Deh Koh ein abenteuerliches Unterfangen. Aber eigentlich machen fast alle Dörfer im Iran für den Außenstehenden einen abgeschiedenen und vergessenen Eindruck. Wie überzeugend dieser Eindruck auch sein mag, er täuscht; er spiegelt die romantische Vorstellung der Städter wider, in der die Dorfbewohner am Horizont der Stadt hinter ihren Toren und Mauern wie Zwerge hinter Maulwurfshügeln verschwinden. Trotz Armut und Bildungsmangel gibt es kaum ein Dorf im Iran, das nicht an der nationalen und regionalen Politik Anteil nimmt. Die Dörfer sind nicht mehr (und es ist fraglich, ob sie es jemals waren) voneinander isoliert und von der Außenwelt abgeschottet, auch wenn sie nicht gerade als Nährboden politischer Aktivitäten oder sozialen Wandels gelten können.

Deh Koh hat über zweitausend Einwohner und mit vier Prozent eine der höchsten Wachstumsraten der Welt. Die landwirtschaftliche Nutzfläche, die sehr stark von den Bewässerungsmöglichkeiten, dem Niederschlag und dem Steigungswinkel der Hänge bedingt wird, reicht schon seit Generationen für die Ernährung einer sich so stark vermehrenden Bevölkerung nicht mehr aus, und die Männer mußten woanders Arbeit finden. Die einen verlassen das Dorf für immer, die anderen nur für ein paar Jahre, viele bleiben während der Wintermonate fort. Immer mehr junge Männer lernen ein Handwerk oder gehen zur Schule. Aus dem Dorf sind viele Lehrer hervorgegangen, zwei Ärzte, einige haben auch die Universität besucht. Fremde kommen und gehen: Angestellte des staatlichen Krankenhauses, Verwaltungsbeamte, Mittelschullehrer, sogar Händler, die Deh Koh in ein Handelszentrum für die weitverstreuten Nachbardörfer verwandelt haben. Seit zwanzig Jahren hat man Radios, und seit das Dorf vor ein paar Jahren an das öffentliche Stromnetz angeschlossen wurde, gibt es auch Fernsehen. In den Schulen wird die Landessprache Farsi unterrichtet, die sich stark vom lokalen Dialekt unterscheidet, und alle, bis auf die ganz widerspenstigen, alten Leute, können sie verstehen. Junge Männer verlassen Deh Koh wegen des Militärdienstes, der Arbeit oder der Ausbildung, und wenn sie zurückkommen, haben sie sich geändert und verändern ihrerseits das Dorf, das gegenüber Neuerungen aufgeschlossen ist.

Es gibt keine Stammesfürsten, keine Grundbesitzer, keine allgegenwärtige Polizei und keine Soldaten des Schah mehr. Die Zeiten des Mohnanbaus und der bitteren Armut, als Grundbesitzer die Dörfer mit ihrem bewaffneten Gefolge tyrannisierten und ausbeuteten, sind vorbei. Aber auch die herrlichen Zeiten, als man noch zur Jagd ging, sind vorüber. Kaum daß sich noch jemand an die erste Zeit bescheidenen Wohlstands erinnert, als man die ersten Schulen und die Straßen baute, als die Wasserleitung direkt von der Quelle ins Dorf verlegt wurde, die ersten Lehrer ihr erstes Gehalt für die Familien heimbrachten und der erste Arzt seine Visiten machte. Sogar die ersten Demonstrationen und Propagandasprüche gegen den Schah, die erste Revolutionsgarde, der erste gefallene Soldat, der erste von vielen Mullahs sind nun Geschichte. Seit dem Auftauchen der Revolutionsfunktionäre sind das Singen, die Hochzeitstänze und die Musik zu Erinnerungen geworden, an denen die Jugend keinen Anteil hat. Das Leben geht natürlich weiter, mag es für einige auch noch so reduziert erscheinen. Alte Menschen sterben und werden mit dem von den neuen Machthabern verordneten Aufwand beerdigt. Junge Leute heiraten, aber in aller Stille, fast als ob es ein Geheimnis wäre. Kinder werden geboren, aber anders als in früheren Zeiten überleben heute die meisten. Man schließt Kompromisse zwischen alten Gewohnheiten und neuen Forderungen und schraubt seine Erwartungen herunter. Immer weniger Familien können es sich leisten, neue Häuser aus Stein und Zement mit Gärten wie in der Stadt zu bauen, aber es werden noch neue Häuser gebaut. Weniger Mädchen gehen zur Schule, und nur noch einige junge Leute bekommen die Arbeit oder Ausbildung, die sie sich erhofft hatten. Vielleicht zum ersten Mal in der ganzen Geschichte des Dorfes sind viele Menschen müßig. Junge Männer warten auf Arbeit. Die Frauen werden mit der Tatsache konfrontiert, daß ihre traditionellen Hausarbeiten wie Melken, Buttern, Spinnen und Weben sich so nach und nach erübrigen, weil die Männer das Vieh verkaufen und ihren Unterhalt anderweitig verdienen.

Der Horizont der Dorffrauen hat sich im Laufe der letzten Jahre stetig verengt. Es ist den Frauen schmerzlich zu Bewußtsein gekommen, daß Schulbildung für sie im Gegensatz zu ihren Brüdern nicht so ohne weiteres zu einer Arbeit und einem bequemen Mittelklasseleben führt. Die neue Gesellschaftsordnung, die seit zwölf Jahren herrscht, hat nicht nur sehr wenige neue Perspektiven eröffnet, sondern viele der bestehenden vernichtet. Da die Ställe leer sind, erübrigt es sich, den Sommer in den höhergelegenen Weidelagern zu verbringen; die Wasserleitung im Hof macht die Wege zum öffentlichen Wasserhahn überflüssig; neue Häuser, abgeschottet hinter Mauern, erschweren es den Frauen, ungezwungene Augenblicke miteinander zu verbringen; die kunstvollen Reigentänze der Frauen bei Hochzeiten sind verboten; im Dorf sind viele Fremde, und man tut gut daran, nicht in ihrer Nähe gesehen zu werden. Die Frauen bleiben öfter zu Hause, da die Öffentlichkeit zur Sache der Männer geworden ist, sogar im Dorf.

Die Frauen im Iran scheinen immer unsichtbarer zu werden, nur noch bloße Schatten unter ihren dunklen Schleiern. Aber natürlich gibt es sie noch, sie sind, zwar schweigend, sogar eine Mehrheit. Aber wie sehen sie aus? Was denken sie? Wer verteidigt ihre Rechte?

Das sind schwierige Fragen. Hier geht es um die Wahrnehmung von Interessen, um Auslegung und um Macht. Fast alles, was wir über Frauen im Iran hören, kommt von iranischen Männern, die am Beispiel der Dorfbevölkerung ihren eigenen politischen Standpunkt zur Verteidigung der Revolution oder zur Kritik an den Exilanten klarmachen wollen, oder von gebildeten, westlich orientierten Frauen der Mittelschicht. Wie wohl die meisten Städter, sehen auch diese Frauen mit einer Mischung aus Ablehnung und Mitleid auf ihre Schwestern aus dem Dorf herab und benutzen Stereotypen, die so alt wie die Dörfer selbst sind: Ihrer Meinung nach sind Frauen aus dem Dorf (und das ist bei weitem die Mehrzahl aller iranischen Frauen) schmutzig, dumm, unterdrückt, abergläubisch und dringend aufklärungsbedürftig.

Dorffrauen wie die aus Deh Koh wissen, was andere über sie denken, und es ist ihnen nicht gleichgültig. Aber sie haben keine Möglichkeit, sich ins rechte Licht zu rücken. Ein paar Sozialwissenschaftler haben sie und ihr Anliegen ernst genommen; ein Reisender war vielleicht einmal von ihrer Gastfreundschaft angetan; ab und zu haben sie einen Dichter inspiriert, ihr vermeintlich »wunderschönes«, »würdevolles« oder »schweres und freudloses« Leben in Poesie umzusetzen. Diese mitfühlenden

9

Interpretationen kamen immer nur aus »zweiter Hand« und haben mich deshalb bewogen, einmal genau hinzuhören, was die Frauen von Deh Koh selbst über ihr Leben sagen, und zu versuchen, ihre Geschichten niederzuschreiben. Ich bin sicher, daß diese Frauen uns etwas über ihr Leben erzählen können, was keine wissenschaftliche Abhandlung über das Dorfleben oder eine dichterische Interpretation mit ähnlicher Authentizität vermitteln kann. In diesem Sinne sind die Geschichten Erzählungen von Dorffrauen und nicht über Dorffrauen.

Sie sind eine Auswahl aus vielen, die ich in den letzten zwanzig Jahren während einer Langzeitstudie über Landfrauen im Iran gesammelt habe. Ich habe diese elf speziell unter dem Gesichtspunkt ausgewählt, daß sie ohne gravierende Überschneidungen und Wiederholungen eine höchstmögliche Anzahl von typischen Familiensituationen wiedergeben, in denen sich die Frauen irgendwann einmal in ihrem Leben befinden, gerne befinden würden oder sich hoffentlich niemals befinden werden. Diese elf Geschichten (die Zahl hat keine besondere Bedeutung) erfüllen weiter das wichtige Kriterium, »gute« im Gegensatz zu »langweiligen« Geschichten zu sein: Sie sind spannend, da das Leben selbst auch spannend ist, selbst wenn darin der Grund für so viele Komplikationen liegt. Aber trotz ihres dramatischen Inhalts sind die Geschichten nicht ungewöhnlich; sie behandeln ernsthafte Herausforderungen, eine kritische Grenzsituation, in der die Handlungs- und Bedeutungsspielräume sich verengen, sich zuspitzen und in der die Konsequenzen akut spürbar werden.

Die Geschichten mögen mitunter traurig oder entmutigend erscheinen. Deshalb möchte ich klarstellen, daß Melancholie oder Mangel an Lebensfreude keine Auswahlkriterien waren. Das Leben in ländlichen Gebieten des Iran ist für die meisten Menschen nachweislich sehr schwer. Eine andere Vorstellung zu erwecken, wäre eine Romantisierung. Mein Bestreben ist es nicht, als weitere Stimme im Chor der feministischen, kritischen oder einfach ethnozentristischen Verlautbarungen, die Armut der Landfrauen und die Übermacht der Unterdrückungstaktiken einer Ideologie zu verurteilen. Das alles wurde schon oft getan. Ich will vielmehr eine Wissenslücke schließen und darstellen, was die Frauen selbst von ihrer Situation halten, wie sie ihre Kultur, ihre persönlichen Beziehungen und ihre Lebensphilosophie benutzen, um ihr eigenes Leben und das ihrer Mitmenschen zu gestalten. In anderen Worten, die Geschichten sollen von der emotionalen und praktischen Findigkeit der Frauen, ihrer Vorstellung von der eigenen Lebenswelt und ihrem Schneid zeugen, mit dem sie ihre wenigen Vorteile gegen viele Widrigkeiten ausspielen.

Wenn in den Geschichten die Männer unterrepräsentiert, unwichtig oder sogar vernachlässigt zu sein scheinen, so liegt das nicht daran, daß ich aus feministisch-chauvinistischen Gründen ihre Bedeutung verleugne. Vielmehr spiegelt das die Geschlechtertrennung in der örtlichen Gesellschaft wider. Obwohl Männer und Frauen sich gegenseitig beeinflussen, agieren sie nicht zusammen. Männer schaffen den Rahmen für eine Rangordnung und die wirtschaftlichen Verflechtungen und haben die häusliche, rechtliche und ausführende Gewalt. Er läßt den Frauen jedoch genügend Handlungsspielraum. Davon handeln die Geschichten. Erreichen die Frauen die Grenzen ihrer Machtbefugnis, der Toleranz oder Flexibilität der Männer, treten jene auf den Plan und sprechen ein Machtwort. Im täglichen Leben aber sind es eher die Frauen selbst, die sich gegenseitig Grenzen setzen. Deshalb sind Frauen bei der Gestaltung des täglichen Lebens, das sich aus unzähligen angenehmen und unangenehmen Einzelheiten zusammensetzt, wichtiger als Männer. Das Bild, das sich daraus vom Dorfleben ergibt, ist geschlechtsspezifisch nicht ausgewogen. Es wäre anmaßend zu behaupten, ich wüßte genausoviel über die Welt der Männer wie über die der Frauen, aber dennoch können wir eine gewisse Vorstellung vom Dorfleben als Ganzes bekommen, wenn wir uns durch das Reich der Frauen vortasten und ihnen bei ihren Selbstgesprächen und Unterhaltungen lauschen.

Von den vergangenen zwanzig Jahren habe ich fast fünf als Gast in Deh Koh verbracht und habe Zuhören gelernt. Ich bin keine »Frau aus Deh Koh« geworden – das wäre sowohl in meinen Augen als auch in den Augen der Menschen in Deh Koh absurd –, aber zumindest errege ich dort kein Aufsehen mehr. Ich bin anders, aber man ist doch mit mir vertraut. Es ist so, als ob ich während einer Theateraufführung aus nebensächlichem aber doch legitimem Grund auf der Bühne anwesend gewesen sei, zumal auf einer Bühne, auf der mehrere Szenen gleichzeitig gespielt werden. Die Kulisse bildeten der Pomp des Schah, die arrogante Zurschaustellung der Ölgelder der Neureichen, die in Schwarz gehüllte Revolutionshysterie und ihr blutrünstiger Zwillingsbruder, der endlos lange Krieg.

Die Geschichten sind Aufzeichnungen solcher Szenen. Sie könnten »ethnographisch« genannt werden, weil sie sich wirklich zugetragen haben und die Handlungen und die ihnen zugrundeliegende Gefühlsstruktur in einer bestimmten Kultur verankert sind, bei der ich als Chronist und Übermittler der Ereignisse und Meinungen fungiere. Zum Beispiel gibt die Geschichte von Haji Rezas Verhaftung den Humor seiner Nachbarn und nicht unbedingt meinen eigenen wieder; die Verachtung für Aftab ist die Verachtung der Dorfbewohner von Deh Koh; Altersangaben mache ich selten in Jahren, da es nicht um exakte Zeitrechnung geht, sondern darum, wie alt man sich fühlt und gibt; die Klagen über Staub und Schmutz sind die Klagen der Dorfbewohner; die Begriffe Liebe und Haß benutze ich nicht, weil es sie im Dialekt der Gegend nicht gibt. Einige Geschichten (zum Beispiel Mamalus' Geschichte im siebten Kapitel) enden in einer niedergeschlagenen Stimmung, in der wir uns zur Zeit des Erzählens befanden. Der reichliche Gebrauch von Hilfsverben und die ständige Wiederholung einfacher Verben wie wollen, gehen und sagen statt des Gebrauchs von Synonymen gibt den sachlich nüchternen Erzählstil der Frauen wider. Obwohl ich nicht versuche, die Sprache, so wie sie in Deh Koh gesprochen wird, nachzuahmen, hätte ein mehr literarischer Prosastil den Geschichten Lebhaftigkeit, Bewegung und Vielfalt verliehen, wie sie dem Dorf in dieser Form fremd sind. Aus demselben Grund, vielleicht zum Nachteil von Lebhaftigkeit und Tiefgang, habe ich mich davor gehütet, die Geschichten mit mehr Gefühl zu überfrachten, als wirklich zur Zeit der Ereignisse ausgedrückt wurde, oder dramatische Akzente nach meinem Gutdünken zu setzen, wie sehr es auch manchmal danach aussehen mag. Aber auch die Reduktion im Erzählstil und im Ausdruck von Gefühlen schafft einen eigenen Stil emotionaler Kargheit. Hier kommen nicht so sehr meine eigene Interpretation durch Sprache und meine Vorliebe zum Ausdruck als vielmehr die allgemein gedämpfte »Weltanschauung in Bodennähe«, wie die Weberin Sarah es ausdrückte.

Ich habe viele Ereignisse selbst miterlebt. Zum Beispiel war ich anwesend, als Shala geboren wurde (erstes Kapitel). Ich war gnädigst in den Hintergrund verbannt, wo keiner Notiz von mir nahm. Als Turans Vergewaltigung (sechstes Kapitel) diskutiert wurde, saß ich unsichtbar im Schatten und murmelte nur verständnisvoll und mitfühlend. In der Geschichte, in der Mamalus erzählt, gebe ich Erklärungen und Zwischenbemerkungen ab, indem ich den Erzählerstandpunkt der Frauen benutzte und mich in der dritten Person beschreibe, um den Erzählstil nicht zu unterbrechen. Andere Ereignisse hat man mir persönlich erzählt oder sie wurden im Dorf freimütig diskutiert. Zum Beispiel habe ich nur einen von Setaras vier Ehemännern kennengelernt (neuntes Kapitel), und Schmetterling und ich grüßten uns nur, bevor ihre Mutter sie wieder zu sich nach Hause holte (zehntes Kapitel); aber Setara spricht offen mit mir und anderen über ihre Vergangenheit, und viele Dorfbewohner sagen ihre Meinung zu Schmetterlings Problem. Zur Wahrung der Anonymität habe ich mir bei Namen und Einzelheiten einige Freiheiten herausgenommen. Aber jeder Name wird in den Geschichten nur für eine bestimmte Person verwendet. Sie sind im Dorf sehr populär und spiegeln die wechselnden Moden wider. Einige Ereignisse, die andere Personen erlebt oder die sich zu anderen Zeiten zugetragen haben, wurden zeitlich gerafft und zusammengefaßt, um sie kürzer und unkenntlich zu machen. Dennoch gibt es in den Geschichten eine Vielzahl von Mitwirkenden. Ich habe bewußt das weitverzweigte Verwandtschaftssystem nicht schrumpfen lassen, damit das Gefühl für die Komplexität der Beziehungen, in denen die Dorfbewohner leben, nicht verlorengeht.

Diese Veränderungen beeinträchtigen nicht den Wahrheits- und Realitätsgehalt der beschriebenen Ereignisse. Bei einem solchen Unterfangen gibt es in meinen Augen sowieso keine absolute »Wahrheit«. Keiner wird jemals herausfinden, was eigentlich wirklich mit Gouhars Schmuck passiert ist (und ich bezweifle stark, daß sie es selbst weiß), oder wann Schmetterling anfing, sich merkwürdig zu verhalten, oder wer wen in Sarahs Ehe vernachlässigte, oder ob es wirklich eine Vergewaltigung gegeben hat. Aber was die Frauen über sich selbst und andere sagen und was ihrer Meinung nach passiert ist und auf welche Art von Wahrheit sie ihre Vorlieben, Abneigungen und Handlungen gründen, macht genau die Realitätsebene aus, auf der jede einzelne ihre existenziellen Probleme ausdrückt und die Kultur auf bestimmte Art und Weise gestaltet. Auf dieser Ebene wird das Drama des Lebens in diesen Geschichten betrachtet.

ERSTES KAPITEL

Ein Nachzügler, und wie Perijan mit dieser peinlichen Situation fertig wurde

Als Perijan ihr sechstes Kind, den vierten Sohn, nicht mehr stillte und der kleine Kerl nicht mehr ständig herumgetragen und verhätschelt werden wollte, begann sie, sich wie eine alte Frau zu kleiden und sich auch so zu fühlen. Über ihre bodenlangen Alltagsröcke aus rotbedrucktem Baumwollstoff (jeder war etwa vierzehn Meter weit) zog sie nun einen dunkelgrünen, wenn sie aus dem Haus ging, und auch ihr langes, tunikaartiges Hemd war dunkel. Das weiße Gazekopftuch tauschte sie gegen ein dunkelrotes aus, wodurch ihr schmales Gesicht noch schmaler, ihre Nase größer und die vielen Falten um die Augen und in ihrem müden Gesicht noch tiefer wirkten. Nach altem Brauch war sie schon vor der Pubertät verheiratet worden und hatte vier Fehlgeburten, bevor sie ihr erstes Kind bekam. Es starb bald nach der Geburt. Unter den kritischen, erwartungsvollen Blikken ihrer Schwiegermutter wuchs ihr verzweifelter Wunsch nach Kindern. Sie ließ Amulette schreiben, sie machte Wallfahrten, versprach den Heiligen Opfergaben, und brachte ihren Mann Ahmad dazu, oft Almosen zu geben.

Die nächsten sechs Kinder blieben am Leben. Es wurde eng in den zwei kleinen Räumen, und Ahmad konnte die Vorratskammern in den dicken Erdwänden gar nicht so schnell mit Weizen füllen, wie die hungrigen Mäuler sie leerten. Sie besaßen nur ein paar kleine Flecken Land und einige magere Tiere, die sie gerade so durchbrachten; für Annehmlichkeiten blieb nichts übrig. Perijan fand, daß sie eigentlich ein reiches Leben gehabt hatte, es war reich an Entbehrungen und arm an Freuden gewesen, und sie hatte alles ertragen,so gut sie konnte,und ohne zu klagen. Als die Schwester ihrer Mutter starb, eine alte Frau, die niemand so recht vermißte, kaufte sich Perijan, wie es sich zu diesem Anlaß geziemte, einen dunkelblauen, glänzenden Synthetikstoff mit großen lila Blumen für ein Hemd. Er paßte zur Trauerzeit, aber auch zu ihrer neuen Rolle als Matrone: Nun trat sie zurück, um der Jugend die Verantwortung für die Hausarbeit und das Kinderkriegen zu überlassen. Sie hatte alles hinter sich. Sie hatte sich als Frau, Mutter, Tochter, Schwester und Schwiegermutter bewährt. Sie konnte sich getrost zur Ruhe setzen.

Aber obwohl sie dem Bild einer Frau gerecht wurde, die den Zweck ihres Lebens erfüllt hat, wurde sie wieder schwanger, als ihr jüngstes Kind bereits fünf Jahre alt war. Zuerst war sie wütend, dann hilflos und dann schämte sie sich fürchterlich. Die Rückenschmerzen, Erschöpfungszustände, Eßgelüste und Weinkrämpfe zogen sich über Monate hin. Sie ging kaum noch aus dem Haus, weil sie den Klatsch, die unvermeidlichen Kommentare und die groben Witze fürchtete. »Nie wieder«, sagte sie, »unter keinen Umständen.«

Ihre Töchter, beide verheiratet und die ältere selbst schwanger, trösteten sie. »Jetzt ist es passiert«, sagten sie, »Gott hat es eben so gewollt. Sei dankbar, es gibt keinen Grund, sich zu schämen.«

Alle dachten so wie die Töchter: ihre Schwestern, die Frau des Bruders ihres Mannes, ihre Brüder und deren Frauen. Ihre alte und gebrechliche Mutter sagte sogar: »Gut, gut, je mehr, desto besser.« Oh, diese alten Frauen! Ihr Mann Ahmad sagte wie immer gar nichts, aber er sah zufrieden aus.

Das Baby wurde in einer stürmischen Winternacht geboren. Es war ein Mädchen, größer und kräftiger als Perijans andere Kinder es gewesen waren. Die Hebamme und fünf weitere Frauen waren bei der Geburt in der guten Stube dabei. Das geschäftige Hin und Her der Frauen brachte immer wieder kalte Luft und etwas Schnee von draußen herein. Als die Kerosinlampe plötzlich von einem kalten Windstoß ausgeblasen wurde, herrschte in der stockdunklen Stube großes Durcheinander, bis eine Sturmlaterne aus der Küche hereingebracht wurde. Perijans verwitwete Schwester Maryam hatte sich auf dem Teppich neben dem glühendheißen Holzofen ausgebreitet, eingehüllt in die Rauchschwaden ihrer Wasserpfeife. Das Gurgeln und Blubbern aus der Wasserpfeife unterbrach sie mit Befehlen und guten Ratschlägen, die aber keiner so recht beachtete. Die jüngere Tochter bereitete Tee. Jemand stritt mit einem der Söhne übers Feuerholz. Eine der Frauen fragte Perijan, wo sie ihren Zuckerschneider, den man zum Zerkleinern der harten Zuckerhüte brauchte, aufbewahre, und wo denn die guten Teegläser, die Streichhölzer, ein Docht für die Kerosinlampe und die Süßigkeiten für die Hebamme wären? »Nein«, sagte sie zwischen Seufzen und Stöhnen. »Nicht dieses Tablett, nimm das rote, und die Babywindeln sind im obersten Koffer hinter dem Vorhang, nicht doch, der andere Vorhang. Der große Wasserkessel? Ach, ich weiß es doch auch nicht! Vielleicht hat dein Vater ihn im anderen Zimmer – sei vorsichtig, weck ihn nicht auf!« Die Hebamme trank ihren Tee und hielt einen Vortrag über die Vorzüge der Pille. Es sei rückständig, mehr Kinder in die Welt zu setzen, als man ernähren könne. »Sogar der Schah hat nur vier«, sagte sie, »hier im Dorf sind die Frauen wie Milchkühe; jedes Jahr ein neues Kalb, immer volle Euter.«

Die Frauen nickten. »Ja, ja«, sagte Perijans Schwester. »Wenn ich daran denke, als mein jüngstes letztes Jahr geboren wurde...«

Perijan ging auf und ab, soweit das in dem kleinen, überfüllten Raum möglich war. Sie setzte sich auf den schäbigen, alten Teppich, den sie sorgfältig als ihr Kindbett ausgelegt hatte, damit der gute nicht bei der Geburt beschmutzt würde. Dann stand sie aber gleich wieder auf, preßte die Hände in die Seiten und biß die Zähne zusammen. »Leg dich hin, Tante Perijan«, sagte die Hebamme. Es war ein überflüssiger Rat, Perijan hörte nicht zu.

»Oh, Fatima«, jammerte Perijan, »heilige Maria, o heilige Sarah.« Sie wußte, wann sie pressen mußte. Sie wußte, wann der Kopf des Babys herauskommen würde. Als es soweit war, hockte sie sich auf die Gummimatte, die die Hebamme auf den abgenutzten Teppich gelegt hatte. »Jetzt«, stöhnte sie, und das Baby war da. Gott sei Dank, Gott sei gelobt. Die Nabelschnur wurde abgetrennt, das Baby mit einem Lappen abgerieben und gewickelt. Dann legte man das Bündel auf ein Kissen und deckte es mit einem alten Schleier zu. Die Nachgeburt wurde untersucht und hinausgetragen; man reichte wieder Tee. Die schmutzigen Kleidungsstücke wurden weggeräumt, und wieder wehte etwas Schnee herein.

Die Hebamme gab Perijan eine Spritze – »zur Stärkung«, sagte sie – und maß den Blutdruck. Dann warf sie die Utensilien in ihre Tasche. Sie war müde. Drei Geburten in zwei Tagen, und das mit einem Lohn kaum halb so hoch wie der eines Lehrers! Und der mußte nie nachts raus! Und außerdem hatte man sich noch mit halsstarrigen Frauen wie Tante Perijan abzuplagen, die sich nicht hinlegen wollten, wie der Doktor es befahl. Statt dessen liefen sie herum wie wilde Tiere im Käfig, hockten sich bei der Geburt hin wie früher bei den alten Hebammen – diese abergläubischen, ungebildeten Frauen wie ihre eigene Großmutter und ihre dummen Bräuche: Eine Unsitte war das, den Neugeborenen eine Mischung aus Butter, Zucker und Kräutern gegen böse Geister zu geben, und das war ja noch gar nicht alles! Sie ließen die Babys ja sogar zur Ader, um den Schmutz herauszuschwemmen! Der Doktor konnte es sich erlauben, mit ihnen zu streiten und zu argumentieren – ein gebildeter Mann, ein Städter, vom Schah eingesetzt –, aber was konnte man schon tun, wenn man mit dem halben Dorf verwandt war? Natürlich war sie auch nicht mit allem, was der Doktor sagte, einverstanden. Zum Beispiel mußte man Neugeborene wie kleine Bündel einschnüren, wie sollte man sie denn sonst warm halten? »Und fort ist sie!« sagte Perijans Schwägerin, die mit der spitzen Zunge. »Sie kriegt das fette Gehalt, und Perijan muß die Arbeit machen und den Schmerz aushalten!«

»Arbeit, welche Arbeit?« sagte Perijans Schwester. »Jetzt haben wir doch den Fortschritt und die Hebammen! Man braucht sich doch einfach nur hinzulegen und sich auszuruhen, es ist die reinste Freude!«

»Ach ja, es ist wunderschön, man möchte jeden Tag ein Kind kriegen...«

»Jeder sollte mal schwanger werden, um es auszuprobieren!«

»Und erst der Doktor! Was würde der drum geben, wenigstens einmal auch ein Kind zu bekommen...«

Aber Perijans ältere Schwester Maryam hatte im Augenblick eher praktische Dinge im Kopf.

»Wer gibt mir die Butter und die Käuter? Perijan, wo hast du sie?«

Das Baby bekam einen Löffel voll mit Butterschmalz und Kräutern und in Wasser aufgelösten Zucker. Man schmierte ihm Ruß um die Augen, und ein Amulett wurde zum Schutz an die äußere Schicht des Wickelbündels gesteckt. Jetzt blieb die Tür geschlossen, und im Raum wurde es heiß und stickig. Die Frauen nahmen Decken von dem Stoß der Haushaltsgegenstände, die an einer Schmalseite des Zimmers aufgeschichtet waren. Perijan sollte heute nicht alleine schlafen. Das wäre zu gefährlich, weil des Nachts böse Geister unherschwirrten und Mütter mit ihren Neugeborenen besonders verwundbar sind.

Perijan war erleichtert, fast glücklich, aber sie schämte sich immer noch. Perijans Söhne und die älteren Töchter gaben dem Baby einen modernen Namen. Es sollte Shala heißen. Ein schöner Name, meinte Perijan. Sie selbst hätte sich diesen Namen nicht ausdenken können. Shala gedieh prächtig. Gedankt sei Gott. Perijan nahm sie aber nicht mit, wenn sie aus dem Haus ging, noch nicht einmal zur Hochzeit ihres Neffen. Sie hatte Angst vor dem bösen Blick, der sie trotz der Amulette und der wöchentlichen Räucherung mit den Samen der wilden Raute treffen könnte – schöne, dicke Kinder waren da ja besonders gefährdet! Außerdem fürchtete sie sich davor, daß das Baby unter all den Menschen starke, unheilbringende Düfte einatmen könnte; so zum Beispiel starkes Parfum oder Küchendunst, oder den Atem eines anderen kranken Kindes. Der wichtigste Grund aber (und da machte sie sich gar nichts vor) war ihr Alter. Sie wollte nicht den Eindruck erwecken, als würde sie ihr Baby stolz vorführen, so wie es die jungen Frauen taten. Sie wollte auch keine Jugendlichkeit vortäuschen, die sie nicht mehr verspürte. Es war ihr peinlich, in der Öffentlichkeit zugeben zu müssen, daß sie noch mit ihrem Mann schlief. Aber trotz ihrer Vorsichtsmaßnahmen machten die anderen Frauen natürlich ihre Witzchen, meist waren sie ja gut gemeint, aber dennoch war es nicht gerade angenehm. Das Baby, von dessen Existenz jeder wußte, machte aus ihrer dunklen Kleidung eine Lüge. Perijan überlegte sich, daß sie, wenn sie sich eine weitere peinliche Situation ersparen wollte, zu den drastischen Maßnahmen der jungen Frauen greifen mußte. Sie bat die Hebamme um Antibabypillen.

Wie alle Frauen, so wußte auch sie, daß die Pille schädlich für die Gesundheit einer Frau war, daß sie die Monatsblutung stark reduzierte und damit die reinigende Wirkung für den Körper unterband. Frauen, die die Pille nahmen, waren oft krank und schwach, hatten eine verstopfte Gebärmutter und ein schwaches Herz. Aber all dies war immer noch besser als noch eine Schwangerschaft.

Anfangs glaubte sie das. Aber es war noch kein Jahr vergangen, da war ihr Körper aufgedunsen und ihre Brüste auf die doppelte Größe angeschwollen. Sie hatte Schmerzen in den Armen, und die Beine waren schwach. Auf diese Pillen wurde ihr schwindelig und übel; sie brachten sie fast um. Zu allem Überfluß wurde es den Hebammen unter dem neuen Regime verboten, die Pille auszugeben. Die Frauen mußten sich die Mühe machen, zur Ambulanz ins nächste Dorf zu gehen. Dort wartete man stundenlang, um mit Glück gerade eine Monatspackung zu bekommen. Perijan hörte auf, die Pille zu nehmen, und fühlte sich sofort besser. Sie war wieder stark genug, die Kälber allein auf die ausgedörrte Weide oberhalb des Friedhofes zu treiben. Sie stieg wieder, ohne zu keuchen, mit den schweren, vollen Wassereimern die steilen Treppenstufen zu ihrer Wohnung hinauf.

Und sie wurde wieder schwanger.

Shala war fast vier Jahre alt. Die beiden älteren Töchter waren selbst schon Mütter, zwei Söhne gingen zur Schule, der älteste würde, sobald er den Brautpreis zusammengespart hätte, heiraten, der zweitälteste arbeitete in der Stadt. Sie alle waren erwachsen und umsorgten ihre alternden Eltern. Dieses Mal war sie zu beschämt, um sich jemandem anzuvertrauen. Demonstrativ wusch sie ihre Röcke und führte die rituellen Waschungen im Badehaus durch, um öffentlich zu zeigen, daß sie ihre Periode zur rechten Zeit bekommen hatte. Später mied sie das öffentliche Badehaus, weil Schwangerschaften dort immer zuerst bemerkt wurden. Statt dessen benutzte sie eine Dusche, die in einem kleinen Anbau des Lehmhauses ihrer Schwester untergebracht war. Einmal in der Woche wurde der Duschraum mit großem Aufwand von unten geheizt, und Perijan ging dorthin, obwohl es sie einige Mühe kostete, sich so zu erniedrigen und sich in Abhängigkeiten zu begeben. Denn die Schulden, die sie sich damit auflud, verlangten stillschweigend eine spätere Entschädigung. Außerdem mußte ihr Verhalten auch erklärt werden. Sie verschanzte sich hinter Shala und Andeutungen über den bösen Blick. Es hatte doch gerade eine unglückliche Mutter durch bösen Zauber ihr Kind verloren, nachdem sie es mit ins Badehaus genommen hatte. Wie wäre da erst ihre kleine Tochter, so rund und rosig und bildschön wie sie war, dem gefährlichen, bewundernden und neidischen Gerede ausgesetzt. Die Dusche ihrer Schwester war dunkel und eng. Perijan kam spät, um allein zu sein. Leider mußte sie sich dann aber schnell mit unangenehm kaltem Wasser waschen, statt sich im angenehmen heißen Dampf ein erholsames Bad zu gönnen. Sie wußte auch von der Gefahr, der sie sich allein in einem Badehaus aussetzte, denn hier hausten die bösen Geister, die Djenn, aber Perijan nahm dieses Risiko auf sich.

Sie erzählte es ihrem Mann. Sie sagte es ihm nicht, weil sie sich Trost und Rat von ihm erhoffte (beides bekam sie nicht), sondern weil es eine Sünde war, sich dem eigenen Mann zu verweigern; es galt aber auch als »ein bißchen« sündhaft, mit ihm zu schlafen, wenn man schwanger war. Wie üblich, sagte er nichts anderes als »so ist es eben«. Noch ein Kind mehr war ihm recht, keine Kinder mehr war ihm auch recht. Er hatte, wie er glaubte, auf beides keinen Einfluß. Wenn seine alternde Frau immer noch schwanger wurde, während die Frau seines jüngeren Bruders schon vor vielen Jahren nach nur drei Kindern damit aufgehört hatte, dann war das der Wille Gottes. Ohne zu zögern, versprach er ihr, es niemandem zu erzählen. Schließlich war es nicht seine Sache, über Schwangerschaften zu reden. Das ging nur Perijan etwas an, es sei denn, Gott behüte, sie würde krank und müßte zum Doktor gebracht werden. Aber selbst dann würde sich ihr älterer Bruder Kerim, der Schulleiter, um sie kümmern. Er konnte sehr viel besser mit Städtern verhandeln, er war reich, er mochte seine Schwester gern, und außerdem hackte Ahmad für ihn das Feuerholz. Schwangerschaften waren Frauensache.

Für Perijan war diese Schwangerschaft ein ernstes Problem, mit dem sie nicht fertig wurde. Ihre Kinder würden sich schämen, und ihr ältester Bruder, der Schulleiter, würde sie ausschimpfen. Ihre Schwägerin, die Ärmste, die nur einen Sohn und zwei Töchter hatte, würde ständig spitze Bemerkungen machen und neidisch fragen, wie viele Söhne Perijan denn noch wolle. Schon vor Shalas Geburt hatte ihre Kusine Scherze – und was für welche! – darüber gemacht, daß Ahmad sicher noch reich werden würde, andernfalls hätte er doch nicht so viele Kinder. Im Spaß sagten die Leute, sie sei wohl sehr »islamisch«, weil sie Khomeinis Wunsch nach mehr Soldaten so gewissenhaft nachkomme. Vielleicht würde sie ja sogar einen Dankesbrief von diesem alten Tattergreis erhalten. Oder doch zumindest seinen Segen!

Die einzige Möglichkeit, dem Sarkasmus, dem Mitleid und der Kritik zu entgehen, war, die Schwangerschaft zu verheimlichen. Wenn das Kind erst einmal auf der Welt war, würden sie alle »Dank sei Gott« sagen, und dann wäre die Sache für sie viel einfacher. Aber wie lange noch würde sie ihren Zustand verbergen können, trotz der weiten Röcke, des losen Hemdes und der freiwillig gewählten zurückgezogenen Lebensweise?

Gegen Ende ihres vierten Monats ergab sich dazu eine völlig unerwartete und schmerzhafte Gelegenheit. Es war Donnerstagabend, die Zeit, zu der man sich an die Toten erinnerte und Almosen gab. Ahmads Familie hatte ja nun nicht gerade besonders viel zu verschenken, aber Perijan achtete stets darauf, daß das Opfer doch angemessen ausfiel. Ihre Söhne hatten Fleisch eingekauft. Es war wenig, und dazu auch noch Ziegenfleisch –

bei dem sogar die besseren Teile zäh waren –, doch dieses Stück war eigentlich nur Fett, von Haut zusammengehalten. Perijan wollte es nicht verschenken. Als die ganze Familie beim Abendessen auf dem Fußboden um das Tablett saß, stritt sie mit ihrem ältesten Sohn: »Ich würde dem Krüppel Mahmad lieber eine ordentliche Schüssel Reis geben als dieses sogenannte Fleisch.«

»Nein«, sagte ihr Sohn, »ich habe seinem Sohn schon gesagt, er soll das Fleisch abholen.«

»Fleisch? Das soll Fleisch sein?« klagte Perijan. »Daraus können sie noch nicht einmal Grieben machen.«

»Sei still«, sagte Ahmad, »fang keinen Streit an.«

Perijan war verletzt und besorgt. Sie stand auf und überließ den anderen das Kupfertablett mit Reis und Linsen. »Eßt ihr nur, mir ist der Appetit vergangen«, sagte sie.

»Wie du willst«, antwortete ihr Sohn.

Perijan ging zur Feuerstelle, wo der Milchtopf auf einem Dreifuß stand. Sie legte ein Stück Holz aufs Feuer, blies in die heißen Kohlen und rührte die Milch um. Es dauerte seine Zeit, bis sie kochte. In der Zwischenzeit kam der Sohn des Krüppels herein und holte das Fleisch ab. Perijan sagte nichts. Mürrisch hockte sie da neben der Milch in der Dunkelheit, außerhalb des Lichtkreises der Gaslampe, ausgeschlossen vom Familiengespräch und vom Essen, allein gelassen mit ihren Sorgen und ihrem Verdruß. Wortlos schenkte sie den Tee ein und schob das Tablett zur Familie hinüber. Als die Milch kochte und stieg, nahm sie den schweren Topf geübt vom Dreifuß und stellte ihn vor sich auf den gestampften Gipsfußboden. Der Deckel lag links außerhalb ihrer Reichweite. Sie lehnte sich schräg zurück, um ihn aufzuheben. Als sie ruckartig nach ihm griff, fiel der Milchtopf ohne ersichtlichen Grund, wie sie später immer wieder betonte, um, und vier Liter kochende Milch ergossen sich über ihre Füße.

Perijan schrie. Alles brüllte und rannte durcheinander. Und dann wurden die Kinder geschickt, um Wasser, die Verwandten und ein Auto herbeizuholen. Die Nachbarn kamen angelaufen. Eine Stunde später schrie Perijan immer noch. Sie konnte nur noch heiser krächzen, als ihre Schwägerin und ihr ältester Sohn sie in die Praxis des Arztes trugen. Perijan hatte Glück, daß der pakistanische Arzt zu Hause war und sich bereit erklärte, sie zu behandeln. Sie merkte fast nichts mehr, als man ihr eine Spritze in den Hintern gab, eine dicke Schicht Salbe auf die verbrühten Füße schmierte und sie bandagierte. Ein grotesker Anblick war das, wie sie da als zwei riesige, weiße, unbrauchbare Bündel unter ihren dunklen Röcken hervorsahen. Ihr Neffe fuhr Perijan im Auto so weit es ging die enge Gasse hinauf, dann wurde die wimmernde, sperrige Last von ihrer jungen, starken Schwägerin ins Haus geschleppt, durch das große Holztor über den schmutzigen Hof, die engen Stiegen hinauf in die Wohnräume über der Scheune und dem Holzschober bis in die gute Stube. Hier wurde sie auf ihrem Bett am Boden abgeladen. Da lag sie nun auf ihrer Filzmatte, jammernd, klagend, sämtliche Heilige beschwörend, weltabgewandt, zugedeckt vom Kopf bis zu dem Höllenfeuer, das einmal ihre Füße gewesen waren.

Aber es sollte noch schlimmer kommen.

Zur nächsten Visite im Krankenhaus trug die Schwägerin sie auf ihrem starken Rücken bis zum Auto des Neffen. Der Doktor reinigte die Wunden und schnitt die Hautfetzen, die wie alte Lappen von den Zehen hingen, ab. Er sprach wenig, und wenn er sprach, war es in einem fast unverständlichen Persisch. Wäre nicht ihr Bruder Kerim, der Schulleiter, dagewesen und hätte an ihrer Stelle geantwortet, dann wäre sie sicher bei jedem Brummen des Arztes vor Angst gestorben. Die Brandsalbe linderte den Schmerz, und die neuen Bandagen rochen angenehm frisch. Bald würde es ihr bessergehen, übersetzte ihr Bruder. »So Gott will«, sagte sie.

Beim dritten Krankenhausbesuch war nur der Assistent da. Er war ein bärtiger junger Mann aus der Stadt, der viel von sich und wenig von den Dorfbewohnern hielt. Er war unfreundlich und tat ihr weh, als er den Verband abnahm. Da sie beim letzten Mal ihre verstümmelten Füße gesehen hatte, wollte sie dieses Mal lieber nicht hinschauen. Perijan vergrub ihr Gesicht in den Röcken der Schwester und wartete auf die schmerzlindernde Kühle der Salbe. Aber was sie spürte, war reines Feuer: Glühende Kohlen versengten aufs neue ihre Wunden. Sie schrie auf, und dann fiel sie in Ohnmacht.

Was war das doch für ein Theater! Alles rannte und schrie durcheinander. Man besprühte sie mit Wasser, wusch ihre Füße ab und klatschte ihr auf die Wangen; ihre Schwester weinte, und ihre Schwägerin jammerte. Als Perijan wieder zu sich kam, hing sie am Tropf. Der Assistent und der Mann von der Arzneiausgabe kümmerten sich um ihre Füße, die weiß und abgestorben aussahen.

Aus Unachtsamkeit und reiner Nachlässigkeit hatte dieser kraushaarige, nutzlose Dummkopf von einem Assistenten, dieser bärtige Revolutionstunichtgut, möge Gott ihn strafen, Rheumasalbe genommen. Bei gesunder Haut – und nur bei gesunder Haut – brennt die Salbe innerlich, und die Haut bekommt einen rosa Schimmer. Aber Perijans Füße hatten gar keine Haut mehr, und ihr Fleisch war zum zweiten Mal verbrannt worden. Als sie zu Hause war, kamen am Abend alle Nachbarn, ihre Schwestern und selbst ihre alte taube Mutter; man glaubte, sie müsse sterben. Wenn es nach ihr gegangen wäre, wäre sie auch lieber gestorben, aber es sollte nicht sein.

Die Wunden entzündeten sich, besonders schlimm am rechten Fuß. Ihre Familie überlegte, ob man Beschwerdebriefe an den Doktor, an die Gesundheitsbehörde oder den Bürgermeister des Revolutionsregimes schreiben sollte. Obwohl die Beschwerde niemanden im Dorf selbst betreffen würde, wollten ihre Söhne und ihr Bruder Kerim nichts davon wissen. Sie seien eine ehrenhafte, ruhige Familie, und was würde schon bei einer solchen Zurschaustellung ihres Ärgers herauskommen? Statt dessen blieb die Familie weiterhin betont höflich, was den Doktor und seinen schuldbewußten, glücklosen Assistenten zu besonderer Sorgfalt zwang. Immer wieder trug man Perijan von ihrem Krankenlager zur Behandlung. Sie bekam Spritzen gegen Schmerzen, gegen Eiterbildung, für das Herz, zur Stärkung und Blutbildung – so viele Spritzen und Tabletten und Pillen! Ahmad ließ Amulette anfertigen. Sie selbst gelobte, ein Schaf für den Reliquienschrein eines heiligen Imam im Nachbartal zu opfern und eine Wallfahrt dorthin zu machen. Das wäre eine lange und mühselige Reise, aber sie würde das alles auf sich nehmen, wenn sie doch nur wieder gesund würde! Perijan konnte weder gehen noch arbeiten. Ihre jüngeren Schwestern und ihre Nichten backten Brot für sie. Ihre ältere Schwester Maryam, die Witwe, blieb über Nacht bei ihr. Die Töchter kochten. Alle Schwestern, Nichten, Schwägerinnen und die Frau des Bruders ihres Mannes – letztere allerdings weniger begeistert – sprangen Tag und Nacht für sie ein. Und niemand merkte, daß sie schwanger war.

Nach einiger Zeit wurde die zunächst gern gewährte Hilfe für die Verwandten zu einer Last. Perijan spürte das und wollte nicht mehr zur Klinik getragen werden. Sie beschloß, ihre Füße selbst zu behandeln. Die Medizin des Arztes half ja sowieso nicht. Es schien, als habe er nicht die richtigen Medikamente. Alles war heutzutage rar, auch die Arzneimittel. Beide Füße waren dick angeschwollen und übersät mit eitrigen Wunden. Mit Unterstützung ihrer Mutter und Maryams griff sie zur Selbsthilfe. Maryam besorgte ihr getrockneten Kuhmist, streute ihn über ein Tablett mit glühenden Kohlen, und Perijan badete ihre Füße in dem beißenden, reinigenden Rauch. Sie ließ Maryam Schafgarbe in Wasser kochen und heiße Kieselsteine in die Lösung legen. Es schäumte und zischte, und Perijan hielt ihre Füße in den heißen Dampf. Sie legte einen Schal darüber – wie gut das tat! Es war so angenehm, daß sie diese Prozedur oft dreimal am Tag wiederholte. Und während der ganzen Zeit bemerkte niemand ihre Schwangerschaft.

Trotz all der Fürsorge und Anteilnahme, die ihr zuteil wurde, heilten die Wunden nur langsam. Auf einen Stock gestützt, hoppelte sie auf einem Bein herum. Der rechte Fuß vertrocknete wie ein Ast im Winter. Sie befürchtete, daß sie ihn nie mehr benutzen könnte. Aber als Maryam ihn mit einer Paste aus Olivenharz, Henna und Fett vom Schafsschwanz einrieb, wurde er langsam wieder kräftiger. Eigentlich hätte Perijan zu dieser Zeit schon wieder mehr arbeiten können, aber sie zog es vor, vorgebeugt dazuhocken, denn sie sah, wie effektiv diese Haltung war. Niemand bemerkte ihren dicken Bauch. »Perijan wird faul und fett«, scherzten ihre Schwestern, und Perijan spielte mit.

»Wie die Frau eines Khan«, machte sie sich vor ihren Besuchern über sich selbst lustig. Ihr bewußt jammervoll verzogenes Gesicht stand jedoch in krassem Gegensatz zu dieser leicht dahergesagten Bemerkung. Das Mitgefühl der anderen hielt an. Die Füße hatten eine neue, straffe, rosa Haut. Sie war noch zart und sah schlimm genug aus, um jedermann von der Ernsthaftigkeit ihrer Situation zu überzeugen. Die Schwestern bedienten sie pflichtbewußt. Der Besucherstrom ebbte nie ab, so daß Ahmad beim Ladenbesitzer anschreiben lassen mußte, um immer Zukker und Tee im Hause zu haben. Die Preise auf dem freien Markt waren unerschwinglich hoch, die staatlichen Rationen und die Geschenke der Verwandten waren bald aufgebraucht. Sosehr die Besucher auch willkommen waren, als Quelle von Neuigkeiten und Trost und auch als Zeichen der starken sozialen Beziehungen, die Perijan aufgebaut hatte, sie waren doch auch eine Bedrohung für ihre Schwangerschaft. Eine der schwangeren Frauen, die neben ihr saß, könnte ein hochwirksames Amulett, einen Stein oder ein Kraut bei sich tragen, dessen Kräfte sie selbst schützten, aber für andere Frauen Gefahr in sich bargen. Ein intensiver Geruch, der aus den Falten eines der vielen Röcke um sie herum aufstieg, der böse Blick oder ein magischer Gegenstand, der in das Ende des Kopftuchs geknüpft war, konnte ihr, ungeschützt und verwundbar wie sie war, versehentlich großen Schaden zufügen. Es war ihr nicht möglich, auch nur irgendeines der vorbeugenden Rituale durchzuführen, die eine schwangere Frau hätte beachten müssen. Aber Perijan sagte nichts und überließ sich ganz der Barmherzigkeit Gottes und dem Mitgefühl der Heiligen. Sie war noch nicht einmal sonderlich besorgt, denn diese Schwangerschaft war in jeder Hinsicht außergewöhnlich. Das Kind schien unter einem besonderen Schutz zu stehen, weil es trotz der widrigen Umstände weiter in ihr wuchs. Sie war doch schon eine alte Frau, von den vielen Sorgen, von Schmerzen und Fieber geschwächt. Hatten nicht die vielen starken Medikamente die empfindliche Balance ihres Körpers gestört, die Leber entzündet und ihr Herz belastet? Gott sei gelobt, seine Werke waren wahrhaftig unergründlich.

Die wenigen Momente, in denen Perijan allein war, nutzte sie, um hastig die Kleiderbündel, die Koffer und Kisten, in denen ihre Habseligkeiten aufbewahrt waren, zu durchstöbern. Sie fand ein paar Lumpen und Stoffreste, genug zum Bündeln und Wickeln in den ersten Tagen. Eigentlich brauchte man ja nicht viel. Sogar die Wiege konnte warten, mußte warten. Als Shala zu groß dafür geworden war, hatte Perijan sie ihrer Nichte geliehen. Das Kind der Nichte brauchte die Wiege auch nicht mehr, so daß sie sie ohne Probleme zurückfordern konnte, wenn ihre Zeit kam.

Gegen Ende des achten Monats humpelte Perijan noch etwas öfter umher, sicherheitshalber weit nach vorne gebeugt, und sagte ihren Helferinnen, daß sie die Familie jetzt wieder selbst versorgen könne. Es kamen immer weniger Besucher, und auch Maryam blieb nicht mehr über Nacht bei ihr. Es war ein großer Vorteil, daß Perijan ihre Besucher hörte, lange bevor sie selbst gesehen werden konnte. Denn das Knarren des Holztores im Hof warnte sie früh genug, sich rechtzeitig in die dunkelste Ecke der Küche zu verkriechen, neben das Feuer, auch an den sehr heißen Spätsommertagen. Damit sie nicht mehr vor den Besuchern aufstehen mußte, achtete sie auch darauf, daß immer frischer Tee und Zucker bereitstand. Das Ablenkungsmanöver funktionierte erstaunlicherweise immer noch.

Eines Abends platzte die Fruchtblase. »Reines Wasser«, erzählte sie später, »eine Menge glasklares Wasser. Da konnte man sehen, wie wenig Blut ich noch in den Adern hatte!« Zum Glück war sie gerade auf der Veranda, und die Kinder bemerkten nichts. Das Wasser wurde von ihren weiten Baumwollröcken aufgesogen. Später legten sich ihr Mann, Shala und Perijan wie immer in der Küche schlafen. Die Jungen schliefen im Nebenzimmer. Es schickte sich so, und sie konnten es sich leisten, da sie ja zwei Räume hatten. Kurz vor Mitternacht begannen die Wehen. Perijan ging auf der engen Veranda auf und ab, in die Küche hinein und wieder hinaus. Nur eine kleine Laterne brannte. Sie krallte sich am Geländer fest, aber gab keinen Laut von sich, weil sie niemanden wecken wollte. Sie breitete ein altes Plastiktuch auf dem Gipsfußboden vor der Küchentür aus, holte leise das kleine Lappenbündel aus seinem Versteck hinter dem Mehlsack und zog sich den obersten guten Rock aus. Dann holte sie Faden und Schere; sie war bereit. Obwohl die Nacht angenehm und mild war, war es doch für eine Gebärende gefährlich, um diese Zeit allein zu sein. Es war die Stunde der Geistwesen, der Djenn – man sprach ihren Namen besser nicht laut aus, dachte besser nicht an sie, um ihre Aufmerksamkeit nicht auf sich zu lenken. Es war auch die Zeit der Katzen und der Wesen, die kriechen, pfeifen und flattern. Perijan wagte es nicht, für die Geburt im Freien zu bleiben. Wenn der Schmerz unerträglich wurde, biß Perijan in das Holz des Geländers und schnappte mit der Schere. Das linderte den Schmerz. Die dunklen Stunden, die sie in der warmen Brise zwischen Terrasse und Küche verbrachte, erschienen ihr wie eine Ewigkeit. Einsamkeit umgab sie. Nur der kleine Lichtkegel, die Laute der Schläfer und die Geräusche der Nacht waren bei ihr: Einmal schrie ein Esel, die Kühe rumorten im Stall unter ihr, ein Schaf hustete, hier und da war ein Bellen zu hören, dann die Antwort eines Nachbarhundes, der Wind klapperte mit einer leeren Büchse im Hof. Das Kind kam mit der letzten überwältigenden Preßwehe, gerade als der erste Hahn krähte. Es war ein Mädchen, kleiner als Shala. Es hatte ein Büschel schwarzer Haare, ein rotes, verschrumpeltes Gesichtchen und piepste wie ein kleiner Vogel. Perijan wartete nicht auf die Nachgeburt, sondern band die Nabelschnur ab und trennte sie durch. Um zu verhindern, daß sie wieder zurückrutschen konnte, befestigte Perijan einen langen Spieß, den man zum Wenden der Fladenbrote braucht, am Ende der Nabelschnur. Dann trocknete sie das Baby ab, wickelte es in die Lumpen und schnürte das kleine Wesen zu einem Bündel. Erst jetzt lehnte sie sich zurück, um auf die Nachgeburt zu warten. Als sie ausgestoßen war, trug Perijan sie in den Stall und vergrub sie im lockeren Mist. Wieder zurück in der Küche, suchte sie bei flackerndem Laternenschein nach einem Stück Kandiszucker, löste es in einem Teeglas in Wasser auf und gab dem Baby seinen ersten Löffel Medizin. Das war die einzige von vielen Schutzhandlungen, die für das Wohlergehen eines Neugeborenen unbedingt ratsam waren, die Perijan für diese Tochter durchführte. »Dieses Kind«, sagte sie sich schon zum hundertsten Mal, »dieses Kind ist anders. Gott wird sich höchstpersönlich darum kümmern müssen.«

Ahmad wachte auf, als sie ihn unversehens anstieß, während sie den Wasserkessel zurück auf den Dreifuß in die erkaltete Feuerstelle stellte. »Warum hast du mich nicht geweckt?« murmelte er. Es war inzwischen vier Uhr. Das erste graue Licht des Morgens hing im Raum.

»Ein Mädchen«, sagte Perijan. »Gott sei Lob und Dank.«

Sie blieb den Rest der Nacht auf und beobachtete den Tag, der strahlend gelb langsam über den Dächern der Nachbarhäuser heraufzog. Als ihre Söhne aufstanden, hatte Perijan schon den Tee und das Brot für sie bereitgestellt. Niemand fragte nach dem Bündel in der Ecke. Shala ging spielen, und Ahmad machte sich auf zu den Feldern. »Schon gut«, sagte er, »Gott sei gedankt, so ist es eben.«

Perijan kümmerte sich nun um sich selbst. Sie wusch ihre Röcke und das Plastiktuch aus, und sie stellte einen Topf mit Milchreis aufs Feuer. Sie war hungrig, und Milchreis war die traditionelle Mahlzeit für eine junge Mutter und für Kranke. Als sie gerade eine Portion zum Abkühlen auf eine Platte löffelte, kam der Sohn ihrer Schwester vorbei, um ihr etwas auszurichten. »Tante«, fragte er, »warum, um alles in der Welt, ißt du jetzt Milchreis?«

»Ich habe Kopfschmerzen«, log Perijan mit leiser Stimme, »aber es ist genug für uns beide da, setz dich hin und iß.« Sie gab ihm einen Löffel, und er setzte sich hin und aß, zu jung, um aus Höflichkeit abzulehnen. Während dieser bangen Minuten hoffte Perijan inständig, daß das Bündel in der Ecke nicht quäken würde. Der Junge aß schnell – man verliert keine Zeit, wenn einem eine so unerwartete Köstlichkeit angeboten wird. Als der Junge wieder verschwand, war für Perijan nicht viel übriggeblieben. Zu Hause erzählte der Junge, Tante Perijan habe schlimme Kopfschmerzen, würde Milchreis essen und so leise sprechen, daß er sie kaum hätte verstehen können. Die Mutter ließ sofort alles liegen und stehen und rannte los. Begeistert von seinem Erfolg, erzählte der Junge die Nachricht von Perijans schwacher Gesundheit (bei jeder weiteren Erzählung verfiel sie zusehends) noch einer ihrer Schwestern, einer Kusine und Perijans ältester Tochter. Kurz nacheinander kamen alle bei Perijan an. Sie fanden sie, wie sie an der Küchentür in der Morgensonne saß und ihr Baby auf dem Schoß wiegte. »Das hier ist mein Kopfschmerz«, sagte sie und lächelte.

Die Söhne nannten das Baby Fatima nach der Tochter des Propheten. Namen wie Shala verwendete man nicht mehr. Jetzt waren wohlklingende religiöse Namen in Mode, und überall in den Dörfern wurden kleine Fatimas und Sarahs geboren. Perijan war das egal, sie dachte sich ihren Teil, lächelte vor sich hin und sagte niemandem, daß sie in jener Nacht allein gewesen war. Mit ihrer sanften und bescheidenen Stimme log sie sehr überzeugend. Sie erzählte von allen möglichen Gefährtinnen und Besuchern, so daß am Ende alle überzeugt davon waren, daß jemand bei der Geburt geholfen hatte, auch wenn niemand wußte, wer. Es spielte nun ja auch keine Rolle mehr. Perijan hatte recht behalten: Diese Überraschung hatte allen den Wind aus den Segeln genommen. Niemand machte ihr Vorwürfe, und der Erfolg ihres Plans ließ sie ihre eigenen Ängste vergessen. Nur ihre älteste Tochter schnitt das Thema noch einmal an: »Also, Mutter«, sagte sie, »hörst du jetzt endlich auf, Kinder zu kriegen?«

»Wie soll ich das wissen«, sagte Perijan. »Wir werden sehen, was Gott will!«

ZWEITES KAPITEL

Räumliche Verhältnisse, und wie Maryam ihre Veranda wiederbekam

Wie viele andere der gut vierzigtausend Dörfer im Iran, ist auch Deh Koh in den letzten fünfzig Jahren schnell und stetig gewachsen. Die Häuser der wenigen ersten Siedler waren nur ein Stockwerk hoch und aus Stein, Eichenstämmen und Lehm gebaut. Aus Platzgründen und zum Schutz gegen Feinde lagen sie eng beieinander. Als die Söhne heirateten, die Herden und die Kinderzahl wuchs, breiteten sich die Häuser rasch nach allen Seiten hin aus; sie kletterten den steinigen Hang hinauf und wurden zu zweistöckigen, aus Lehm gebauten Gehöften, eng und von Leben erfüllt. In diesem Wirrwarr bleibt kein Fleckchen unbewohnt, und sei es noch so klein, verwinkelt und scheinbar unerreichbar. Ein Irrgarten aus Gassen, Unterführungen und Treppenaufgängen zwischen den aneinandergelehnten Gehöften durchzieht das enge Dorf, das sich an die Berghänge schmiegt. An den sonnigen Hängen oberhalb des Dorfes liegen Weingärten, und noch weiter hinauf beginnen die Weideflächen. In den Hügeln wechseln sich an beiden Seiten Obstgärten mit kleinen Feldern ab. Dazwischen glitzern Bewässerungskanäle, deren Ufer von Pappeln gesäumt sind. Die Hügel mit Rebstöcken und Bäumen öffnen sich zu weiten Feldern, die sich sanft bis hinab zum Fluß schwingen, der Deh Koh vom Nachbardorf trennt.

Der Kontrast zwischen dem übervölkerten Lehmdorf und der Natur, die es umgibt, ist gewaltig: Im Dorf schlängeln sich enge Pfade zwischen dicken, fensterlosen Mauern, die schmutzige Höfe und die über finsteren Scheunen, Schuppen und Ställen liegenden Wohnräume von der Außenwelt abschirmen. Alles ist staubig, und in der Luft hängen die Gerüche und der Lärm von zu vielen Lebewesen, eingepfercht auf zu engem Raum. Vor dem Dorf hingegen breitet sich eine weite, grüne Hügellandschaft mit bewaldeten Tälern bis zu den blauen, in Dunst gehüllten Bergen aus. Nur der Wind ist zu hören, und ab und zu zwitschert ein Vogel. Trotz des heißen Staubes und des Schmutzes war das Dorf bis vor nur einer Generation ein sicherer Hort vor Feinden, eine Festung von abweisenden Fronten hoher, fensterloser Hausmauern. Oftmals gab ein Warnruf in letzter Minute den Dorfbewohnern gerade noch Zeit, das nackte Leben und ihre spärliche Habe vor einfallenden Feinden zu retten. Immer wieder verteidigten sie sich gegen andere Dörfer, mit denen sie in Fehde lagen, gegen plündernde Stämme und die Soldaten eines Khan oder eines Schah, gegen betrügerische Derwische und reisende Händler, gegen freche Zigeuner, gegen Diebe, die bei Nacht die Schafe forttrieben, gegen korrupte Polizisten und Staatsdiener. Je weiter man sich vom Dorf fortwagte, um so ungeschützer fühlte man sich. Bis vor zehn Jahren dachte niemand auch nur im Traum daran, die Sicherheit des Dorfes aufzugeben und außerhalb ein alleinstehendes Haus zu bauen. Dort war die Luft zwar klar und das Wasser sauber, aber man traute sich nicht, allein zu sein, zumindest nicht bei Nacht.

Während der langen, sonnigen Tage zwischen Frühlingsanfang und Herbstmitte verließen viele Familien gemeinsam das Dorf, um oben auf den Weiden bei ihrem Vieh das Lager aufzuschlagen. Die Männer, die zu Hause blieben, arbeiteten von Sonnenaufgang bis in die Nacht hinein auf den Feldern. Für die Frauen, besonders für die jüngeren, gab es nun öfter die Gelegenheit, in kleinen Gruppen auszuziehen, um wildes Gemüse und Mandeln zu suchen. Hier konnte man sich fast frei von den strengen Pflichten und strikten Regeln des Dorflebens fühlen. Das waren goldene Tage der Picknicks und des Frohsinns. Man spielte sich Streiche, tauschte Neuigkeiten mit anderen Frauen aus, die man zu Hause aufgrund der eingeschränkten Bewegungsfreiheiten kaum sah. Aber schon bevor die strenge Moral der Revolutionäre den Frauen jede auch noch so harmlose Freude untersagte, waren diese Ausflüge eine Seltenheit geworden. Die Frauen mußten sich mit dem, was zwischen den heißen Mauern und den schattigen Plätzchen der Höfe an Luft, Raum und Freiheit vorhanden war, zufriedengeben.

Heiratete ein Sohn, zog er in ein eigenes Zimmer, auch wenn es noch so winzig war. Entweder wurde ein weiteres an die schon bestehenden Wohnräume angebaut, oder das junge Paar konnte ein Zimmer übernehmen, das durch den Tod eines älteren Familienmitgliedes oder durch die Auswanderung eines jüngeren frei geworden war. Dieser Wohnraum gehörte dann ihm, seiner Frau und seinen Kindern. Die darunterliegenden Scheunen und der Hof wurden von allen benutzt. Die Veranden vor den Zimmern dienten auch als Wohnraum. In einigen Häusern waren sie weiträumig und offen, in anderen eng und nach allen Seiten hin zugebaut. Dies hing davon ab, wie die Scheunen darunter angelegt waren und wie viele Familien im Gehöft wohnten. Die Flachdächer aus gestampfter Erde, der dritte Stock sozusagen, wurden ebenfalls intensiv genutzt. Die Kinder spielten dort; Obst, Gemüse und Heu lagen den ganzen Sommer über zum Trocknen aus. Jeder Wohnraum und jede Veranda hatten eine Feuerstelle mit Rauchabzug. Im Sommer kochte man draußen. Die Räume wurden dann vorwiegend zum Schlafen und als Lagerraum genutzt, während sich das eigentliche Leben im Freien abspielte: Männer waren woanders, im Dorf und auf den Feldern, und Frauen arbeiteten auf der Veranda und im Hof. Man kochte und aß, backte Brot, empfing Besucher, nähte, webte, wusch die Wäsche, stopfte, spann, melkte, machte Butter und Käse, säuberte den Weizen für die Mühle, stampfte Reis im Holzmörser, stillte die Babys, diskutierte, beobachtete das Dorf, träumte und hielt sich über die Nachbarn auf dem laufenden. Auf der Veranda war man im Freien, aber dennoch bei sich zu Hause; jeder konnte im Schutz der eigenen vier Wände reden, zuhören und lernen. Man hatte die Möglichkeit, alles in Augenschein zu nehmen, und war dennoch durch eine sprachliche Konvention auf angemessene Art und Weise von der Außenwelt abgeschirmt, auch ohne Schleier.

Männer und kleine Jungen durften sich dank ihres Geschlechts überall im Dorf herumtreiben. (Sie wurden sogar dazu ermutigt, draußen zu sein. Wer es vorzog, zu Hause zu sitzen, statt mit anderen draußen in den Feldern oder auf den Dorfgassen die Zeit zu verbringen, galt als Weichling). Für sie waren Haus und Veranda Orte der Ruhe und der Instandhaltungsarbeiten. Es waren die Männer, die bei starkem Regen das Wasser aus dem Flachdach pressen mußten, damit es nicht durch die Decke sickerte, und den Schnee wegschaufelten. Auf der Veranda saßen sie beim Essen und Trinken und abends, um auf die Nacht zu warten. Hier empfingen sie ihre Gäste und besprachen das Tagesgeschehen. Für die Frauen und Mädchen aber spielte sich auf der Veranda das ganze Leben ab, begrenzt von den fernen dunstig-blauen Bergen jenseits der ockerfarbenen Häuser von Deh Koh und den wachsamen Augen der Frauen im eigenen Hof, dem nächsten und dem oberhalb. Der Umstand, daß eine Frau fast niemals allein war, galt aus Sicherheitsgründen als beruhigend, war aber dennoch eine sehr große psychische Belastung. Man behauptete sogar, daß nichts zwei Brüder schneller entzweien könne als das Gezänk ihrer Frauen zu Hause.

Aber die Zeiten haben sich geändert. Während der letzten zwanzig Jahre wurden die Khane ihrer Macht enthoben und die Räuber entwaffnet. Nachdem Straßen gebaut worden waren, selbst Deh Koh wurde schließlich mit der Welt verbunden, ist der Wohlstand langsam auch bis in die abgelegensten Täler vorgedrungen. Eine ständig wachsende Zahl junger Familien entschließt sich, die alten Häuser zu verlassen und in den Feldern neue zu bauen, die denen in der Stadt ähneln. Jedes ist von einem Garten und einer Mauer umgeben, die jetzt nicht mehr dem Schutz vor Feinden dient, sondern die neugierigen Blicke der Fremden abhalten soll. Die Verwandten, die im Dorf zurückbleiben, können die im Gehöft frei gewordenen Räume übernehmen und haben so mehr Luft zum Atmen, oder sie überlassen die ungenutzten Gebäude dem Regen, der sie wieder zu lehmiger Erde macht, aus der sie entstanden sind. Die Balken werden herausgeholt und für die neuen Häuser wiederverwendet. Der Rest schmilzt mit der Zeit zu einem Haufen Erde zusammen, den die Frauen etwas auflockern und mit Kräutern und Sonnenblumen bepflanzen, kleine bunte Tupfer im fleckigen braunen Lehm.

Khorshids Vater hatte einen eigenen Hof mit einem kleinen Stall und einem darüberliegenden Raum hinter der Nordwand des Hofs seines Vaters angelegt. Durch diese führte ein Tunnel, der die beiden Höfe miteinander verband. An der Ostseite dienten die Ecke des Hauses seines Vetters und die kurze Mauer, die diese Ecke mit der westlichen Fassadenecke des Hauses eines anderen Verwandten verband, als Schutz vor unerwünschten Besuchern. An der Rückwand war noch Platz für weitere Anbauten. Im Norden lag eine kleine freie Fläche mit zwei Walnußbäumen. Weiter hinten verlief in südwestlicher Richtung eine weitere Mauer, die entlang der Mauer von Khorshids Vater eine enge Gasse entstehen ließ, die zu einem der Hauptwege führte. Dieser Weg war kaum breit genug, daß zwei Esel aneinander vorbeigehen konnten, und verlief parallel zum Kanal. Gerade dort, wo die schmale Gasse auf den Hauptweg mündete, stand eine alte Weide. Nachdem Khorshids Vater regelmäßig zweimal am Tag den Weidenbaum verfluchte, wenn seine Ziegen mekkerten und die Schafe blökten, wenn sie sich langsam daran vorbeiquetschten, beschloß er, ihn zu fällen, und baute daraus eine feste Brücke über den Kanal.

Khorshids Vater hatte drei Söhne. Sie alle bauten an seinen Hof an und füllten den verwinkelten freien Raum mit drei Scheunen und drei Wohnräumen, die auf leicht unterschiedlichen Ebenen lagen, so daß die Veranden mit ein paar Stufen verbunden werden mußten. Khorshid, seine Brüder und all ihre Frauen vertrugen sich so gut miteinander, daß sie sich zeitlebens nicht trennten. Khorshids erste Frau war kinderlos geblieben und starb früh. Seine zweite Frau, Maryam, war eine Kusine, die in einem Zimmer hinter Khorshids Haus gelebt hatte. Als sie heiratete, brauchte sie nur durch die Unterführung zu gehen und Khorshids Treppen hinaufzusteigen, und schon war sie in ihrem neuen Heim. Sie war viel jünger als Khorshid und bekam nur ein Kind, das früh starb. Khorshids Brüder waren beide älter als er, und jeder hatte zwei Söhne. Diese überlebten eine Keuchhustenepidemie, die in einem Winter ein Viertel der Kleinkinder im Dorf tötete. Irgendwann fällten die vier Söhne die Walnußbäume und lösten damit einen Besitzstreit aus, der bis in die nächste Generation andauerte. Sie verbauten den freien Grund bis zur Nordwand und fügten weitere schiefe Veranden und krumme Treppen an. Einmal lebten im Gehöft zur gleichen Zeit fünfzehn Erwachsene und zwölf Kinder, achtzig Schafe und Ziegen, fünf Kühe, sechs Esel und ungefähr drei Dutzend Hühner auf einem Stück Land von etwa 20 mal 23 Metern. Khorshids Nichten und die Töchter der vier Neffen wurden zur rechten Zeit verheiratet und zogen aus. Mit vier gebärfreudigen Frauen im Haus war immer irgendein kleines Mädchen da, das alt genug war, die wichtige Rolle einer kleinen Dienstbotin zu übernehmen, die Babys hütete und Hühner und Milchtöpfe bewachte, sobald die älteren Mädchen wegheirateten und damit dem Haus verloren gingen. Drei Kinder fielen von der offenen Veranda. Das passierte leider häufig, aber es war doch jedesmal ein Schock. Ein Mädchen brach sich dabei ein Bein und humpelte danach ihr Leben lang. Ein Baby, das noch nicht laufen konnte, fiel auf einen Heuhaufen und blieb, der Vorsehung Gottes sei Dank, unverletzt. Das dritte Kind war ein Junge, der gerade seinen zweiten Zahn bekam; er saß nie still, war wild und ungestüm wie alle gesunden Kinder in diesem Alter. Als er in schnellem Tempo einem anderen Kind über die ganze Länge der halbkreisförmigen Veranden nachjagte, stolperte er und stürzte vor den Augen seiner hilflosen Verwandten hinunter. Er war sofort tot. Im übrigen entwickelten sich die Kinder prächtig. Keuchhusten und Masern hatten ihren Schrecken verloren, da man nun den Arzt im Nachbardorf hatte und die Gesundheitsbehörde ihre Leute schickte, die zögernde Mütter überredeten, ihre Babys impfen zu lassen. Wenn ein Baby erst einmal die endlosen Durchfälle und Erkältungen der ersten beiden Jahre überstanden hatte, waren die Überlebenschancen gut.

Jahr für Jahr war eine der Frauen schwanger. Obwohl Khorshids Eltern und Brüder gestorben waren, wurde es wieder eng im Haus, und die geteilten Felder gaben nicht mehr genug für die großen Familien her. Khorshids Neffen fanden einer nach dem anderen Saisonarbeit in der Stadt. Einer verkaufte sogar all seine

Tiere, ging für zwei Jahre nach Kuwait und kam als reicher Mann zurück. Er war der erste der Brüder, der ein Haus draußen auf dem Feld baute. Es war ein geräumiges Haus mit einem Bad und einer Küche, so wie er es im Ausland gesehen hatte; es hatte einen Zementfußboden, ein spitzes Blechdach, große, vergitterte Fenster und solide Steinmauern um den Garten. Stolz zogen sie aus und ließen die Verwandten um den frei gewordenen Raum zanken.

Dann starb Khorshid unerwartet im Schlaf.

Maryam war bei weitem die jüngste der älteren Generation und auch die intelligenteste und tatkräftigste von allen Frauen im Hof. Auch schon zu Lebzeiten ihrer Schwiegermutter, die zu alt und abgearbeitet war, um noch wichtig genommen zu werden oder von Nutzen zu sein, war sie die dominante Persönlichkeit. Ihre Brüder im Nachbarhof stärkten ihr den Rücken. Maryam war ebenso aufgeweckt und umsichtig wie sie und hatte ihre Kinderlosigkeit so geschickt überspielen können, daß keine der jüngeren Frauen sich jemals in ihrer Gegenwart getraute, dieses Thema anzuschneiden, auch wenn sie das während der seltenen, aber schrillen Streitigkeiten mit ihr bestimmt sehr reizte. Maryam war willensstark und kräftig. Die anderen Frauen um sie herum alterten schnell, waren von den vielen Geburten erschöpft, unterernährt und anämisch und gaben allzu gerne Verantwortung und Arbeit an ihre Töchter, Schwiegertöchter und Söhne weiter. Aber Maryam hielt sich aufrecht, trug den Kopf hoch, und ihre dunklen, flinken Augen wachten unermüdlich über ihre und Khorshids Interessen. Während die Felder der Brüder zu wenig hergaben, um alle hungrigen Mäuler zu füttern, warf Khorshids Land, das genauso groß war, Überschüsse ab. Mit Hilfe einiger Verwandter, die er mit Weizen bezahlte, legte Khorshid einen der schönsten Weinberge des Dorfes an. Später, als die Regierung des Schah Apfelbäume zur Verfügung stellte, kam noch einer der größten Obstgärten dazu. Maryam organisierte die Partnerschaften mit vielen der ärmeren Verwandten. Khorshid stellte Wasser und Land im Tausch gegen ihre Arbeitskraft zur Verfügung, und er überwachte mit

Argusaugen ihre Ehrlichkeit. Obwohl beide von Natur aus nicht besonders freigebig waren, hatte Maryam schon bald erkannt, daß die Erträge ihrer Großzügigkeit die anfänglichen Unkosten bei weitem überstiegen. Maryam war der Kopf aller erfolgreichen Unternehmungen, und Khorshid und die anderen wußten das genau.

Von Kindern unbehelligt, konnte sie sich um die Angelegenheit des ganzen Hofes kümmern. Die Kinder hatten einen gesunden Respekt vor ihr und gehorchten ihren Befehlen. (Allerdings waren sie auch sehr geschickt darin, sie zu umgehen.) Die Veranden waren immer gefegt, auch die ihres Neffen, dessen Frau viel krank war. Selbst der Hof unten bei den Ställen, wo das Vieh gehalten wurde, war sauberer als bei fast allen anderen. Alle Kinder des Gehöftes gingen zur Schule, Jungen wie Mädchen. War nicht ihr eigener Bruder der Schulleiter und zwei ihrer Nichten Lehrerinnen? Maryam ging nie Beeren pflücken und wildes Gemüse sammeln, aber auf ihrem Dach trockneten mehr Brombeeren, wilde Zwiebeln und wilder Spinat als bei allen anderen. Wenn sie ausging – zu einer Beerdigung, zu einer kranken Verwandten oder zu einer Hochzeit –, erschien sie mitsamt ihrem Gefolge von Schwägerinnen und Ehefrauen ihrer Neffen, von denen sie respektiert und geehrt wenn auch nicht gerade geliebt wurde.

Als Khorshid starb, mußte sie einige Entscheidungen fällen. In ihrem Alter hätten die Söhne traditionsgemäß für sie gesorgt, aber sie hatte keine Söhne. Wenn sie jünger gewesen wäre, hätte einer von Khorshids Brüdern sie als zweite Frau aufnehmen müssen, aber die Brüder waren schon lange tot. Es gab auch noch die Möglichkeit, bei ihren Brüdern zu leben, aber das gefiel Maryam nicht. Zwei der drei Brüder waren aus dem alten Gehöft ausgezogen, und sie hätte entscheiden müssen, zu welchem der drei Brüder und ihren Frauen sie gehen wollte. Dies hätte bedeutet, daß sie Macht und Kontrolle gegen Unterordnung hätte eintauschen müssen – in ihren Augen wäre sie zur Dienstmagd geworden, aber sie wollte keiner Schwägerin dienen. Es gab noch eine andere Möglichkeit, eine zweite Ehe.

Maryam durchdachte dies mit Umsicht und viel Realitätssinn. Ihr Alter, das wußte sie, war an sich kein Hinderungsgrund. Obwohl sie älter an Jahren war als ihre faltigen Schwestern mit ihren erwachsenen Kindern, sah sie viel jünger aus, und sie fühlte sich auch so. Kein einziges graues Haar lugte unter ihrem Schleier hervor; ihre Arme waren stramm und ihre Brüste fest. Sie konnte auch noch Treppen steigen, ohne zu keuchen. Zwar war sie schon lange auf dieser Welt, aber sie war nicht alt. Es gab einige Witwer mittleren Alters im Dorf, darunter sogar ein paar Verwandte, die in Frage gekommen wären. Einsichtig wie sie war, verstand sie die Lage der Männer sehr gut. Für einen Mann, der noch Kinder wollte, war sie ein böses Risiko, auch wenn man sich im Dorf unausgesprochen einig war, daß ihre Kinderlosigkeit eher Khorshids Schuld war als ihre. Für einen Mann mit erwachsenen Söhnen wiederum war sie nicht alt genug, weil es nicht ganz auszuschließen war, daß sie noch schwanger werden würde, und das wäre bestimmt nicht im Sinne der älteren Kinder. Gegen den Willen der Söhne hatte ein älterer Mann kaum eine Chance, sich eine junge Frau zu nehmen. Und dann war da die Sache mit Khorshids Vermögen. Solange Maryam noch im Vollbesitz ihrer Kräfte war, würde bestimmt keiner der Neffen ihres Mannes sie zwingen, das herauszurücken, was sie als ihr rechtmäßiges Erbe ansahen. Gegebenenfalls würde sie sich zu wehren wissen, und das war allen Beteiligten klar. Sollte sie aber wieder heiraten, müßte sie soviel wie möglich verkaufen, was zweifellos harte Kämpfe mit den Neffen auslösen würde, nur um letzten Endes das Geld doch ihrem neuen Mann geben zu müssen. Behielte sie ihr Eigentum, würden die Weinberge, Obstgärten, Weizen- und Kleefelder bald von Khorshids Neffen beansprucht werden, vor allem von denen, die das Land schon viele Jahre lang bestellt hatten. Anstatt alleine als Witwe zu leben, wäre sie als verheiratete Frau zwar wieder Herrin über einen neuen Haushalt, aber der Preis war sehr hoch. Maryam entschied sich für die letzte Möglichkeit: Sie würde abwarten und den Spatz in ihrer Hand gut festhalten.

Das war nicht einfach. Khorshid hatte nicht viel auf dem Feld gearbeitet, sondern darauf geachtet, daß keiner seiner Geschäftspartner ihn betrog. In der Nacht war er hinausgegangen und hatte seinen Wasseranteil überwacht, wenn er durch die Kanäle geleitet wurde, damit niemand das Wasser auf andere Felder umleitete. Er hatte von der Landwirtschaftsbehörde seinen Anteil an Unkrautvertilgungsmitteln gefordert; er hatte mit einem entfernten Verwandten, der Teilhaber an einem Traktor war, einen Vertrag über die Mitbenutzung ausgehandelt; er war immer anwesend, wenn der Obsthändler aus der Stadt kam, um die Äpfel zu wiegen. Maryam wußte, daß sie als Frau diese Aufgaben unmöglich übernehmen konnte. Sie konnte auch kein Heu für die Kuh holen oder die Schafe hüten, wenn sie in der Kooperative an der Reihe gewesen wäre. Sie verkaufte die Kuh, den Esel, die Schafe und die Ziegen. Den Erlös nutzte sie nicht, um noch mehr Apfelbäume zu kaufen, was sie Khorshid geraten hätte, sondern sie verlieh das Geld mit Zinsen. Obwohl sie nicht lesen und schreiben konnte und ihre Buchführung im Kopf machen mußte, war das Unternehmen erfolgreich. Bei der nächsten Gelegenheit verkaufte sie einen der kleineren Obstgärten mit Apfelbäumen, um den sich Khorshid selbst gekümmert hatte. Deshalb protestierten die Neffen nicht lange. Bald darauf bekam einer von Khorshids Partnern das Angebot, ein Feld am Rande des alten Dorfes als Bauland zu verkaufen. Maryam willigte in den Verkauf ein und teilte den Erlös mit ihm. Sie hatte kein sehr gutes Geschäft gemacht, aber sie war sich darüber im klaren, daß der ehemalige Partner in ein paar Jahren das Land ganz als sein Eigentum in Anspruch nehmen würde. Seine Söhne würden es später wie selbstverständlich übernehmen, weil sie es schon lange bearbeitet hatten. Das war im Dorf eine gängige Praxis, obwohl sie endlose Streitereien und langwierige Prozesse verursachte. Einige Wochen später suchte die Schulbehörde ein Grundstück für die neue Jungenschule. Maryam bearbeitete ihren Bruder, den Schulleiter, er solle die Behörde dazu bringen, ihren Weinberg, der so nahe an der Hauptstraße lag, zu erwerben. Er hatte Erfolg. Der Neffe, der dieses Stück Land bestellte, protestierte lauthals, aber seine Söhne waren noch zu jung, um ihn zu unterstützen. Das Geschäft war schnell abgeschlossen, ehe der Neffe es verhindern konnte. Auch dieses Mal teilte Maryam den Erlös, um den Neffen mundtot zu machen, aber sie wußte, daß nun alle auf der Hut waren und daß dies wohl erst einmal ihre letzte Transaktion sein würde. Sie behielt recht. Bis auf ein paar Pappeln, die sie Ali, Ahmads und Perijans Schwiegersohn vermachte, als er sein Haus auf Ahmads Grundstück baute, gelang ihr kein Geschäft mehr. Wie sie schon vermutet hatte, wurden auch ihre Anteile an den Ernten der Obstgärten und Felder immer kleiner. Die Geschäftspartner betrachteten nach und nach alles als ihr Eigentum, und Maryams Anteil wurde nicht mehr als ihr rechtmäßiger Anspruch, sondern als eine wohltätige Spende angesehen. Glücklicherweise hatte Maryam zu dieser Zeit schon genügend Geld verliehen, um sich ein eigenes kleines Einkommen zu sichern. Für ihre bescheidenen Ansprüche war es genug, und die Einnahmen kamen so regelmäßig, daß sie vollkommen unabhängig wurde.

Aber das Schicksal holte sie auf andere Weise ein. Ihre Brüder waren inzwischen aus dem hinteren Teil des Gehöfts in neue Häuser gezogen, die in alle Himmelsrichtungen verstreut am Dorfrand lagen. Die schönen Zeiten, in denen sie einfach durch die Unterführung schlüpfen konnte, um ein Schwätzchen zu halten, sich Rat zu holen, sich etwas auszuleihen, Neuigkeiten zu erfahren und sich auf dem laufenden zu halten, waren vorbei. Ihre Schwägerinnen, die Maryam nie sonderlich gemocht hatten und die fanden, daß es unter ihrer Würde wäre, durchs ganze Dorf zu gehen und Maryam einen offiziellen Besuch abzustatten, blieben zu Hause, und Maryam tat dasselbe. (Die Frau ihres jüngsten Neffen sah sie nach ihrem Umzug fast zwei Jahre nicht.) Der halbe Hof ihres eigenen Vaters wurde zur Ruine. Die andere Hälfte bewohnten noch vorübergehend jungverheiratete Neffen und die Kinder von Vettern, bis auch sie genügend Geld hatten, um sich anderswo Häuser zu bauen. Die Unterführung stürzte ein. Maryam mußte nun zwei Leitern hochsteigen und über ein hohes Dach klettern, um zum Hof ihres Vaters zu gelangen. Das war die Mühe nicht wert. Aber auch in ihrem eigenen Hof begann nun der Exodus. Die beiden Neffen ihres Mannes (und auch die Söhne ihrer Vettern), die noch geblieben waren, fingen nun auch an, sonnengetrocknete Ziegel aus Lehm und Stroh und Zementblöcke herzustellen. Sie konnten sich zwar die schweren Stein- und Zementkonstruktionen der Neureichen, die wie ihr jüngerer Bruder in Kuwait gearbeitet hatten, nicht leisten, aber ihre Ersparnisse reichten für ein traditionelles Haus, das durch eine separate Küche und die gute Stube erweitert wurde und eine Gartenmauer bekam. Da sie nicht lesen und schreiben konnten und nur ungelernte Arbeiter waren, hatte sie die wirtschaftliche Stagnation nach der Revolution besonders getroffen. Es gab für sie im Winter kaum noch Arbeit in der Stadt. Geld war knapp, Baumaterial war schwer zu bekommen und teuer. Dennoch war der Drang, lieber jetzt zu bauen als später, groß; wer wußte schon, ob man später überhaupt noch bauen konnte.

Innerhalb weniger Monate hatte Maryam den Hof für sich allein. Die nördlichsten Räume waren von ihrem Besitzer abgerissen worden, damit er die alten Balken aus Pappelholz für sein neues Haus benutzen konnte. Die wenigen Pappeln, die einen seiner Gärten begrenzten, waren noch nicht dick genug, und, wie so vieles andere mehr, war der Preis für Bauholz unerschwinglich geworden. Der zweite Neffe nutzte noch für kurze Zeit seine Scheunen für die zwei Esel und das Heu. In den ehemaligen Wohnräumen lagerte er hinter schweren Vorhängeschlössern den Weizen, bis auch er Scheunen an seinen neuen Hof baute. Abgesehen von den unregelmäßigen Stipvisiten dieses Neffen war Maryam zum ersten Mal in ihrem Leben ganz allein.

Jenseits des Trümmerhaufens, der von den nördlichen Gebäuden übriggeblieben war, saß sie nun in der prallen Sonne vor ihrem eigenen Zimmer. Nichts behinderte mehr ihre Aussicht auf die Südseite des Nachbarhauses. Mit diesen Leuten hatte sie nie viel zu tun gehabt, und sie fühlte sich auch nicht gerade stärker von ihnen angezogen, seit einer ihrer Söhne ein Revolutionsgardist geworden war. Ab und zu montierte er einen Lautsprecher auf die Ecke seines hohen Daches und ließ revolutionäre Marschmusik über das Dorf dröhnen. (Diese Musik unterschied sich in ihrer Art und in ihrem Klang völlig von der Musik, die Maryam kannte.) Manchmal spielte er auch unverständliche Ansprachen und Predigten vom Band ab oder gab Ankündigungen durch. Nichts, nicht einmal ein Baum, konnte Maryam vor diesem ohrenbetäubenden Lärm schützen. An Beschwerde war auch nicht zu denken; immerhin handelte es sich ja um so etwas wie eine Regierungsmaßnahme, und die Regierung kritisierte man nicht. Außerdem sah sie den jungen Mann so gut wie nie. Und was würde eine Beschwerde bei den Eltern schon bewirken, sei sie auch noch so gut als Anspielung oder Witz getarnt? Sie litten genauso wie sie und waren ebenso unfähig, Widerstand zu leisten. Als Maryam noch Gesellschaft in ihrem eigenen Hof und nebenan bei den Brüdern hatte, hatten die Frauen offen über diesen jungen Mann und seinen Lautsprecher gesprochen und sich über beides lustig gemacht. Sie hatten gesagt: »Wer will schon in den Himmel kommen, wenn man dort nur so etwas zu hören bekommt.« Oder: »Kein Wunder, daß die Heiligen uns nicht mehr erhören. Sie sind taub geworden.« Nun konnte Maryam nur noch mit sich selbst reden. Das war langweilig und unbefriedigend, trotz des Vorteils, daß niemand Widerworte gab oder Streit anfing, wie das sonst so oft bei Unterhaltungen üblich war! Sie empfand es auch als besonders schmerzlich, keine Neuigkeiten zu erfahren. Noch nicht einmal über ihre eigene Familie war sie auf dem laufenden. Einmal in der Woche ging sie zum Badehaus. (Ihr eigenes war nur ein Notbehelf, das der Neffe gebaut und dann wieder zerstört hatte, als er die Balken für sein Haus haben wollte.) Sie ging nicht ins öffentliche Badehaus, weil sie besonders sauber sein wollte, sondern weil sie Gesellschaft brauchte. Aber auch die Kundschaft im Badehaus schwand, denn jedermann baute seine eigene Dusche in oder an sein neues Haus. Sogar Perijan, Maryams jüngste Schwester, hatte sich angewöhnt, die Dusche im Haus ihrer anderen Schwester zu benutzen. Sie sagte, sie habe Angst, die kleine Shala könnte im öffentlichen Badehaus Schaden nehmen. So sah Maryam beide monatelang nicht mehr, bis die andere Schwester krank wurde und sie einen triftigen Grund hatte, zu Besuch zu kommen, ohne ihre Würde zu verlieren. In der Tat hatte eine Frau jetzt nur noch sehr wenige legitime Gründe, das Haus zu verlassen. Da Maryam eine Witwe ohne Söhne war, mußte sie selbst einkaufen gehen. Aber wie oft muß eine alleinstehende Frau schon einkaufen? Ab und zu braucht man etwas Fleisch, etwas Obst, eine Rolle Garn, eine Dose Plätzchen für die wenigen Besucher... Wenn sie am Rand ihrer Veranda auf ihrem alten Teppich saß, konnte sie einen Teil des Weges am Ende ihrer Gasse beobachten. Sie sah die vorbeigehenden Leute gerade lange genug, um sie zu erkennen. Wenn Maryam beobachtete, wie eine Frau, mit der sie sich gerne unterhielt, auf den Wasserhahn in der Nähe ihrer Brücke zuging, der etwas außerhalb ihres Gesichtsfeldes lag, griff sie manchmal nach einer der eigenen großen Plastikflaschen und leerte sie unter Umständen sogar aus. In diesen Flaschen wurde das Wasser sowieso bald warm und schal. Als das Wasser noch in Säcken aus Ziegenleder aufbewahrt wurde und Plastik noch nicht in Mode war, war es immer kühl geblieben. Dann schlenderte sie zum Wasserhahn, der von ihrer Gasse aus ein paar Schritte zur Rechten lag. Aber für wie lange und wie oft konnte es sich eine respektable Frau leisten, am Wasser herumzutrödeln, ohne die Selbstachtung zu verlieren? Außerdem wurde sie dort immer öfter gefragt, wie lange sie noch alleine hausen wolle, und ob sie sich nicht fürchte, so ganz auf sich gestellt zu leben, und was sie denn machen würde, wenn ein Dieb käme? Viel schlimmer aber waren die versteckten Bemerkungen ihrer engsten Verwandten: Ihre Eigenständigkeit wirke auf die Leute so, als habe sie niemanden, zu dem sie gehen könne. Das entspräche ja nicht den Tatsachen, und die Familie nähme ihr solch ein Verhalten übel. Diese Anspielungen waren ein weiterer Grund dafür, daß Maryam ihre Kontakte noch mehr einschränkte, besonders die mit ihren Brüdern und deren Frauen.

Maryam fand sich nicht nur in einem leeren Haus wieder, sie hatte auch leere Tage vor sich. Noch vor wenigen Jahren hätte sie jederzeit ihre Spindel nehmen und auf einer Terrasse mit den

Nachbarsfrauen sitzen können, angeregt und doch immer nützlich beschäftigt. Aber sie hatte keine Wolle mehr. Ihre eigenen Schafe gab es schon lange nicht mehr, und auch die meisten des Neffen waren verkauft. Ihre Räume waren tadellos sauber und blieben so tagaus tagein. Wenn sie erst einmal den Hof gekehrt hatte, dann blieb auch er lange sauber. Die Handvoll Reis für das Abendessen zu waschen, war eine Sache von Minuten. Das Brot, das sie backte, wollte und wollte nicht weniger werden. In der letzten Zeit hatten die jungen Frauen begonnen zu sticken. Ihre Nichte Golgol war sehr begabt darin, wunderschöne Blumenmuster und Vasen auf weißen Stoff zu zeichnen – die Mädchen in der Schule wollten alle von Golgol Muster gemalt haben –, aber Maryam war nun wirklich fast eine alte Frau, und es war unpassend, daß sie sich mit der Freizeitbeschäftigung der Jugend unterhielt. Für die unendlich langen Stunden des Tages blieben ihr nur noch die täglichen Hausarbeiten, ein bißchen Flicken und Nähen und die Wasserpfeife.

In einer Ecke des verlassenen Hofes pflanzte Maryam Gurken und Tomaten und einige Pfirsich- und Sonnenblumenkerne. Obwohl die meisten Samenkörner von den Spatzen aufgepickt wurden, entstand bald ein kleiner Garten – grün, schön anzuschaun, ein Stück Leben, und ein weiterer guter Grund, öfter Wasser vom Wasserhahn zu holen. Der Neffe wurde allerdings nervös, als er die kleinen Pflanzen sah. »Nicht, daß du glaubst, ich wolle auf etwas Bestimmtes hinaus, Tante Maryam«, sagte er, »es ist ja nichts Ernstes passiert, beim heiligen Abbas, bestimmt nicht; aber, nur um es klarzustellen: Das ist mein Grundstück, hier haben meine Scheune gestanden und mein Haus, von hier bis drüben zur Ecke, und das weißt du ganz genau. Nein, sag gar nichts, reg dich nicht auf, iß nur ruhig deine Gurken, Gott segne sie. Aber ich wollte nur sagen, daß vielleicht irgendwann einmal einer meiner Söhne zurückkommen will, man kann ja nie wissen, und das hier ist unser Grund und Boden, nicht deiner, nicht der von meinen Brüdern und auch nicht Onkel Khorshids, das weißt du ja.«

Maryam war bestürzt, doch eigentlich hatte sie dieser Vortrag nicht überrascht. Drei ihrer Neffen stritten mit einem Vetter um ein paar Obstbäume in ihrem eigenen verlassenen Hof. Er hatte sie auf ihrem Land gepflanzt. Sie stritten aber auch untereinander, weil jeder gerade die Stelle, auf der die kleinen Bäume standen, für sein Eigentum hielt. Familienkräche wegen einiger weniger Meter Erde waren im Dorf an der Tagesordnung. »Mach dir keine Sorgen«, sagte Maryam würdevoll und mit Verachtung in der Stimme, »du kriegst schon deinen Anteil Sonnenblumen wie jeder Grundbesitzer, ganz sicher. Schick nur eines deiner Kinder! Ich werde dich schon nicht betrügen.« Aber dieses Gespräch hatte sie aus der Fassung gebracht. Am späten Nachmittag hielt sie Ausschau nach ihrem Bruder, der nach der Schule auf dem Nachhauseweg war. Sie nahm ihren Schleier, folgte ihm und beschwerte sich bitterlich bei ihm und seiner Frau.

»Schwester«, sagte Kerim, »mein Haus steht dir offen. Dieser Kerl ist ein Schurke. Aber warum bleibst du auch dort? Es ist nicht gut für dich, allein zu wohnen. Hier ist genug Platz für dich.«

»Ja, natürlich, beim heiligen Abbas. Wir sind dir alle sehr ergeben«, sagte seine Frau halbherzig und mit versteinertem Gesicht.

»Ich weiß eure Ergebenheit zu schätzen«, antwortete Maryam und floh.

Zu Hause dachte sie erst einmal ganz gründlich nach. Kerims Vorschlag, ihre Wohnung aufzugeben, war in der letzten Zeit seine Standardantwort auf ihre Beschwerden gewesen. Alle drängten sie auf irgendeine Weise zum Auszug. Sogar Perijan versuchte es, obwohl sie wußte, daß Maryam eigentlich mit keiner ihrer Schwägerinnen gut auskam. Sie waren lange genug Nachbarn gewesen, um dies beurteilen zu können. Jedermann wußte, wie dünn die Maske familiärer Höflichkeit war und wie schnell sie im Laufe des Alltags zerbrach. Kerim würde wahrscheinlich darauf bestehen, daß sie zu ihm zöge, denn aufgrund seiner Position und seiner Bildung war er nun das Haupt der Familie, und er war auch reich genug, sie zu ernähren. Aber

Kerim würde sie zwingen, alles was Khorshids Neffen beanspruchen könnten, an sie abzutreten, um späteren Streit mit ihnen zu vermeiden. Wahrscheinlich würde sie auch ihre eigenen Geschäfte einschränken müssen, denn sie konnte sich nicht vorstellen, daß ihr Bruder sie in seinem Haus erlauben würde. Zu einem der anderen Brüder zu ziehen, verursachte neue Probleme. Die Frau des jüngsten Bruders war umgänglich und viel jünger als Maryam; sie war immer dienstbeflissen, hatte großen Respekt vor ihr und bis jetzt nur kleine Anzeichen von Aufsässigkeit gezeigt, die leicht zu unterdrücken gewesen wären. Aber dieser Bruder war sehr arm und würde sicherlich darauf bestehen, daß sie den Löwenanteil von Khorshids Land behielte (das dann er bestellen würde), auch wenn dies einen ekelhaften Streit mit den Neffen zur Folge hätte. Maryam überdachte illusionslos seine und ihre Lage bei einem solchen Übereinkommen. Er hatte das Haus voller kleiner Kinder und besaß wenig Land. Mit ihrem Geld würde er an sein jetzt schon überfülltes Haus anbauen können – »für dein Wohlbefinden«, würde er dann sagen. Für eine Weile hätte er es etwas leichter, aber über kurz oder lang würde sie seine Armut teilen, und zwar ungleich teilen, denn sie wäre in ein paar Jahren alt und überflüssig, und keiner in der Familie würde sich aus familiären Gründen verpflichtet fühlen, eine solche Belastung willig zu tragen.

Sie entschloß sich, zu bleiben und zu kämpfen.

Niemand hielt um ihre Hand an. Eine zweite Ehe schien nicht ihr Schicksal zu sein. Nach Khorshids Tod hatte sie dunkle Kleidung getragen, wie es sich für eine Witwe geziemte. Dabei blieb sie um so bereitwilliger, als sich seit der Revolution auch die jungen Frauen immer häufiger in Lila und Dunkelgrün kleideten, in den Farben also, die früher als Zeichen des Alters und der Trauer gegolten hatten. Maryam glaubte, daß sie sich außerhalb des Hauses ungezwungener in der Öffentlichkeit bewegen könne, wenn sie sich wie eine alte Frau gab. Obwohl sie im Gegensatz zu ihren Altersgenossinnen kerngesund war und nicht auf den steilen Hängen nach Luft schnappen mußte, ging sie wie die meisten Frauen langsam durch die Gassen. Hier und da hielt sie an, wechselte ein paar Worte und hörte sich die letzten Neuigkeiten an. Noch vor einigen Jahren hätte sie dies für unschicklich gehalten. Als sie noch die Kontrolle über das Gehöft hatte, erlaubte sie ihren jungen Frauen nicht, unterwegs zu verweilen, sondern scheuchte sie in angemessenem, aber forschem Schritt durchs Dorf. Jetzt aber, so meinte sie, war ein wenig Freizügigkeit das kleinere Übel.

Maryam nahm nun auch jede passende Gelegenheit wahr, um ihre vielen Verwandten zu besuchen. Sie saß am Krankenbett, half bei Hochzeiten aus und trauerte unermüdlich um jeden Toten. Sie schloß sich sogar den Frauen an, die die Sitte der Städter übernommen hatten und jeden Donnerstag auf dem Friedhof die Toten beklagten. Da saßen die Frauen an den geschmückten, frischen Gräbern, weinten, boten einander Süßigkeiten und Früchte an, die sie als Opfergabe mitgebracht hatten, erinnerte die Frauen, die einen Sohn oder Bruder im Krieg verloren hatten, an ihr Unglück und diejenigen, die davor verschont geblieben waren, an ihr Glück. Man klatschte ein wenig und sang in hoher, schriller Tonlage ein paar Trauerlieder. Maryam hatte Khorshid, um den sie trauern konnte, und die Tatsache, daß sie keine Kinder hatte und keine verlieren konnte. Aber sie ging aus demselben Grund zum Friedhof, aus dem sie auch anderswo hinging: um unter Menschen zu sein, mit denen sie nicht eng verwandt war. Sie wollte damit ihren Willen zur Unabhängigkeit unterstreichen, wollte jedermann überzeugen, daß sie fähig und entschlossen war, in ihrer Behausung zu bleiben, und sie wollte sich der Unterstützung anderer vergewissern. Maryam benutzte die anderen – die fernen Kusinen, die Tanten und die Kinder der Kusinen, das weite verwandtschaftliche Netzwerk – als moralische Unterstützung und als Druckmittel gegen ihre Brüder, falls es einmal nötig werden sollte.

Dies alles geschah während eines langen Sommers und des darauffolgenden Herbstes. Maryam kaufte ein Kerosinöfchen und einen Gaskocher, um sich das mühsame Holzholen zu ersparen. Lange vor dem ersten Regen des Winters hatte sie mit Hilfe von Perijans Sohn ihre beiden Räume wasserdicht gemacht. Er hatte das Flachdach mit teergetränktem Sackleinen überdeckt, und dadurch war es jetzt nicht mehr nötig, während des Regens aufs Dach zu klettern und mit der schweren Eichenrolle das Wasser aus der vollgesogenen Erde zu pressen, damit es nicht durch die Decke sickerte. Das war Männersache, und die Rolle war schwer. Ihre Brüder hatten diese Arbeit als Hauptargument gegen ihren Verbleib im Haus vorgebracht. Da sie die Dacharbeiten von ihrem eigenen Geld bezahlt hatte, konnten die Brüder nicht protestieren. Die Veranda, die ebenso wichtig für sie war wie das Zimmer, konnte sie selbst trockenhalten. Sie war nicht so groß wie das Dach und lag direkt vor ihrer Tür.

Aber die angrenzenden Scheunen ihrer Neffen verfielen im Laufe des Winters. Sie waren ungeschützt, und niemand kümmerte sich darum, als sie bei den starken Regenfällen und dem Schnee wegschmolzen und verfielen. Aus eigenem Interesse versuchte Maryam, die Besitzer dazu zu bewegen, sich um ihr Eigentum zu kümmern, aber nichts geschah. Eines schönen Morgens, als die ersten warmen und trockenen Frühlingswinde aus dem Süden bliesen, kamen die beiden Männer und drei ihrer Söhne mit Spitzhacken und Schaufeln und brachen die Gebäude ab, um an die Balken zu gelangen. Maryam wurde nicht vorgewarnt. Das hätte ihr Zeit gegeben, sie daran zu hindern. Sie war aber machtlos, denn die Verwandten konnten mit ihren Häusern machen, was sie wollten. Auch die Scheunen darunter waren ihr Eigentum. Maryam nahm all ihre Sachen von der Veranda und schloß sie in der Wohnung ein, damit sie nicht verstaubten. Dann stieg sie aufs Dach, um sich vor den Staubwolken, die aus diesem Bild der Verwüstung aufstiegen, zu retten. Maryams Haus würde nun allein stehen, umgeben von Schutt, angelehnt an die Rückwand des Hauses im Hof ihres älteren Bruders. Es war nicht besonders rücksichtsvoll, daß ihre Neffen jetzt schon kamen, um die Balken zu holen – in ein paar Jahren wäre sie ja sowieso tot. Aber sie wußte, daß Holzbalken so gut wie Geld waren. So unangenehm diese Angelegenheit auch war, hielt sie sie doch nicht für sonderlich alarmierend.

Aber Maryam sollte sich noch wundern. Als sich der Staub

legte, kam die Katastrophe zum Vorschein. Maryam hockte mit dem Kopftuch halb über das Gesicht gezogen auf ihrem Dach und blickte nun nicht mehr auf ihre Veranda, sondern in einen Abgrund. Die Dächer der Scheunen, die ein Teil ihrer Veranda gewesen waren, hatten übereinandergelegen, und als die Scheunen darunter einstürzten, war fast ihre gesamte Veranda weggerissen worden. Ihre Feuerstelle war nicht mehr da, ebensowenig die Hütte aus Zweigen, die ihre Wasserbehälter vor der Sonne geschützt hatte, und der Vorbau, von dem aus sie die Gasse hatte beobachten können. Der Treppenaufgang war halb zerstört, ein Teil hing noch vom Geflecht aus Ästen und kurzen Balken, das ihn früher gehalten hatte, herab. Wollte sie nun von ihren Räumen ins Erdgeschoß, mußte sie auf ihr Dach steigen (wo sie jetzt gerade starr vor Entsetzen saß), über eine Leiter auf das weiter oben gelegene Flachdach ihres Bruders klettern und von dort hinunter in den Hof, um über eine andere Gasse durch die halb verfallene Unterführung auf den Hauptweg zu gelangen.

Maryam hockte wie eine Gefangene auf den verstaubten Balken. Die zwei Neffen und ihre Söhne waren genauso entgeistert wie sie. Niemand hatte bemerkt, daß die Scheunendächer so sehr ineinander verflochten waren, daß fast alles einstürzen würde, wenn man einen Teil entfernte. Die Männer hatten vermutet (und waren schlau genug gewesen, das zu verschweigen), daß ein Teil von Maryams Veranda daran glauben müßte, aber doch nicht so viel! Als Maryam ihre Stimme wiedergefunden hatte, sprang sie auf, schlug die Hände über dem Kopf zusammen und gab ein langgezogenes Wehgeschrei von sich. Dies galt in der Öffentlichkeit als Ausdruck größter Verzweiflung. »Weh mir«, rief sie zwischen schrillen Schreien, »diese Heiden ruinieren mich, eine alte Frau, weh mir!«

Der jüngste Sohn der Neffen, ein optimistischer Junge von vierzehn Jahren, antwortete als erster. »Es macht doch nichts«, schrie er. »Wir reparieren alles, halt den Mund!« Aber Maryam wußte, daß das zu nichts verpflichtete und nur eine Standardantwort war, um sie zu beruhigen. So etwas wurde immer gesagt, wenn es um den Schaden am Eigentum anderer ging.

»Leute, kommt her«, rief sie noch lauter als zuvor zu den Gestalten hinüber, die auf den Dächern um sie herum erschienen waren. »Leute, Gott ist mein Zeuge, meine eigenen Verwandten, die Söhne meiner eigenen Vettern rauben mich aus, treten meine Rechte mit Füßen!«

Inzwischen waren Faraj, der jüngere Neffe, und zwei der Jungen auf die zerstörte Veranda geklettert und balancierten vorsichtig auf den wackeligen Balken. Sie gestikulierten aufgeregt zu Maryam hinauf. »Sei ruhig«, brüllten sie, »komm runter und halt den Mund. Keiner tut dir was, kapierst du das? Hör auf!« Dann stürmte der jüngere Neffe die Leiter zu ihr hinauf und packte sie. »Wir reparieren alles«, sagte er. Dieser Satz galt niemand Bestimmtem, aber alle Nachbarn hatten ihn hören können. »Es war ein Unfall. Wir bringen sofort alles wieder in Ordnung. Komm runter und sag, was du haben willst. Es war keine böse Absicht, wir richten sofort alles wieder her.« Nach dieser öffentlichen Erklärung ließ sich Maryam überreden hinunterzuklettern. Das war nicht ungefährlich, da die Leiter sehr nahe am herabhängenden Rand der zerstörten Veranda stand.

Solange es noch hell genug war, hielten sie ihr Wort. Die Jungen stützten die übel zugerichtete Veranda mit Balken ab, die sie aus dem Ruinenhaufen gruben. Die beiden älteren Männer versuchten, die Treppenstufen wieder so weit zu flicken, daß man sie zumindest provisorisch benutzen konnte. Aber es wurde schnell dunkel, und sie hatten weder Hammer noch Nägel bei sich. »Fall nicht runter!« sagten sie, als sie gingen. »Sei vorsichtig, geh nicht ohne Laterne hinunter! Wir kommen morgen wieder und reparieren alles gründlich.«

»Und was ist mit der Veranda?« fragte Maryam mit berechtigtem Mißtrauen.

»Natürlich auch die Veranda«, sagte der ältere Neffe, »beim heiligen Abbas.«

»Ja, ja«, sagte Maryam, »der heilige Abbas hat bei euch viel zu tun. Belästigt ihn nicht, kommt lieber selber!«

Am nächsten Tag, es war ein Samstag, hatten die Jungen bis zum Nachmittag Schule. Faraj war an der Reihe, die Kuhherde der Kooperative zu hüten, so daß er den ganzen Tag fort war. Der ältere Neffe Ezad und sein Sohn hatten jemandem versprochen, beim Hausbau zu helfen, gegen Bezahlung natürlich. Sie ließen Maryam sagen, sie kämen abends. Als sie mit einem schweren Wassereimer die wackeligen Stufen hinaufsteigen wollte, brach ein weiteres Stück der Veranda ab. Das schlimmste aber war, daß sie die Toilette, einen Abtritt, der an die Scheune angebaut war, nicht mehr benutzen konnte; wahrscheinlich war sie sogar zerstört, und bis zur Toilette im Hof ihres Bruders war es ziemlich weit. An diesem Tag hatte sie eigentlich Brot backen wollen, aber sie war zu wütend, zu aufgeregt und zu verspannt, um Teig zu kneten. Statt dessen ging sie den weiten Weg bis zu Perijan, um sich ein paar Fladenbrote von ihr zu holen. Perijan hatte Mitleid mit ihr, aber sie kam ihrer Schwester wieder mit dem langweiligen Ratschlag, doch endlich dahin zu gehen, wo sie hingehöre, nämlich zu ihren Brüdern.

Am Abend, ungefähr eine Stunde vor Einbruch der Dunkelheit, kam Ezad. Sein langer, dürrer Körper war von einem langen Arbeitstag gebeugt. Er brachte seinen Sohn und die Werkzeuge mit. Wütend, daß keiner der anderen aufgetaucht war, schickte Ezad seinen Sohn los, um wenigstens die jungen Vettern zu holen. Das dauerte wiederum seine Zeit, während der Maryam und Ezad darüber stritten, was gemacht werden sollte. Sie wollte zuerst die Grube ausgehoben und die Toilette repariert haben. Ihre eigene Scheune, und zwar die ganze Scheune, sollte wiederhergerichtet werden, und natürlich die Veranda und die Treppe auch. Ezad reduzierte diese Forderungen auf ein Mindestmaß: Eine provisorische Toilette müsse her, und so etwas Ähnliches wie eine Veranda, unter der ohnehin gleichzeitig ein Holzschuppen entstände, und dann müsse sie noch eine Art Treppe haben. Auch wenn nur das Nötigste gemacht würde, bedeute es eine Menge Arbeit, die im Augenblick sehr ungelegen kam. Die Jungen müßten Lehmziegel beschaffen, alte Balken müßten zugeschnitten werden, und die Sickergrube war wahrscheinlich voller Trümmer und müßte ausgehoben werden. »Schwarzer Tod«, fluchte Ezad immer wieder aus tiefster Seele.

Als sich die Gesellschaft an diesem Abend endlich zusammengefunden hatte (Faraj war ausgefallen, da er sich den Knöchel verstaucht hatte), stapelten die Jungen einen kleinen Haufen Ziegel auf, die man wiederverwenden konnte. Ezad stützte die Treppenstufen noch etwas ab. Gemeinsam schaufelten sie den Weg zur Scheune unterhalb der Wohnung frei, damit Maryam die Scheune als Toilette benutzen könne, sagten sie. Maryam weigerte sich. Das tat sie nicht aus hygienischen Gründen (früher waren die Scheunen immer als Toilette benutzt worden), sondern weil sie die berechtigte Furcht hegte, daß, wenn sie die Scheune erst einmal benutzte, die Reparatur an Dringlichkeit verlieren würde und sie am Ende niemals eine neue Toilette bekäme. Deshalb schlenderte sie lieber langsam zum halb verfallenen Plumpsklo ihres Bruders, während sie mit viel Nachdruck die Toilettenkanne mit dem langen Ausguß schwang, die man für die nötigen Waschungen brauchte, und hielt auch noch unterwegs hier und da zu einem Schwätzchen mit Passanten an. Manchmal ging sie auch zu Begom und Akbar hinüber, ihre Nachbarn auf der anderen Straßenseite. Aber die Toilette dort war ziemlich schmutzig und nicht besser als die Scheunen von früher.

Am nächsten Tag war Maryam den ganzen Tag über bei einer Trauerfeier im Nachbardorf. Als sie abends zurückkam, war der Ziegelhaufen etwas höher, aber sonst waren keine weiteren Fortschritte festzustellen. Früh am nächsten Morgen kam Ezad eilig daher, stöberte etwas in der Nähe der Toilette herum, nur um festzustellen, daß jetzt auch das Dach eingestürzt war, und ging laut und anhaltend »schwarzer Tod« fluchend wieder fort. Maryam bat Akbar, ihr mit der Leiter behilflich zu sein. Sie wollte sie vom Dach holen und statt der immer wackeliger werdenden Treppenruine benutzen. Am nächsten Tag war der Himmel wolkenverhangen. Bald würde der erste Regen fallen und den Rest der Veranda wegspülen. Als am nächsten Nachmittag nur zwei der Jungen zum Ziegelsammeln kamen, wurde Maryam so wütend, daß sie Ezad aufsuchte, um ihn an sein Versprechen zu erinnern. Er war aber nicht zu Hause, und seine

Frau beklagte sich, Maryam würde Ezad über Gebühr belästigen, und sie solle endlich zu ihren Brüdern ziehen. Maryam gab ihr deutlich zu verstehen, was sie von diesem Rat hielt, und rauschte davon. Am anderen Ende des Dorfes wollte sie sich bei Faraj über die halbfertigen Bauarbeiten und Ezads unverschämte Frau beschweren. Faraj war zu Hause und versprach, am nächsten Tag zu kommen. Sein Knöchel war immer noch geschwollen, das sah Maryam nun selbst.

Nach einer Woche konnte Maryam trotz der weiten Röcke schon sehr geschickt volle Wassereimer die Leiter hinauf- und hinunterwuchten. Sie hatte trotz der unangenehmen Hitze im Haus Brot gebacken und praktisch von ihrer Türschwelle aus die Jungen und Neffen bei ihren halbherzigen Versuchen beobachtet, das Chaos in den Griff zu bekommen. Sie kamen überhaupt nicht voran.

Schweren Herzens ging sie zu Kerim, ihrem zweiten Bruder, und dann noch zum jüngsten. Jeder versprach, sein Bestes zu tun. Viele Möglichkeiten hätten sie ja nicht, da Ezad und Faraj nicht ihre eigenen Söhne waren. Vielleicht sollte sie jetzt doch das Haus ganz aufgeben, sagten sie. Die wenig enthusiastischen Reaktionen der Schwägerinnen trösteten sie etwas. Offensichtlich waren sie ebensowenig begeistert von der Vorstellung, zusammen in einem Haushalt zu leben, wie Maryam und waren deshalb ihre heimlichen Verbündeten. So kämpfte Maryam verbissen und halsstarrig bei Nachbarn und Verwandten weiter für ihre Sache, bereitete den großen Auftritt vor, der nicht mehr zu vermeiden war.

Der erste leichte Regen hatte eines Morgens weitere Löcher aus der ungeschützten Veranda gewaschen. Tief getroffen zog sich Maryam einen schwarzen Rock an, nahm einen schwarzen Schleier aus ihrem Kleiderbündel, raufte sich die Haare, daß sie wirr aus dem Kopftuch standen, holte tief Luft und stieß einen Schrei aus, der so lange andauerte, bis sie auf dem Hauptweg war. Bis dahin hatte sich schon eine beachtliche Zuhörerschaft auf Dächern, Türschwellen und Veranden angesammelt. Während sie weiter durchs Dorf zur Hauptkreuzung stürmte, zählte sie schreiend die Höhepunkte der Beleidigungen und Wortbrüche ihrer Verwandten auf, ohne jedoch Namen zu nennen. Sie schrie, sie würde zur Polizei gehen und ihre Beschwerden samt und sonders öffentlich machen, allen sagen, wie sie, eine alte Frau, schamlos von der eigenen Verwandtschaft betrogen werde.

In Windeseile trugen die Kinder die schlechte Nachricht zu Kerim in der Schule um die Ecke, zu den anderen Brüdern und Vettern und dann zu Faraj und Ezad im Feld. Es kam zu einem erstklassigen Skandal. Als Vormund seiner Schwester war Kerim besonders betroffen. Er war auf Ezad und Faraj ebenso wütend wie auf Maryam, die er für den eigentlichen Störenfried hielt, und ärgerte sich auch über seine Frau, die so deutlich zu verstehen gegeben hatte, daß sie keinen Wert auf Maryams Anwesenheit in ihrem Haushalt legte. Das gleiche galt für den Haushalt seines Bruders. Nun mußten er und seine Brüder sich um diese Familienangelegenheit kümmern, die durch die Dummheit einer Reihe von bockigen und zänkischen Frauen und der Verantwortungslosigkeit einiger junger, nichtsnutziger Verwandter zu einer öffentlichen Affäre wurde. Das ganze Dorf würde über seine Unfähigkeit, seiner Familie mit Umsicht und Würde vorzustehen, reden.

Als Kerim das Spektakel mitten im Dorf erreichte, hatte Maryam sich so richtig in Rage gebracht. Sie war zerzaust, der Schleier war ihr auf die Schultern gerutscht, und sie zitterte am ganzen Körper, als sie ihren Protest herausschrie und beteuerte, sie werde sich sofort bei der Polizei, der Revolutionsgarde, beim Gouverneur und beim Imam Khomeini höchstpersönlich über die Ungerechtigkeiten, die ihre eigene Verwandtschaft ihr angetan hätten, beschweren. Einige Männer, die Kerim verbunden oder mit ihm verwandt waren, hatten ihr den Weg zur Polizeistation weiter unten an der Straße versperrt. Aber damit hatte Maryam nicht nur gerechnet, sondern sie hatte sogar inständig darauf gehofft, denn eine offizielle Beschwerde wäre eine große Schande für die ganze Familie gewesen, sie selbst eingeschlossen, und hätte sie ihrer Familie entfremdet. Sie wollte, daß das Problem hier mitten auf der Kreuzung gelöst wurde. Zu diesem Zeitpunkt war sie allerdings schon so außer sich vor Wut, daß es ganz gut war, daß die Männer sie zurückhielten, bis einer der Brüder sich um sie kümmerte. Kerim und sein Schwiegersohn stürzten sich auf sie und hielten sie fest. Sie versuchten, sie zu beruhigen, indem sie ihr versicherten, alles würde in Ordnung gebracht werden. Gleichzeitig bemühten sie sich, den Zuschauern die näheren Umstände zu erklären und Faraj und Ezad zu verfluchen. (Vier Kinder aus ihren Familien standen in der Menge.) Kerim schwor hoch und heilig, daß er persönlich für den Wiederaufbau des Hauses sorgen würde – alle, die Rang und Namen im Dorf hatten, sollten seine Zeugen sein. Schließlich ließ Maryam sich zum Haus ihrer Schwester Perijan führen, das am nächsten lag. Sie bekam Tee und wurde mit beruhigenden Worten der Zuneigung überschüttet.

Maryam blieb über Nacht. Kerim machte Faraj und Ezad Beine und stellte einen jungen Mann ganztags für die Reparatur der Toilette und der Scheunenwände an. Er maß die neue Veranda aus und sagte, wie sie stabilisiert werden sollte. Gemeinsam mit seinem und Maryams jüngstem Bruder baute Kerim den Treppenaufgang. Zwar war er viel schmaler als früher, aber die Steinplatten wurden mit richtigem Zement verfugt. Alles war nach zwei Tagen fertig. Maryam gefiel die kleine Veranda nicht so sehr, aber sie war klug genug, den Mund zu halten. In der Ecke baute sie sich eine neue Feuerstelle, eine fünfzig Zentimeter hohe, halbkreisförmige Erdmauer. Sie trug das gewölbte Eisenblech, auf dem man die Fladenbrote backte. Aus dem Lehm, der jetzt so reichlich in ihrem Hof herumlag, baute Maryam sich sogar ein kleines Hühnerhaus. Sie hatte genug Korn für ein paar Hühner. Vorläufig war sie erst einmal zufrieden. Zwar ärgerten sich ihre Brüder über sie, so wie man sich über ein ungezogenes Kind ärgert, aber sie wußte, daß ihre Ehefrauen erleichtert waren und daß deshalb auch der Zorn der Brüder bald verraucht sein würde. Maryam war dem Verlust ihrer Veranda, ihres Hauses und damit auch dem Verlust ihrer Unabhängigkeit so gefährlich nahegekommen, daß sie sich jetzt geradezu glücklich fühlte, wenn sie von ihrem friedlichen Ausguck aus über ihr Gurkenbeet und die Gasse hinweg ihre geschrumpfte Welt betrachtete. Sie lauschte dem Gurgeln der Wasserpfeife und den entfernten Geräuschen des Lebens draußen und beobachtete, wie die Stunden langsam verstrichen: Hell und Dunkel, Sonne und Sterne, Licht und Schatten folgten aufeinander wie die Perlen auf der Schnur um ihren Hals. Solange Gott ihr Kraft in den Knochen und ihr tägliches Brot gab, würde sie ihm tausendmal am Tag danken.

Drittes Kapitel

Unfruchtbarkeit, und was Tala dagegen unternahm

Unglück und Pech sind die zuverlässigsten Weggefährten im Leben, sagen die Leute in Deh Koh. Manchmal trifft es die Bösen, und so sollte es auch sein: Dann ist es Gottes Vergeltung, seine gerechte Strafe. Aber viel häufiger trifft es die Guten: So manches Mal geht das Schicksal mit ihnen noch härter um als mit den Bösen. Das gehört dann zu Gottes unerforschlichem Plan für das Leben auf Erden und läßt sich nicht an menschlichen Vorstellungen von Gerechtigkeit messen. Nur ein verärgerter Nachbar, der gerade einen persönlichen Groll gegen jemanden hegt, würde dessen Unglück vielleicht als gerechte Strafe sehen und sagen, daß sicherlich niemand genau über die heimlichen Sünden der anderen oder über die der Vorfahren Bescheid wisse. Schließlich können Sünden so wie Eigentum vererbt werden.

Das schlimmste Unglück von allen ist die Unfruchtbarkeit, denn sie verfolgt einen ein Leben lang. Sie begleitet einen durch das ganze Erwachsenenleben bis ins hohe Alter. Man ist machtlos, und man kann es nie vergessen. Ohne Kinder ist man allein auf dieser Welt. Ohne Kinder, so heißt es, ist man ein Nichts in den Augen der anderen. Man hat keinen Rückhalt, wenn es darum geht, der eigenen Meinung Nachdruck zu verleihen, man hat keine Hilfe, keinen Fürsprecher und niemanden, der für einen sorgt und für einen verhandelt. Nur ein Zyniker mag behaupten, daß man ohne Sohn auch keine Probleme mit einer Schwiegertochter hat, daß man ohne Tochter nie Ärger mit der Verwandtschaft ihres Mannes haben wird. Sind keine Kinder da, fallen auch keine harten Worte über Landverteilung, Wasserrechte, Pappeln oder Schafe. Dies ist eine Binsenweisheit und genauso überflüssig wie das Argument, daß es einem kinderlosen Ehepaar bessergeht als den mit Kindern reichlich gesegneten

Nachbarn und daß es auch nicht unglücklicher oder unzufriedener, kränker oder im Alter schlechter gestellt ist. Diese Tatsachen spielen in der öffentlichen Meinung keine Rolle. Große Felder, die nicht geteilt werden müssen und um die sich keine große Schar von Söhnen streitet, Geld auf der Bank, gutes Essen und schöne Kleider können ein verwaistes Haus nicht beleben.

In Deh Koh sind nur wenige Ehepaare kinderlos, und noch nie wurde ein solches Paar geschieden. Es ist auch noch nicht vorgekommen, daß sich ein Mann eine zweite Frau genommen hat, nur weil seine erste unfruchtbar war. Wenn erst einmal die ersten schweren Jahre enttäuschter Hoffnungen vorbei sind, wenn alle Heilmittel, Amulette, Pilgerfahrten, Arztbesuche nicht geholfen haben, wenn Anschuldigungen, Streitereien, Spott und Mitleid überstanden und auch der letzte Hoffnungsschimmer in den Herzen des Paares gestorben ist, dann gewöhnt es sich an ein Leben zu zweit. Es ist traurig, aber auch viel friedlicher und geruhsamer als das aufreibende Leben mit einer großen Familie. Im Laufe der Zeit findet man eine Lieblingsnichte oder einen Lieblingsneffen, mit dem man reden kann und dem man sich nahe fühlt. Da man Zeit und Geld hat, kann man seine Hilfe wie eine nützliche Ware anbieten, man kann sie wie ein Darlehen verwenden, das mit Zinsen zurückgezahlt wird.

Aber die ersten Jahre sind schwer. Man hadert mit dem Schicksal und gibt die Hoffnung nicht auf; und jede Monatsblutung treibt eine Frau von neuem an den Rand der Verzweiflung.

Tala war groß und kräftig, ein breithüftiges, vollbusiges Energiebündel. In einer sehr lebhaften Familie mit vier Töchtern war sie der Liebling. Sie hatte wohlgeformte, schwarze Augenbrauen und strahlend weiße Zähne. Wie die meisten der halbwüchsigen Mädchen, so lehnte auch Tala die Ehe rundweg als eine nutzlose, unwillkommene und abstoßende Einrichtung ab, Grund genug für ein Mädchen, Selbstmord zu begehen. In der Öffentlichkeit trug sie ihren Schleier eng um sich gewickelt. Er verdeckte ihr halbes Gesicht, und das obwohl der hauchdünne Schleier vor der Revolution noch als Schmuck getragen wurde und nicht unbedingt das Gesicht einer Frau verbergen sollte. Aber sie hielt auch unter ihrem Schleier ein wachsames Auge auf die jungen Männer im Dorf. Einmal wurde sie sogar von einem ihrer jähzornigen Brüder verprügelt, weil sie vor der Schule einen Jungen angesehen und dann auch noch gegrüßt hatte. (Sie stritt es ab.) Er war zwar nur einer ihrer Vettern, aber sie hatte es in der Öffentlichkeit getan, und ihr Bruder war beschämt und fühlte sich verpflichtet, seiner Schwester eine Lektion über Anstand und Sitte zu erteilen. In Talas Erinnerung war das blaue Auge, das sie ihrem Bruder bei der Rauferei verpaßt hatte, die einzige Genugtuung für diese Erniedrigung. Sie war stark und zwei Jahre älter als ihr Bruder.

Tala hätte es gerne gesehen, wenn ein Vetter mütterlicherseits um ihre Hand angehalten hätte. Deshalb machte sie so viele Andeutungen, wie sie es sich erlauben konnte. Sie wurden verstanden, und ihre Mutter Khanom begann mit vorsichtigen Anfragen. Sie mußte geschickt vorgehen, damit man jederzeit früheres Interesse abstreiten konnte, falls die Verbindung nicht zustande kommen sollte. Diese Taktik machte mehrere überflüssige Arztbesuche der Mutter im nächsten Dorf nötig. Da die Kusine, die Mutter des fraglichen Sohnes, neben dem Krankenhaus wohnte, war es ganz natürlich, daß Khanom dorthin ging, um ihre müden Füße von dem langen Marsch auszuruhen. Der ältere Bruder des jungen Mannes hatte eine Tochter des Bruders seiner Mutter geheiratet, eine junge Frau, die bedauerlicherweise ganz und gar nicht in die neue Familie paßte und sogar vom Hund zweimal gebissen wurde. So war es verständlich, daß der Vetter zu Talas größtem Bedauern sagte, er würde lieber unverheiratet bleiben, als aus diesem Zweig der Familie eine Frau zu nehmen. Statt dessen ging er später in die Stadt, wo ihm ein Freund eine Frau suchte. Fünf Jahre lang kam er dann nicht mehr nach Hause, auch nicht zu den Neujahrsfeiern.

Tala war enttäuscht und wurde ungeduldig, obwohl sie laut verkündete, wie verdorben die Männer doch seien, und daß Heirat für sie nicht in Frage käme. Ein Verwandter erzählte eines Tages von einem unglücklichen entfernten Verwandten ihres Vaters, der in einem Dorf weiter südlich lebte. Er hatte seine

Frau und ein Kind vor kurzer Zeit bei einem Unfall verloren und hielt nach einer neuen Frau Ausschau. Er war ein ordentlicher Mann, hatte Landbesitz und einen guten Weinberg. Tala hätte ihn ungesehen genommen, auch wenn es bedeutete, daß sie Deh Koh hätte verlassen müssen. Ihre Mutter war gegen diese Ehe, aber noch bevor die Entscheidung fällig war, starb der Mann, und damit war die Angelegenheit erledigt. Der nächste Bewerber war ein recht gut gestellter Mann aus Deh Koh. Der fing aber einen längeren Streit über Wasserrechte mit einem von Talas Onkeln an, und gleichzeitig verkündete sein alter Vater, dem die Frau gestorben war, lüstern, daß er selbst eine neue Frau wolle, denn seine Schwiegertöchter würden ihn nicht gut versorgen. Der junge Mann und seine beiden Brüder waren nun voll und ganz damit beschäftigt, dafür zu sorgen, daß der Alte mit seinem Werben nicht weit kam. Sie waren nicht gerade begeistert von der Aussicht, sich um weitere Brüder zu kümmern und mit ihnen dann auch noch das Erbe teilen zu müssen. Der geile Kobold war sicherlich in der Lage, noch einen Schwung Brüder zu zeugen! Mittlerweile hatte Yusuf, einer der Söhne des Bruders von Talas Vater, stark und groß wie alle in seiner Familie, versucht, ein Mädchen zu bekommen. Ihre Familie wies ihn ab, und er war so wütend, daß er seiner Mutter sagte, sie solle ihm eine Frau suchen, ganz egal wen. Die vier Mädchen in Khanoms Haushalt waren alle im heiratsfähigen Alter, und die Verhandlungen zwischen den Familien begannen. Khanom wollte die Töchter der Reihenfolge ihres Alters nach verheiraten. Yusuf aber, der bald aus seiner mürrischen Lethargie erwachte, wollte Tala. Deswegen drohte eine größere Auseinandersetzung, aber zum Glück kam ein Lehrer aus einem südlicher gelegenen Dorf und hielt um die Hand der älteren Schwester, seiner ehemaligen Schülerin, an. Das Problem war gelöst.

Tala und Yusuf zogen in ein leerstehendes Zimmer auf dem großen Hof von Aligorg und Hava, Yusufs Eltern. Die Wohnräume und Vorratskammern waren im Halbkreis über Scheunen und Schuppen angelegt, und ihre flachen Erddächer bildeten großzügige Veranden vor den Wohnräumen. Zwei Brüder mit ihren Frauen und einer großen Kinderschar, die beiden unverheirateten Schwestern und Yusufs jüngster, noch unverheirateter Bruder lebten dort nebeneinander. Diese Familie war genauso laut wie Talas eigene. Meinungen wurden ungezwungen und ohne Umschweife geäußert, ungeachtet der möglichen Konsequenzen. Tala war weder schüchtern noch auf den Mund gefallen, außerdem in Übung, und stimmte energisch in den Chor ein. Sie war stark wie ein Pferd, eine schnelle Arbeiterin und großzügig. Sie tanzte niemandem nach der Pfeife und ließ sich nicht für dumm verkaufen. Die Schwiegermutter sagte, Yusuf sei verrückt nach ihr, und Tala mochte Yusuf auch. Das Gekicher, das man nachts aus ihrem Zimmer hörte, sei für die Kinder geradezu peinlich, sagte ihre Schwägerin Kerima.

Manchmal verprügelte Yusuf Tala allerdings, wenn sie es mit ihrer Aufsässigkeit zu weit trieb, wie zum Beispiel damals, als sie zu ihrer Familie ging, ohne es ihm zu sagen, und zwei Tage fortblieb, nur weil sie angeblich von ihrer Schwiegermutter beleidigt worden war! Aber dennoch wurde sie von allen toleriert, und auf rauhe, laute Art sogar gern gemocht.

Talas Mutter, Khanom, hatte vierzehn Kinder geboren, von denen sieben überlebten. Von den neun Kindern von Yusufs Mutter überlebten auch sieben. Talas Schwestern waren innerhalb von Wochen, wenn nicht von Tagen nach der Hochzeit schwanger geworden. Aber Tala wusch Monat für Monat ihren blutverklebten, alten Unterrock aus. Er war aus ungefähr zehn Metern grobem Baumwollstoff genäht, der ihre starken Monatsblutungen aufsaugte. Jeden Monat beobachtete sie mit banger Hoffnung, wie sich ihre Brüste verhärteten und ihr Bauch schwoll. Doch Monat für Monat wachte sie eines Morgens wieder auf und roch den üblen Blutgeruch, der aus den vielen Falten ihrer Röcke zwischen ihren Beinen aufstieg und ihre ganze Vorfreude zunichte machte. »Ich verstehe das nicht«, sagte Kerima, ihre Schwägerin und direkte Nachbarin. »Wenn man weiß, wie es bei euch in der Nacht zugeht, könnte man meinen, du würdest jede Woche schwanger werden.« Hatte sie Publikum, zum Beispiel Hava oder eine der anderen Frauen, beschrieb sie auch noch ganz genau die verschiedenen Geräusche, die sie nachts angeblich kein Auge zutun ließen: Schlagen, Stöhnen, Keuchen, Kreischen, Gurgeln. Sie ahmte Yusufs tiefes Knurren nach, bis Tala schamrot wurde und dann zum Gegenschlag ausholte und mit ebensoviel Talent die nächtlichen Aktivitäten von Kerima und ihrem Mann darstellte. Alle fanden übereinstimmend, daß dieses Gerede geschmacklos war und sogar eine Sünde, denn schließlich hörten Yusufs jüngere, unverheiratete Schwestern zu, die hinter vorgehaltener Hand kicherten. Kerima konnte solchen Gelegenheiten jedoch einfach nicht widerstehen, sie waren zu verführerisch für ihren ausgeprägten Sinn für Komik.

Nach vielen Monaten ohne erfreuliche Nachricht verbrannte Hava mitten in Talas Zimmer den Samen der wilden Raute gegen den bösen Blick, der vielleicht Schuld daran war, daß Tala nicht schwanger wurde. Da sehr viele Menschen (auch Fremde) an den Hochzeiten und den Tanzfesten teilnahmen, hätte der böse Blick Tala als Braut leicht treffen können, obwohl ihre Mutter sicherlich alle Vorsichtsmaßnahmen beachtet hatte. Talas Mutter aber glaubte, Tala habe zu viel Wäsche in kaltem Wasser gewaschen und sich dabei den Unterleib verkühlt. Sie ließ Tala ein Dampfbad nehmen. Khanom setzte sie auf einen großen Korb, der umgedreht über einen Topf Wasser gestellt wurde, in dem Heilkräuter aufgekocht und in den drei heiße Steine hineingelegt worden waren. Dann ließ sie Tala das gleiche Kraut als Tee trinken. Da hockte sie nun wie eine Henne auf dem Korb, umgeben von heißen Dämpfen. Aber auch diese Prozedur half nichts.

Inzwischen war allen das Lachen vergangen, und Scham, Wut und Besorgnis waren nun die vorherrschenden Gefühle. Tala brachte die Angelegenheit bei Yusuf zur Sprache. Ihm war das alles sehr peinlich, und er sagte nur, sie solle sich keine Sorgen machen. Sie beklagte sich über spitze Bemerkungen und schiefe Blicke seiner Mutter, seiner Schwestern und der Frauen seiner Brüder, aber er meinte nur, sie solle sie ignorieren.

Heimlich, das heißt, ohne es jemandem zu sagen, was nicht

bedeutete, daß es niemand wußte, stattete sie der alten Witwe Mashhadi Janjan einen Besuch ab. Janjan war groß und dürr. Sie lebte in einem sauberen, fast leeren Raum, der so klein war, daß sie sich gerade darin zum Schlafen ausstrecken konnte. Er lag hinter dem Hof ihres Bruders und blickte auf eine Gasse, eine einsame Weide und das fensterlose Rückgebäude des Nachbarhofes. Auf diese Weise brauchte sie ihre Söhne nicht anzusehen, die für sie Heiden waren und ihr nicht den geringsten Respekt zollten. Die gesellschaftlichen Schranken, die jüngere Frauen einengten, galten für sie nicht mehr. Sie war eine weise Frau. Ihren Lebensunterhalt verdiente sie sich mit dem Verkauf von Kräutern, Heilmitteln, wirkungsvollen Mineralien und Steinen, die sie gesammelt hatte. Wie schon ihr Ehrentitel »Mashhadi« sagte, hatte sie eine Pilgerreise nach Mashhad, zum Grabmal des Imam Reza (und zu allen anderen Grabmälern der näherern und weiterern Umgebung), gemacht. Klug wie sie war, brachte sie von allen heiligen Stätten geweihtes Wasser und von jedem Markt Kräuter und Händevoll Weizenkörnern mit nach Hause. Sie hatte sie vom Boden vor den herrlichen Moscheen in Mashhad, Isfahan und Shiraz aufgeklaubt, wo die Pilger sie für die Tauben hingestreut hatten. Sie sagte, daß die Körner als Opfergabe für die Heiligen gedacht seien und dadurch die Kräfte der Heiligen aufgesogen hätten. Für das eine oder das andere seien sie sicher gut; sie würde es schon noch herausfinden. Andere Frauen bewahrten in dem Stapel ihrer Haushaltsvorräte Zucker, Süßigkeiten für die Gäste, Rosinen, Walnüsse und Mandeln, Flitterkram, kleine Geschenke, die man erhalten hatte oder noch weggeben wollte, auf. Mashhadi Janjan aber lagerte dort eine ganze Apotheke. In staubigen Säckchen fest verschnürt, bewahrte sie getrocknete Blätter und Wurzeln auf (ganz, zerkleinert oder im Mörser zerstoßen). Malve und Kamille, Olivenblätter, schwarzen Pfeffer, Schwarzpulver, Schafgarbe, Bockshornklee, Wacholder, Nachtschattengewächse, Koriander, Zimt, Gänsefuß, wilde Raute, Henna, Eichelmehl, Löwenzahn, Mist von einem weiblichen Esel, Kandiszucker, Minze, Knochenmehl vom Schaf, Dill, Kuhmist, einige Opiumkapseln,

Maulbeeren, Brombeeren, getrocknete Galle von der Bergziege und der Kuh, Holzkohle aus Weidenrinde, Wegerich, Eisenspäne, Bärenfett im Plastiksack, Krallen eines Vogels, die Zähne eines Wolfs, getrocknete Hoden vom Rehbock, Süßholz, wilden Rhabarber, Liebstöckl und Liguster, Boretsch, Venushaar und Kameldorn, narkotisierende Erdrauchfrucht, Glanzwurz, Färberdistel, Pfeifenblume, Sennesblätter, Indigo und vieles andere mehr. Von einigen Dingen kannte sie den Namen nicht, aber sie wußte genau, wofür oder wogegen sie gut waren. Da lagerten Fläschchen und Döschen und zerknitterte, fleckige Papiertüten, die rochen stark und wirkungsvoll; und dann besaß sie noch einen kleinen, roten Samtbeutel mit vielen Perlen, einige waren lose, andere auf eine dichtgesponnene, dünne Wollschnur gefädelt: Perlen aus Bernstein, Glas, Jade und blauer Keramik, aus Muscheln, Fossilien aus den Bergen, Steinen und Kieseln in allen erdenklichen Farben und Formen, sogar aus kleinen Korallen, einem kostbaren Türkis, Perlmutter, Achat, rot und grün gefärbten Kirschkernen und Riechholz. Mashhadi Janjan kannte alle Schmiede, die durchs Dorf zogen, und die brachten ihr im Frühling frische Kamille aus dem Flachland mit und das stärkste aller Mittel, den schwarzen oder roten »Kinderstein«, Gott weiß, woher. Janjan wußte genau, was sie brauchte, und bezahlte immer pünktlich mit Reis und Zucker, obwohl sie arm war, geradeso wie auch sie von ihren Kunden pünktlich mit Naturalien oder mit Geld entlohnt wurde. Sie nannte aber niemals einen Preis und drängte nie auf Bezahlung, und niemals schlug sie einen Hilfsdienst aus, es sei denn, jemand hätte sie nach einer Medizin gefragt, die einem Menschen Schaden zufügen konnte. Sie wollte nicht in die Hölle kommen, weil sie anderen Leuten geholfen hatte, Böses zu tun, sagte sie.

Wie fast alle Frauen im Dorf kannte Janjan auch Talas Problem. Sie fing mit leichten Mittelchen an. Tala mußte noch mehr bitteren Kräutertee trinken und saß noch oft auf dem Dampfkorb. Nach der nächsten Periode ließ Janjan sie dreimal früh am Morgen auf leeren Magen einen Löffel mit einer Mischung aus zehn verschiedenen Zutaten wie Löwenzahnwurzel, Pfeffer, geröstetem Weizenmehl, Olivenöl und Traubensyrup schlucken. Das würde ihren Unterleib reinigen, sagte Janjan, und ihr Kind bekäme eine wunderschöne, helle Haut. Aber leider passierte gar nichts.

Verängstigt, aber wild entschlossen, ging Tala mit ihrer Mutter zum Arzt. Ihr Mann hatte ihr die Erlaubnis gegeben. Auch Janjan hatte ihr dazu geraten, denn je mehr man wußte, um so besser wäre es. Der Arzt war ein fetter junger Mann aus Teheran. Er redete Tala mit »Madame« an, was noch niemand vorher in ihrem Leben getan hatte, fragte sie, wie lange sie schon verheiratet sei, und ob sie irgendwo Schmerzen habe. »In allen Gliedern«, sagte sie, »und manchmal auch im Kopf.« Das war eine unverfängliche Standardantwort, denn wer wußte schon, worauf der Arzt eigentlich hinaus wollte? Dann fragte er noch nach ihrer Periode, maß den Blutdruck und schickte sie wieder nach Hause. Sie bilde sich das alles nur ein, sagte der Doktor, sie sei gesund und solle sich keine Sorgen machen. Tala war verwirrt. Sicherlich hatte sie etwas Falsches gesagt. Wie anders hätte der Arzt zu einem so sinnlosen Resultat kommen können? Sie wurde doch wirklich nicht schwanger, und das war doch nicht in Ordnung! Also, was meinte dieser Arzt nur, wenn er sagte, sie solle sich keine Sorgen machen? Tala war enttäuscht. Er hatte ihr keine einzige Tablette gegeben, nicht einmal ein Aspirin, von einer Spritze ganz zu schweigen!

Zu Hause legte man sich nun noch mehr ins Zeug. Janjan griff zu ihrem stärksten Heilmittel, einem Wattetupfer, auf den sie etwas Puder von vierzig verschiedenen Perlen stäubte. Tala sollte ihn als Amulett tragen. Hava brachte Meister Hosein, einem schriftkundigen Baumeister, der nebenbei ein vielgefragter Amulettschreiber war, ein Huhn. Er schrieb etwas aus dem Koran auf drei kleine Papierfetzen. Ein Stück Papier sollte über einer Kerze verbrannt werden, das zweite war mit Tee zu schlukken, das dritte mußte in einen kleinen Beutel genäht und um den Hals getragen werden. Aber auch die drei Amulette halfen nicht.

Khanom schlug vor, eine Wallfahrt zu Bibi Masume zu machen. Der Schrein dieser wundervollen Heiligen lag inmitten wilder Felsbrocken an einer Quelle und wurde im Umkreis von Hunderten von Meilen verehrt. Man sagte, daß sie wundersame Heilungen an Gläubigen vollbracht hatte, sogar dann, wenn Ärzte, Amulette und alle menschlichen Anstrengungen gescheitert waren. Als Frau hatte sie gerade für die Leiden und Nöte ihrer Schwestern ein offenes Ohr, und man sagte, daß noch niemand, der sich dem Grab demütig und mit tiefem Glauben im Herzen genähert hätte, es ohne ein Gefühl der Ruhe und des Trostes verlassen habe. Als Tala noch ein sorgloses junges Mädchen war, waren ihr die Heiligen recht gleichgültig gewesen. Jetzt aber wollte sie unbedingt eine Pilgerreise machen. Die Sache hatte allerdings einen Haken: Als Frau konnte sie nicht ohne die Begleitung eines männlichen Verwandten aus der eigenen Familie oder der des Mannes gehen. Nicht nur war es unschicklich, als Frau ohne Begleitung zu reisen, der Weg war auch sehr weit und nicht ungefährlich. Die holprigen, ausgefahrenen Straßen verwandelten sich nach jedem Regen in streckenweise unpassierbare Schlammlöcher. Die Reise würde mindestens drei Tage dauern, und man würde an fremden, Gott weiß, vielleicht auch an gefährlichen Orten übernachten müssen. Da der Frühling zu Ende ging, waren die Männer sehr beschäftigt, und keiner konnte überredet werden, seine Felder liegenzulassen, um Tala dorthin zu begleiten. Tala war sicher, daß auch Yusuf froh war, wichtige Arbeiten vorschieben zu können. Er war kein frommer Mann und betete nicht. Tala hatte sich neuerdings angewöhnt, regelmäßig zu beten. Yusuf machte sogar oft abfällige Bemerkungen über die Pilger, die ab und zu vom Dorf aus aufbrachen, und wenn sie mit den wunderbarsten Geschichten von Glückseligkeit und Heilungen zurückkamen, sagte er, »alles Lügen«. Tala war da nicht so sicher. Sie schaffte es wenigstens, ihm das Versprechen abzuringen, zu einem günstigeren Zeitpunkt eine Wallfahrt zu unternehmen. Er versprach auch, den Heiligen ein Opfer zu bringen und sie um Hilfe anzurufen. Aber die Hilfe blieb aus.

Inzwischen lag Trauerstimmung über dem Hof. Die Zeiten der fröhlichen Spötteleien, der anzüglichen Scherze und des herzlichen Lachens waren vorbei. Meinungsverschiedenheiten waren früher nach wilden Streitereien doch immer mit Witzen und mit viel Wohlwollen geregelt worden, jetzt aber ritt man tagelang auf ihnen herum. Abends kamen die Männer zu ihren verärgerten Frauen nach Hause, sprachen mit Nachdruck ein Machtwort und wurden so auch noch in die Streitereien hineingezogen. Eines Tages erfuhr Tala hintenherum von einer Nachbarin, daß Kerima schon wieder schwanger war. Das war die vierte Schwangerschaft in sechs Jahren! Da riß sich Tala in einem Anfall von Verzweiflung die Amulette vom Hals und schleuderte sie in den Hof, nahm das Gesteck aus wilden Rautensamen von der Wand und trampelte darauf herum und schleuderte ihr Kopftuch ins Feuer. Völlig außer sich schrie sie Yusufs Verwandte an, sie hätten sich gegen sie verschworen, würden mit schwarzer Magie arbeiten und steckten voller Feindseligkeiten und böser Absichten. Sie seien Heiden, die sich in ihrem Elend suhlten. Damit hatte sich Tala von einer jungen Schwiegertochter, der man mit Umsicht, Sorgfalt und zögerndem Vertrauen begegnet war, in eine unvernünftige, aufsässige und feindselige Gegnerin verwandelt. Manches Mal saß sie wie eine Spinne stundenlang in selbstgewählter Einsamkeit in ihrem dunklen Zimmer. Dann wieder bekam sie bei der geringsten Störung einen Wutanfall, zum Beispiel, wenn ein Kind über ihre Terrasse lief, was kaum zu vermeiden war, denn die Treppe zum Wasserhahn lag auf der anderen Seite von Yusufs Wohnung. Sie weinte viel. Die Stickerei, an der sie gerade arbeitete, eine violette Vase, um die sich rote Blüten schlangen, war voller grüner Flecken, wo ihre Tränen auf das Blattwerk der üppigen Girlanden gefallen waren. Eigentlich hätte das ein Vorhang werden sollen, um die Röcke und Hosen, die an Nägeln an der Wand hingen, abzudecken, aber nun versteckte sie ihn bei den Vorratsgegenständen. Sie wollte sich und die anderen nicht immer daran erinnern, daß sie Zeit zum Sticken hatte, wo es doch für eine normale erwachsene Frau wichtigere Arbeit geben sollte. Sie wollte nicht mehr ausgehen. Nicht einmal ihre Mutter besuchte sie, als die Frau ihres Bruders dort ihr Baby bekommen hatte. Sie fühlte sich ausgestoßen. Die Leute sahen sie mitleidsvoll an und flüsterten, das sei Tala, die Ärmste, die keine Kinder hatte. Da Kerima ihre nächste Nachbarin war, bekam sie den größten Teil der schlechten Laune ab, und ihr Mann beschloß, eine Mauer zwischen ihnen auf der Veranda hochzuziehen. Daraufhin verprügelte Yusuf seine Frau. Er tat es eher zögernd, mehr auf Grund seiner eigenen Trauer als aus Ärger, aber objektiv gesehen, benahm sich Tala wirklich wie ein widerspenstiges, ungezogenes Kind und nicht wie eine erwachsene Frau, die Glück und Schmerz mit gleicher Würde still zu tragen hatte.

Die Revolution bescherte dem Dorf einen neuen Arzt, einen jungen Mann aus dem Norden. Er hatte ein freundliches Gesicht und ruhige, höfliche Umgangsformen. Das hatten die Dorfbewohner noch selten an Fremden gesehen. Jeder lobte ihn in den höchsten Tönen. Tala ging ganz alleine zu ihm und erzählte ihm von ihrer Not. Der neue Doktor stellte ihr die gleichen Fragen wie der alte und noch viele dazu: Hatte sie Fehlgeburten gehabt (nein), hatte sie Krämpfe (nein, auch nicht) und dann die Frage, wie oft sie mit ihrem Mann schlafe und ob er viel oder wenig Samenflüssigkeit in ihr lasse? Das war sehr schwer zu beantworten, denn erstens war Tala sehr verschämt und hatte Probleme, überhaupt über solche Dinge zu sprechen, noch dazu mit einem fremden Mann, und zweitens wußte sie beim besten Willen nicht, wieviel Samenflüssigkeit normal war. Aber der Arzt war sehr geduldig. Durch seine distanzierte und höfliche Art zerstreute er ihre Bedenken, so daß sie die Situation auf ihre Weise schildern konnte. (Wenn sie es so recht bedachte, war es nur wenig Samenflüssigkeit, denn manchmal hatte sie hinterher nicht einmal das Bedürfnis, sich zu waschen.) Der Arzt untersuchte sie nicht, und sie war sehr froh darüber. Wenn das jemals ein Doktor versuchen würde, dachte sie, würde sie auf der Stelle vor Scham und Angst sterben. Nach der Konsultation sagte der Arzt, er würde ihr einen Brief für einen Spezialisten in der Stadt geben. Sie solle mit ihrem Mann dorthin gehen, weil auch er untersucht werden müsse.

Nun stand Tala eine schwierige Aufgabe bevor. Wie sollte sie

Yusuf dazu überreden, mit ihr in die Stadt zu fahren und sich untersuchen zu lassen? Zu Anfang zögerte er, denn er wollte nicht in eine Sache hineingezogen werden, die in seinen Augen, wie in den Augen aller Männer, eine reine Frauenangelegenheit war. Doch der Druck seiner Umgebung war so groß und die Vorstellung, keine Kinder, keine Söhne zu haben, so alarmierend, daß er sich bereit erklärte, mit ihr und dem Brief in die Stadt zu fahren. Einige Monate nach dem Arztbesuch bei dem guten Doktor aus dem Norden saß Tala nun wahrhaftig im Bus auf dem Weg zur Stadt. Sie hatte ihr bestes Hemd und die guten Röcke angezogen; der dunkle, mantelartige Schleier bedeckte sie züchtig von Kopf bis Fuß. Tala war früher schon zweimal mit ihrem Vater in der Stadt gewesen, aber seit der Revolution und nach ihrer Heirat nicht mehr. Yusuf fuhr öfter in die Stadt. Er kannte sich aus, zumindest dort, wo es für Leute wie ihn wichtig war: So kannte er zum Beispiel das Gästehaus gleich neben dem nördlichen Ende des überdachten Bazar. Die Zimmer, in denen nur Betten standen, sahen auf einen Innenhof mit einem kleinen Becken und einem Springbrunnen in der Mitte. Es gab eine Gemeinschaftstoilette, die nach Talas Empfinden sehr schmutzig war, aber was konnte man in einer Stadt schon anderes erwarten? Die Dusche in der Ecke roch moderig. In einem der Zimmer wohnte der Besitzer, ein reicher Mann, der von allen »Haji« genannt wurde, weil er die Pilgerreise nach Mekka gemacht hatte. Die Küche, in der die Gäste Tee und Brot kaufen konnten, war schmierig und dunkel. Manchmal kochte der Diener des Haji abends dort einen großen Topf Reis für die Gäste, die lieber in der Abgeschiedenheit ihres Zimmers eine billige Mahlzeit aus Reis, Zwiebeln und Gemüse, Tee und Brot einnehmen wollten, als in teuren Restaurants feinen Pilaf zu essen oder das staubige Essen der Straßenverkäufer zu kaufen. Yusuf kannte den Haji. Er kannte auch den Bazar gut genug, um alles zu finden, was er brauchte und was er sich leisten konnte, von Schuhen bis zum Shampoo, vom neuen Kochtopf bis zu Nägeln, vom Vogelkäfig (nicht, daß Yusuf jemals einen gebraucht hätte) zu Teppichen in allen Größen und jeder Qualität, von Aspirin zu

Knöpfen und Goldarmbändern, von gebrauchten Schlüsseln bis zum Parfum. Yusuf wußte auch, wie man ein Taxi ruft und daß man, wenn es langsam an einem vorbeifährt, schnell schreien muß, wohin man will. Dazu braucht man ein besonderes Vokabular, das aus Straßennamen und Namen von Plätzen, Häusern, Gärten oder Gebäuden besteht, die es oft gar nicht mehr gibt. Aber so konnte Yusuf zu einem gewissen Rechtsanwalt, einigen Geldverleihern, dem Teehändler und zu dem Krankenhaus finden, in dem seine Mutter einmal wegen einer Magengeschwüroperation gelegen hatte. Yusuf fand auch den Weg zu mehreren Ärzten und Krankenhäusern und zu der Werkstatt, die Ersatzteile für den Mercedes-Lastwagen verkaufte, den er mit seinem Bruder und zwei Vettern zusammen besaß, und in andere Teile der Stadt, die für ihn interessant waren oder eine besondere Bedeutung für ihn hatten. Den großen Schrein, der reich an Gold, herrlichen Kacheln und Spiegeln strahlend in einem Rosengarten liegt, konnte er vom Bazar aus zu Fuß erreichen. Er hatte ihn schon oft besucht. Obwohl er nicht fromm war und kein Bedürfnis verspürte, sich vor den Heiligen niederzuwerfen, war er vom bloßen Luxus des Ortes fasziniert und fühlte sich von dem Gefühl der Kraft und der erhabenen Stimmung, die über dem weitläufigen Innenhof und den glitzernden Räumen lag, angezogen. Berauschend wie ein Hauch von Parfum stieg sie aus der Menschenmenge auf, die ununterbrochen in das Gebäude hinein- und wieder hinausströmte.

Tala war fest in ihren Schleier gehüllt und folgte Yusuf, wohin er sie auch führte, immer ein paar Schritte hinter ihm. Das meiste hatte sie schon vor Jahren mit ihrem Vater zusammen gesehen, aber die Stadt hatte sich stark verändert. Außer am Grab des Heiligen sah man kaum noch Frauen. Die wenigen, die Tala sah, waren meist in schwarze Schleier gehüllt und nur durch die Qualität ihrer Schleierstoffe voneinander zu unterscheiden. Die wenigen Frauen, die nicht in viele Meter dunkler Baumwollstoffe, Musselin oder steifer, glänzender Synthetikstoffe gehüllt waren, trugen uniformähnliche Hosen und lange Hemden aus dunkelblauen und braunen Stoffen und die dazu passenden großen Kopftücher. Diese Kleidung wurde auch immer häufiger von den Lehrerinnen im Dorf und den meisten Schülerinnnen getragen. Tala fand, daß die Frauen langweilig aussahen. Sie selbst fiel auf, man sah an ihren bunten Kleidern, daß sie eine Frau aus einem Dorf war. Es waren zwar gedämpfte, dunkle Töne, aber dennoch bunt. Sie zog den Schleier enger um sich und machte kleine Schritte, damit die weiten Röcke nicht darunter hervorkamen. Es waren viele Bettler auf der Straße, Unmengen von Bettlern, Frauen, Kinder und Krüppel, mehr Elend und Schmutz, als sie jemals zu Hause gesehen hatte. Fliegende Händler hockten auf den Bürgersteigen an den langen Straßen. Ihre Waren waren vor ihnen auf Plastikdecken oder auf Papier ausgebreitet: Seife, Rasierklingen, Socken, Uhren, Filme, Waschpulver, Zigaretten, Taschenmesser, Limonade, Bücher, Sandalen, Kassetten mit Predigten und Revolutionsmusik. Ständig putzten die Verkäufer ihre Ware im vergeblichen Kampf gegen den beißenden Staub, der über der ganzen Stadt lag. Überall hingen Plakate und Spruchbänder; jeder noch so kleine freie Fleck war mit Wandmalereien bedeckt. Das Gesicht des alten Khomeini hatte sie noch nie so oft und so bunt gesehen. Photographien junger Männer, der Kriegsmärtyrer, hingen reihenweise an langen Seilen hoch oben am Deckengewölbe des Bazars. Lange weiße Spruchbänder mit Löchern waren über die Straßen gespannt. Yusuf erklärte Tala, daß die Löcher dazu dienten, den Wind ungehindert durchzulassen, aber Tala erschienen die Spruchbänder wie von Kugeln zerschossen. Die Propagandasprüche kannte sie vom Radio, vom Fernsehen, von den Liedern der Schulkinder und von den Lautsprechern zu Hause. Die Darstellungen auf den Wandmalereien waren so groß und so bunt, daß man ihre Bedeutung gar nicht verstehen konnte, wenn man direkt vor ihnen stand: Ein riesiges Ungeheuer war in die amerikanische Flagge gehüllt, seine Arme und Beine waren Bomben, und es hatte einen übergroßen Insektenkopf. Auf seiner Schulter saß ein Geier, dem man die israelische Fahne auf die Federn gemalt hatte; das Monster trampelte mit seinen feurigen Füßen auf einer zerstörten Stadt herum, aber es wurde von einer kleinen Menschengruppe in Schach gehalten – von einem Mullah mit weißem Turban und braunem Gewand, einigen Männern, die wie Arbeiter gekleidet waren, von Soldaten und von einer Frau ohne Gesicht, die in ein schwarzes Gewand gehüllt war und das Monster mit einer weißen Fahne abwehrte. »Wir werden unsere Feinde mit der Kraft unseres Glaubens vernichten«, lautete die Überschrift. Tala konnte die ungewohnte Schrift auf einigen Bildern nicht entziffern, denn sie war nur vier Jahre zur Schule gegangen. Die Menschenmassen, die Bilder, die Lautsprecher, dazu der Lärm und die Hitze, die schwer bewaffneten Soldaten, die Revolutionsgarden, die sie überall sah (zu Hause im Dorf gab es nur drei, und die sah sie fast nie, und gefährlich schienen sie auch nicht zu sein), gaben Tala das Gefühl, gegen ihren Willen gehetzt zu werden, und sie wußte nicht einmal wohin und warum. Sie wurde sehr müde.

Es war ein leichtes für Yusuf, den Teehändler oder den Unternehmer, der in den Wintermonaten, wenn man sich nicht um die Felder kümmern mußte, regelmäßig Arbeit für die Dorfbewohner hatte, zu finden. Aber es war schwierig, den Doktor ausfindig zu machen, denn niemand der Bekannten im Bazar hatte je von ihm gehört. Laut Adresse, die auf dem verschmierten Umschlag stand, wohnte er in einem Viertel, das noch keiner von ihnen betreten hatte. Durch den Haji und andere Freunde gelang es Yusuf, Genaueres über die Adresse zu erfahren. Das Viertel lag im Norden der Stadt, in einer reichen Gegend, die erst vor kurzem von Truppen der Revolutionsgarden heimgesucht und von den Feinden der Islamischen Republik gesäubert worden war. Man war sich nicht darüber einig, ob Yusuf überhaupt dorthin gehen sollte. Aber Tala bestand darauf, und so wurde der Weg anhand von geläufigen Bauten und Plätzen, die auch dem Taxifahrer und Yusuf bekannt waren, erklärt, und Yusuf und Tala machten sich am zweiten Tag ihrer Reise auf den Weg zum Arzt.

Das Haus stand in einer baumbestandenen, eleganten Allee. Alles schien verlassen zu sein. Es war groß, und man konnte die graue Marmorfassade, die sich über ein paar Granatapfelbäumen hinter einer Mauer erhob, sehen. Die Mauer war mit Plakaten beklebt und mit Graffiti bemalt. Das große schmiedeeiserne Tor war zerkratzt und verstaubt. Das Namensschild hing an der Tür, aber es war blind vor Schmutz und fast ganz von einem Plakat mit dem Präsidentenkopf, dem man die Augen ausgekratzt hatte, überklebt. Yusuf läutete, aber man hörte nichts. Er klingelte noch einmal, etwas kräftiger, aber auch jetzt blieb alles totenstill. Dann klopfte Yusuf an das Eisentor, und das metallene Geräusch dröhnte laut in der stillen Gegend. Schließlich hämmerte Yusuf mit einem Kieselstein ans Tor. Da öffnete sich die Tür zum Nachbarhof ein wenig, und eine alte Frau in ausgebeulten Hosen und Plastiksandalen spähte heraus. »Geht weg«, sagte sie, »da wohnt niemand.«

»Madame«, sagte Yusuf, »Schwester, ich suche Doktor Yamani. Ich habe einen Brief für ihn, das ist seine Adresse, ein Freund hat mich geschickt. Es ist wegen meiner kranken Frau, sag mir bitte, um Gottes willen, wo kann ich ihn finden?«

»Geht weg!« sagte die alte Frau wieder und verschwand schon fast in ihrem Hof, die Türe nur noch einen Spalt geöffnet. »Der Doktor ist fort. Er war ein Bahai, ein Heide, er ist fort, alle sind sie fort. Lungert hier nicht herum, das kann gefährlich werden. Er ist wahrscheinlich nach Amerika oder in die Türkei gegangen, wie soll ich das wissen? Haut ab!« Sie knallte die Tür vor ihrer Nase zu.

Das geschah am Morgen. Am Nachmittag ging Yusuf mit Tala, die vor Enttäuschung und Erschöpfung weinte, zu dem Arzt, den das halbe Dorf aufsuchte, wenn jemand ernstlich krank und der Amtsarzt am Ort überfordert war. Dieser ältere Herr war praktischer Arzt und Chirurg zugleich. Er war auf Operationen an Geschwüren spezialisiert. Seine Praxis, die an einer der verkehrsreicheren Straßen in der Nähe des großen Krankenhauses lag, war überfüllt. Der Assistent schickte Yusuf fort und sagte ihm, er solle am nächsten Tag kommen, oder in der nächsten Woche, in einem Jahr oder noch besser, gar nicht! Ganz früh am nächsten Morgen saßen Tala und Yusuf vor dem Gebäude auf dem Bürgersteig. Als die Praxis gegen acht Uhr geöffnet wurde, warteten mit ihnen schon zwei Dutzend Leute in der frühen Hitze des Tages, die die kühle Morgenluft langsam verdrängt hatte.

Es war fast Mittag, als sie endlich eingelassen wurden, ihr Honorar bezahlen und dann den Doktor sehen konnten. Das faltige Gesicht des weißhaarigen, alten Mannes sah müde aus. Er war sauber rasiert, spielte nervös mit seiner Brille und trommelte mit den Fingern auf die Schreibtischplatte, denn Tala unterbrach ihren Mann ständig bei dem Versuch, die Situation zu erklären. »Ich muß Sie untersuchen«, sagte er schließlich zu Tala. Sie mußte sich auf einen hohen Tisch hinter einem Vorhang legen. Sie war starr vor Angst. Aber da tauchte eine Frau in weißem Kittel auf, das blaue Kopftuch hatte sie weit in die Stirn gezogen. Sie trug einen Plastikhandschuh über der rechten Hand, führte etwas in Tala ein, drückte sie hier und da auf den Bauch und sprach dabei mit klar verständlicher Stimme zum Arzt hinüber, der hinter dem Vorhang stand und Fragen stellte. (Tala verstand weder die Fragen noch die Antworten der Frau.) Als alles vorbei war, nahm Tala ihren ganzen Mut zusammen und fragte die Frau, ob sie auch eine Ärztin sei. »Nein!«, sagte sie, »ich bin die Assistentin des Doktors. Ich sage ihm, was ich feststelle, denn unser Prophet hat befohlen, daß ein Mann keine fremde Frau berühren darf.« Tala hatte noch nie etwas von dieser Untersuchungsmethode gehört, aber sie fand sie sehr gut. Hatte man den letzten Arzt im Dorf nicht ins Gefängnis geworfen oder entlassen, nachdem er wegen unsittlichen Verhaltens gegenüber Patientinnen angeklagt worden war? Dieser alte Doktor war ein gläubiger Muslim und schlau war er auch noch! Aber auch er sagte, daß sie bis auf eine kleinere Infektion oder Entzündung gesund sei; der Eiter müsse austrocknen, und dafür bekäme sie von ihm ein Rezept. Er würde ihr auch eine sehr gute Arznei verschreiben, ein Hormon – teuer aber sehr wirksam –, das ihr Problem, so Gott wolle, lösen würde. Dann wurden sie entlassen. Tala war wütend, weil Yusuf nicht darum gebeten hatte, auch untersucht zu werden. Sie hatten doch für beide bezahlt! Sie zupfte an seinem Ärmel und zischte ihn an, er solle umkehren, aber er befahl ihr, den Mund zu halten, und so gingen sie fort.

Sie bekamen die Antibiotika in der kleinen Apotheke um die Ecke, aber die anderen Tabletten, die besonders wirksamen, mit deren Hilfe sie schwanger werden konnte, so Gott wollte, bekamen sie nicht. Tala und Yusuf versuchten es noch in sechs Apotheken. Zu guter Letzt mußten sie die Dienste des Haji vom Gästehaus in Anspruch nehmen, damit sie die Tabletten überhaupt bekommen konnten. Medikamente waren, wie fast alles im Iran, Mangelware. Die Packung, die Yusuf mit so viel Mühe erstand, kostete ihn drei Tagelöhne, und das Verfallsdatum war längst überschritten; aber Tala und Yusuf wußten das nicht. Die Aufschrift war auf deutsch.

Die Reise in die Stadt hatte sie viel Geld gekostet, und sie war erfolglos. Aber Tala gab nicht auf. In den folgenden Monaten suchte sie Ärzte im Dorf, in der Stadt und in der Hauptstadt auf. Sie nahm Pillen und Säfte und bekam Spritzen; sie unternahm eine Pilgerfahrt; sie brachte Opfer dar und trug noch mehr Amulette; man sprach sogar von Scheidung, und es gab Streit zwischen Yusufs und Talas Angehörigen. Letztere behaupteten, Tala würde im Hause ihres Mannes schlecht behandelt werden, man würde schwarze Magie betreiben und sie medizinisch nicht angemessen versorgen. Zwischendurch drohte Tala immer wieder mit Selbstmord, bedachte Yusufs Leute mit wilden Flüchen und flehte Yusuf an, er solle mit ihr zu einem Arzt gehen. Wenn sie doch nur ein einziges Mal schwanger werden würde! Auch wenn das Kind nur ein Mädchen wäre und wenn es nach nur wenigen Monaten sterben würde! Wenn sie doch nur beweisen könnte, daß sie eine richtige Frau war. Dann hätten die boshaften Sticheleien ihrer Schwiegermutter, der gemeine Klatsch von Yusufs Geschwistern, das geheuchelte Mitleid der Frauen von Yusufs Brüdern, das Getuschel der Nachbarn und des ganzen Dorfes endlich ein Ende. Ein totes Kind würde jeder betrauern, und alle würden versuchen, sie den Verlust vergessen zu lassen, aber ihren unfruchtbaren Schoß betrauerte sie ganz allein, und alle sahen zu, daß sie es nicht vergaß.

Es kam zum großen Krach, als die neue Frau von Yusufs jüngstem Bruder, ein unscheinbares Wesen, ihr erstes Kind bekam. Die beiden hatten nach der neuen Sitte in aller Stille geheiratet. Tala ging nicht zur Hochzeitsfeier. (Die Frage, ob man sie nicht eingeladen hatte oder ob sie aus freien Stücken nicht gegangen war, wurde zu einem weiteren Streitpunkt zwischen den Familien.) Entweder hatte man ihr nichts von der Schwangerschaft gesagt, was bedeutet hätte, daß sie übergangen worden war, oder man hatte es ihr sofort gesagt, um sie traurig zu stimmen. Beide Versionen waren im Umlauf. Als das Kind zur Welt kam, zu allem Überfluß war es auch noch ein Junge, schlachteten der Vater und der Großvater einen Hammel – das war ein Freudenopfer und für jeden, der ein Stück Fleisch bekam, auch ein Zeichen ihrer Zufriedenheit. Es war ein Mißgeschick, daß gerade Hava sich entschloß, das Stück Fleisch, das Tala und Yusuf zustand, ihnen persönlich zu überbringen. Um zu ihrer Wohnung zu gelangen, mußte Hava über die Mauer, die zwischen Kerimas und Talas Veranda lag, steigen, und dann stand sie ganz plötzlich auf der Türschwelle. Es war Nachmittag, Yusuf war zu Hause und trank gerade ein Glas Tee. Tala war verärgert und verletzt wegen der Geräusche, die von den Festlichkeiten aus den Räumen der jüngsten Schwägerin zu ihr herüberschallten. Sie beschwerte sich bitterlich bei Yusuf. »Die machen das doch extra! Das ist doch Absicht, oder?« sagte sie. »Sie tanzen um den Hammel, ganz sicher! Möge sein Blut zu Feuer in der Hölle werden, wo sie ganz bestimmt alle landen werden! Als die Frau meines Bruders zehn Jahre lang nicht schwanger wurde, hat meine eigene Mutter den anderen Schwiegertöchtern und meiner Schwester verboten, ihre eigenen Schwangerschaften überhaupt zu erwähnen, um sie nicht traurig zu machen. Aber diese Heiden..., jedes Mal, wenn eine von deinen Schwestern etwas im Bauch hat, trompetet sie es von den Berggipfeln bis zum Fluß, nur um mich zu ärgern. Den ganzen Tag stolziert deine Schwester mit ihrem armseligen Kind die Gasse herauf und herunter, und jeder Esel, der ihr begegnet, kriegt zu hören, ›O je, Tala ist ja so unglücklich, sie weint sich die

Augen nach einem Kind aus‹. Denkst du, ich seh sie nicht? Glaubst du etwa, sie will nicht, daß ich sie sehe? Wenn du nur ein bißchen Mumm in den Knochen hättest, würdest du sie zum Schweigen bringen. Du würdest ihr sagen, daß sie sich doch um ihren eigenen Kram scheren soll!«

Yusuf murmelte ununterbrochen vor sich hin, sie solle endlich aufhören und daß sie das alles nichts anginge, aber Tala beachtete ihn nicht. Als nun Hava plötzlich durch den Vorhang, der in der Türe hing, ins Zimmer trat, war Tala in voller Fahrt und fühlte sich überrumpelt. Seit Wochen war Hava nicht mehr bei ihnen gewesen. Tala sprang auf und hielt die Luft an. Hava streckte ihr das kleine Fleischpaket, das in Plastik gewickelt war, entgegen. »Bitte«, sagte sie, »hier ist euer Anteil.«

Tala verschränkte die Arme auf dem Rücken und schüttelte den Kopf. »Ich will dein Fleisch nicht«, zischte sie zwischen zusammengebissenen Zähnen hindurch: »Nimm es wieder mit, ich will es nicht, hörst du? Ich will dein Fleisch nicht, iß es doch selber. Hoffentlich erstickst du daran!« Jetzt schrie sie. Hava sagte, daß es doch Yusufs und Talas angemessener und rechtmäßiger Anteil sei, gutes Fleisch. Dann legte sie das Päckchen aufs Fensterbrett und verschwand sichtlich angespannt und peinlich berührt wieder durch den Vorhang. Fluchend schoß Tala durch den Raum, schnappte sich das Paket von der Fensterbank und schleuderte es durch den Vorhang auf Hava. Daraufhin ließen Tala und Hava, jede von ihrer Seite des Vorhangs aus, Beleidigungstiraden los, und jede verfluchte die Mutter der anderen. Tala nutzte den Vorteil ihrer jungen, kräftigen Stimme und schaffte es, daß ihre wichtigsten Argumente quer über den Hof und zu den Nachbarn, zu allen, die es hören sollten, getragen wurden. »Wieso eigentlich«, schrie sie, »muß ich mir diese Behandlung von meiner Schwägerin gefallen lassen? Hätte deine neue Schwiegertochter nicht zu mir kommen und meine Hände und mein Gesicht küssen müssen, als sie als Braut auf den Hof kam? Ist sie nicht viel jünger als ich? Was macht sie statt dessen, und wird dabei von allen ermutigt? Sie behandelt mich, als ob ich nicht existieren würde. Sie schaut weg, wenn sie mir begegnet. Kein Wort des Grußes! Und warum sind wir nicht zur Hochzeit eingeladen worden? Warum nicht? Und jetzt soll ich ihren Hammel essen! Den bringst du doch nur, um mir wieder einmal unter die Nase zu reiben, daß ich kein Kind habe. Oder willst du, daß ich die dreckigen Windeln von diesem Balg wasche? Willst du das?« Yusuf hatte sich nicht aus seiner Ecke fortbewegt und hatte kein Wort gesagt. Als sich aber die Stimme seiner Mutter weiter entfernte, sagte er zu Tala, sie solle jetzt endlich aufhören. Da sie ihn aber nicht beachtete, wurde er immer lauter und wütender und schrie, sie solle ihre Klappe halten, sonst... Und er packte ihren Arm und warf sie zu Boden. Da richtete Tala ihren ganzen Zorn auf Yusuf. »Du bist nicht besser als die anderen«, rief sie und fuchtelte mit den Armen, »sonst würdest du zu mir halten. Du würdest ihnen sagen, daß sie mich in Ruhe lassen sollen, aber du hast Angst vor ihnen und läßt zu, daß ich von ihnen beleidigt werde, ich, deine eigene Frau! Wenn du mich nicht mehr willst, geh und such dir eine andere, mir ist das egal. Ich gehe mit Freuden wieder zurück zu meinem Vater, dort mag man mich, alle mögen mich, nicht wie hier...«

Yusuf versuchte, vernünftig zu sein. »Wenn du das Fleisch nicht willst, nimm's trotzdem und gib's nachts jemandem wie dem Krüppel Mahmad oder den Armen«, sagte er. »Aber so wie du meine Mutter behandelst, verletzt du deine Würde und meine dazu. Ein Gast bleibt ein Gast. Man beleidigt niemals einen Gast, auch wenn man ihn verachtet. Wenn der Gast gegangen ist, kannst du sagen, was du willst, aber in seinem Beisein niemals. Schimpf über das Fleisch, soviel du willst, aber erst, wenn sie gegangen ist. Du hast keinen Verstand und keinen Anstand.«

»Ach, aber wenn sie mit mir in ihren eigenen Wohnungen streiten, dann ist das in Ordnung, oder? Wenn Kerima mich mit Feuerholz bewirft – hier habe ich noch die Beule am Kopf –, redest du nicht von Würde; wenn dein eigener Bruder – Gott möge sein Gesicht einschwärzen – mich grün und blau schlägt; wenn deine Schwester mich die Leiter runterschubst, o nein, dann krümmst du keinen Finger! Dann wird nicht von Würde geredet. Sie wollen mich kleinkriegen, sie wollen mich zum Schweigen bringen, und du läßt sie gewähren. Wo warst du, als sie mich neulich so geärgert haben, daß ich den heißen Eisenspieß aus dem Feuer genommen habe und ihn an meinen eigenen Oberarm gedrückt habe? Hier sieh selbst, die Brandblase war so groß wie eine Untertasse. Sie sollten sehen, daß ich es satt habe. Aber das eine sage ich dir, ich werde erst meine Ruhe haben, wenn ich ausgestreckt unter der Erde bin, erst dann sehe und höre ich nichts mehr, und erst dann werde ich nicht mehr auf ihre Gemeinheiten reagieren. Aber ihr wartet ja alle darauf, daß ich mich umbringe, daß ich mich vergifte. Denke nur nicht, daß ich nicht wüßte, wo du die Unkrautvertilgungsmittel aufhebst, aber ich werde das Gift von deinem Vater schlucken. Das wirkt schneller.«

»Niemand war heute böse zu dir, und niemand wollte dir etwas antun. Meine eigene Mutter ist zu uns gekommen, sie hat dich damit geehrt und hat das getan, was Anstand und Sitte fordern, sie hat dir das Fleisch gebracht, um Frieden zwischen uns und ihnen zu stiften...«

»Hammelfleisch für das Kind dieser erbärmlichen Frau! Das soll mich glücklich machen? Ich sag dir jetzt, wie es wirklich ist: Sie machen sich über mich lustig mit ihrem Fleisch. Warum haben sie uns neulich kein Fleisch gegeben, als der Wolf das Schaf gerissen hatte und dein Vater es schlachten mußte? Als ich neulich aus der Dusche im Badehaus kam, saß deine Schwester auf den Kleidern dieser erbärmlichen Frau, und als Leila nach dem Grund fragte, sagte diese alte Giftschlange: ›Damit Yusufs Frau nichts damit macht, was ihr schaden könnte‹. Das hat sie wirklich gesagt, frag Leila. Und nun schicken sie mir Fleisch von ihrem geschlachteten Hammel! Oder hast du ihr gesagt, sie soll kommen?«

»Ich wußte von nichts. Meine Mutter ist gekommen, um dir ihre Hochachtung zu erweisen.«

»Hochachtung! Als dein Vetter im Krieg fiel, habe ich, gerade ich, einen schwarzen Trauerschleier und ein schwarzes Hemd und einen schwarzen Rock angezogen, um deiner Familie Ehre zu erweisen und meinen Respekt vor der Familie zu zeigen. Das war vor einem halben Jahr. Als meine eigene Tante vor zwei Wochen starb, ist nicht eine Frau aus deiner Familie zur Trauerfeier gekommen! Das nennst du Ehrerbietung und Hochachtung?«

»Eine alte Frau... Du kannst den Tod einer alten und kranken Frau nicht mit dem Märtyrertod eines jungen Soldaten vergleichen.«

»Die Hälfte von meiner alten Tante ist mehr wert als drei von deinen Vettern! Und vergiß nicht, wie dein ›ehrenwerter‹ Vetter dich neulich in aller Öffentlichkeit genannt hat! Er hat hinter dir her gerufen, du wärst ein Nichts, ein Niemand, der noch nicht einmal, du weißt schon was, mit seiner Frau fertigbrächte.«

An dieser Stelle sprang Yusuf wutentbrannt auf und schlug Tala ins Gesicht. Sie warf sich auf die Erde und heulte. Yusuf stapfte aus dem Zimmer. Bevor er sich zur Treppe wandte, schickte er noch einen besonders deftigen Fluch über die Mauer. Tala war heiser. Tränenüberströmt kauerte sie in einer Ecke und wimmerte. Sie wiegte sich hin und her und jammerte mit hoher Stimme: »Weh mir, mein Leben ist verpfuscht. Ich bin nur noch ein Häufchen Elend. Ich will nicht mehr leben. Weh mir, ich bin am Ende.« Sie war noch lange, nachdem Yusuf gegangen war, zu hören.

Spät am Abend desselben Tages trugen Tala und Yusuf ihre Habe die Treppe hinunter. Bündel um Bündel und Kiste um Kiste schleppten sie die Gasse hinunter, an der Wasserstelle vorbei zu den zwei freien Zimmern im Nachbarhof. Yusuf hatte den Umzug ausgehandelt, und Tala hatte sofort eingewilligt. Der Nachbar war ein ferner Vetter von ihr, und seine Frau war verständnisvoll. Tala würde andere Leute sehen, andere Stimmen hören und in Ruhe gelassen werden. Und so machten sich Yusuf und Tala auf den langen Weg, um sich mit dem Schicksal, das Gott ihnen vorerst zugedacht hatte, auszusöhnen.

Viertes Kapitel

Armut und Reichtum, und wie Gouhar und Aftab eine ernste Auseinandersetzung hatten

Zwischen Begoms und Maryams Höfen (oder angemessener ausgedrückt, zwischen Akbars Hof und dem des verstorbenen Khorshid) stand auf Akbars Seite des Kanals das von einer Mauer umgebene Haus des Haji Reza Ali, eines reichen Händlers und Unternehmers aus einer kleinen Stadt in der Nähe von Shiraz. Auf Maryams Seite lagen die Ruinen des Hauses von Akbars Vetter; nur eine Scheunenecke, über der sich ein Wohnraum befand, war davon noch intakt. Das hatte zur Zeit Bandar gemietet, ein junger Habenichts aus Deh Rud. So kam es, daß einer der reichsten und einer der ärmsten Männer des Dorfes einander gegenüber wohnten, nur von einem schmalen Wasserlauf und einer verfallenen Lehmmauer voneinander getrennt. Hinter Haji Reza Alis hohen, soliden Mauern, die nur von einem riesigen, blaugestrichenen und mit Eisenspitzen versehenen Holztor unterbrochen wurden, wiegten sich die Spitzen einiger Pappeln hoch über dem weiten Flachdach des zweistöckigen Hauses im Winde und ließen das angenehme Leben im Haus erahnen. Haji Reza Ali oder Herr Hoseini, wie er sich neuerdings gerne nach der Art der Städter nennen ließ, hatte einige Apfelbäume und Weinreben um den kleinen gekachelten Springbrunnen gepflanzt. Der Springbrunnen war von einem bunten Allerlei aus Dotterblumen, Dahlien, Rosen, Geranien und Windröschen in Beeten und Töpfen umgeben. Jeder, der eintrat oder nur einen Blick durchs halbgeöffnete Tor werfen konnte, war der Meinung, der Garten sei eines reichen Mannes würdig: Er war kühl, schattig, von Blumenduft erfüllt und von saftigem Gras geziert. Lediglich das intensive Lüftchen, das der Südwestwind bisweilen vom Abtritt durch die Blätter blies, beeinträchtigte die Idylle ein wenig. Der Haji, mittleren Alters und wohlbeleibt, war vor ungefähr dreißig Jahren ins Dorf gezogen. Als Sohn eines Händlers war er mit allen Raffinessen des Geschäftemachens vertraut und hatte genügend Geld in der Tasche gehabt, um ein Geschäft eröffnen zu können und Geld zu verleihen. Bald war er über die Grenzen des Dorfes hinaus bekannt und erfolgreich. Er nutzte seine Geldmittel geschickt, wurde Mitinhaber von Gebäuden, die an die Regierung und an eine Bank vermietet wurden, kaufte sich am Ort in andere Geschäfte ein, und schon zu Anfang gelang es ihm, eine Frau aus einer der angesehensten einheimischen Familien zu heiraten. Diese Verbindung wurde für ihn vorteilhafter als für die Familie, außer für Gouhar, seine Frau, die sich zeitlebens nicht mehr um ihr Auskommen zu sorgen brauchte und eine feine Dame wurde.

Bandar wohnte nur einen Steinwurf von dieser Pracht entfernt. Er hatte die unverbaute Aussicht auf gepflegten und gut präsentierten Reichtum, während er selbst dem Haji nur das traurige Bild tiefster Armut bot. Er war nicht zur Schule gegangen, hatte keine Familie, besaß kein Land und humpelte wegen eines schlecht verheilten Knochenbruchs. Er war vor zehn Jahren als Waise ins Dorf gekommen, und seitdem lebte er von der Hand in den Mund. Er arbeitete als Kuhhirte, war Mädchen für alles und plagte sich schwer. Seinen Lohn erhielt er in bar oder in Form von Naturalien. Einige Arbeitgeber hatten ihn mit Zicklein und Lämmern bezahlt. So war über die Jahre eine kleine Herde gewachsen, die ihn mit Milch und Wolle versorgte. Einer seiner Arbeitgeber, der ihm den Lohn für viele Jahre Gelegenheitsarbeit schuldete, tilgte seine angehäuften Schulden auf einen Schlag, indem er ihm eine Frau besorgte. Das junge Mädchen war eine entfernte Verwandte von Bandar und ebenso arm wie er selbst. Eines Tages kam Aftab frisch geschrubbt auf dem einzigen Esel ihres Vaters aus Deh Rud ins Dorf geritten. Die Augen mit Kohle geschwärzt, darüber die schief geschnittenen Ponyfransen und die Handflächen mit Henna rot gefärbt, saß sie in ihrem bunten, neuen Rock und einem langen Hemd aus billigem, roten Polyester auf ihrem ganzen Hab und Gut: einem Kochtopf, einer Schöpfkelle, einem Brotbrett, einer alten durchgelegenen Matratze, einer Decke, einer Kopfkissenrolle, einer kleinen Baumwollmatte, die als Teppich dienen sollte, und etlichen in einem Bündel zusammengeschnürten Kleinigkeiten. Laut Aftabs Stiefmutter war das alles, was ihr Vater von dem dürftigen Brautpreis, den er von Bandar und seinem Wohltäter bekommen hatte, anschaffen konnte. Akbars Vetter überließ ihm das Zimmer in seinem alten Hof, aus dem er gerade ausgezogen war, als Gegenleistung für die Arbeit, die Bandar für ihn verrichtet hatte; für die Zukunft schwebte ihm jedoch auch eine kleine Miete vor. Bandar schleppte eimerweise Erde auf das undichte Dach, reparierte es und baute eine neue Tür aus Blech- und Holzresten. Aftab pflanzte Tomaten und Gurken in die Ruinen. Sie gediehen nicht gut, weil Aftab es nicht schaffte, genügend Gießwasser heraufzuschleppen. Stundenlang saß sie mit einer Spindel auf dem Schoß auf dem schmalen Sims des Scheunendaches vor ihrer Tür und beobachtete die Menschen und Tiere, die im staubigen Dunst der milden Nachmittagssonne die Gasse bevölkerten. Gouhar hatte immer Mühe, genügend Dienstpersonal zu bekommen, denn für die Frauen in Deh Koh war es unter ihrer Würde, sich als Dienstmädchen zu verdingen, so wie es auch unter der Würde der Männer war, es ihren Frauen oder Töchtern zu erlauben. Aber auch Aftab, die sehr arm war und daher demütig hätte sein sollen, versuchte Gouhar vergeblich zu überreden, für sie zu arbeiten.

»Aftab ist stolz und einfach faul«, sagten die Nachbarinnen.

Aftab war noch sehr jung, als sie nach Deh Koh kam, ein schwaches und unterernährtes Kind mit zarten, dünnen Gliedern. Sie hatte ein ovales Gesicht mit großen, weit auseinanderstehenden, schwarzen Augen und einen kleinen, runden Mund. Bandar war mit seiner Frau zufrieden, und Aftab war froh, dem armen, von Menschen wimmelnden Haushalt des Vaters entronnen zu sein. Dort hatte sie für alle arbeiten müssen, zu alt, um noch mit Nachsicht behandelt zu werden, aber zu jung, um nur die kleinsten Ansprüche durchsetzen zu können. In Bandars Haus schimpfte niemand, und keiner suchte Streit mit ihr. Da sie nicht viel besaßen, hatte sie auch nicht viel Arbeit. Wenig Arbeit bedeutete lange Stunden der Muße auf dem kleinen Balkon. Die Nachbarn waren zurückhaltend aber nicht unfreundlich. Sie behandelten Aftab höflich und borgten ihr auch Kleinigkeiten, die ihr fehlten. Maryam schenkte ihr sogar den Plastikkrug, den sie sich zum hundersten Male ausgeliehen hatte. (Er war zwar zerkratzt und wackelig, aber noch zu gebrauchen.) Aftab nahm ihn etwas verschämt an und brachte Maryam später eine Schale Joghurt.

In Bandars Haus gab es genug für sie zu essen. Sie melkte ihre wenigen Ziegen, machte Joghurt, backte Brot und aß soviel und sooft sie wollte. Ihre Backen und Arme wurden dicker. Sie malte sich die Augen mit einer Mischung aus Öl und Ruß an, schnitt sorgfältig ihre Ponyfransen und gewöhnte sich an, beim Gehen die Hüften zu schwingen. Bandar fand seine Frau wunderschön. Begom und ihre Tochter Mehri meinten jedoch, Aftab sei faul und liederlich. Maryam fühlte sich als Nachbarin zu einer gewissen Fürsorge verpflichtet und sagte ihr, sie solle nicht wie eine junge Braut mit geschminkten Augen und Henna an den Händen herumlaufen. Das sei vulgär und fiele zu sehr auf, die Leute würden reden. Sie könne es zu Hause für ihren Mann tun – schließlich waren sie ja jung –, aber nicht, wenn es andere Männer sehen konnten. Aftab blickte ihr gerade in die Augen und sagte, sie solle sich um ihre eigenen Angelegenheiten kümmern.

»Aftab ist faul, liederlich und leichtfertig«, meinte Maryam. Eines Tages brachte Bandar einen kleinen Teppich mit nach Hause. Er war schon alt und an einigen Stellen abgetreten, aber noch gut genug für sie. Aftab sollte ihn waschen, aber sie maulte. Da schlug er sie, und sie beschimpfte ihn, und es folgte ein langer, lauter Streit, der erst beendet war, als Aftab den Teppich endlich doch zum Wasser trug. Das war ihr erster Streit, und er war schnell vorbei, aber nun sagten die Nachbarinnen, Aftab sei faul und liederlich, sie hätte ein loses Mundwerk und wäre ungehorsam. Wenn sie jetzt kam, um sich etwas auszuleihen, flüsterten sie hinter ihrem Rücken »Bettlerin«.

Anfänglich mochte Aftab es gar nicht, wenn Bandar mit ihr

schlief. Er war ungeschickt und tat ihr weh. Später gewöhnte sie sich daran. Sie nahm diese Unannehmlichkeit für die Freiheiten, die sie sonst hatte, in Kauf. Wie das so zu sein hatte, wurde sie bald schwanger. Als die Geburt bevorstand, holte Bandar die Hebamme, die pflichtbewußt kam, denn die Regierung bezahlte sie dafür. Sie half bei der Geburt von Bandars Sohn, aber sonst war niemand bei Aftab – keine Mutter, um ihr bei der Hausarbeit zu helfen, keine Schwägerin zum Waschen der schmutzigen Babywindeln, keine Kusine oder Schwester zum Melken der Ziegen, keine Schwiegermutter zum Kochen und Wasser holen und auch keine Besucher. Jetzt machte Aftab Bekanntschaft mit dem schwierigsten Aspekt der Armut und des Fremdseins: mit der Einsamkeit, die besonders die Menschen zu spüren bekommen, die anderen gleichgültig sind, weil sie nicht dazugehören. Aftab weinte ein wenig, aber es war niemand da, der sie hätte hören können. Später schminkte sie wieder ihre Augen, hüllte sich in ihren einzigen Schleier, setzte sich mit dem Kind auf dem Schoß auf ihren Sims und sah trotzig auf ihre Umgebung herab. Und als das unaufhörliche Bum-Bum der großen Trommel anläßlich der Hochzeit von Tamas Tochter durch das Dorf schallte, kurz nachdem Aftab die traditionellen Waschungen im öffentlichen Badehaus vierzig Tage nach der Geburt vollzogen hatte, schloß sie ihre Tür hinter sich ab und ging tanzen. Das Baby hatte sie in der Wiege festgebunden.

»Aftab spinnt«, sagten die Nachbarinnen.

Einige Monate später, es war im Frühherbst, erreichten die ersten Auswirkungen der Revolution auch das Dorf, und Aftab erlebte ein aufregendes Schauspiel. Schon lange schwirrten Gerüchte über Agenten der Geheimpolizei durchs Dorf. Aftab wußte nicht genau, was eine Geheimpolizei war, außer daß es etwas Böses sein mußte. Außerdem sprachen Tamas' Sohn Rahmat und ein paar andere Schulbuben immerzu davon, daß jeder Iraner sein Lebtag lang siebzig Toman am Tag bekäme, wenn der Schah, seine Geheimpolizei und seine betrügerischen Diener erst einmal verschwunden seien. Aftab und all ihre Nachbarinnen, Rahmats eigene Mutter eingeschlossen, hatten da so ihre

Zweifel. Begom sagte dem jungen Mann sogar beim Linsen waschen, solange sie ihre Linsen hätte, wäre sie zufrieden, und bei allem Respekt, aber er könne seine siebzig Toman nehmen und sie seinem Esel verfüttern. Dann verbreitete sich die Nachricht, in Deh Rud sei ein Lehrer beschuldigt worden, ein Informant der Geheimpolizei zu sein; man hätte ihn verprügelt, fortgeschleppt, ins Gefängnis geworfen, vielleicht sogar getötet. Überall steckten die Leute die Köpfe zusammen und flüsterten. Ein paar Tage später stürmten fünf oder sechs bärtige junge Männer in Bluejeans und grünen Jacken den Weg herauf. Sie riefen irgend etwas über die ruhmreiche Revolution und die Vernichtung der Feinde des Landes, rannten durch das Holztor ins Haus des Haji, woraufhin hinter den Mauern im Hof ein großer Aufruhr entstand. Aftab ließ die Wiege stehen und auch das Tablett mit Reis, den sie gerade säuberte, und rannte so schnell sie konnte die Treppe hinunter über die Straße und den Kanal zum Ort des Geschehens.

Menschentrauben drängten sich im geöffneten Tor. Im Hof herrschte ein großer Tumult, der von den Stakkato-Rufen des Haji und Gouhars schrillem Geheul übertönt wurde. Überall tauchten Menschen auf: auf den Dächern, in den Gassen und in Hauseingängen. Aftab wurde von einem Menschenknäuel, das den fuchtelnden und sich wehrenden Haji durchs Tor schob, wieder auf die Gasse zurückgestoßen. Er hatte seinen Hut verloren, sein Gesicht war zerschunden und seine Pyjamahose zerrissen. »Das ist eine Lüge, das ist eine Lüge!« rief er. Im Hintergrund prügelte Gouhar mit einem Besenstiel um sich, und die Tochter des Haji bewarf kreischend die jungen Männer mit allen möglichen Dingen. Auf der Brücke des Haji vor seinem Tor wurde der Kampf heftiger: Die Menschenmenge schob und stieß, schwankte und wankte, bis alle das Gleichgewicht verloren und in das flache, schlammige Kanalbett stolperten. Aftab sah den zerzausten, schlammverschmierten Haji ganz in ihrer Nähe wieder auf die Füße kommen. Sie sah auch genau, wie Gouhar eine kupferne Toilettenkanne am Ausguß gepackt hatte und sie auf dick gepolsterte Schultern zu ihren Füßen niedersausen ließ. Vom Dach aus bewarf der Sohn die Leute mit Steinen. Als die Männer einer nach dem anderen aus dem schleimigen Kanal gekrochen kamen, zogen sich die verblüfften Zuschauer hinter ihre eigenen schützenden Mauern zurück. Die dichtgedrängte Gruppe bewegte sich in einer Wolke von Staub und Lärm langsam die Gasse hinunter. In sicherem Abstand folgte ihr der Steine werfende Sohn des Haji. Gouhar brach an Aftabs Schulter zusammen. »Er ist kein Agent der Geheimpolizei, das ist eine Lüge!« jammerte sie. Als der dunkle Haufen mit dem unglücklichen Haji außer Sichtweite war, erschienen die Frauen wieder. Aftab begleitete Gouhar zurück in ihr Haus, gefolgt von den schwätzenden, tröstenden Nachbarinnen, die alles ganz genau wissen wollten. Es stimmte also, daß der Haji ein bezahlter Agent war? War er deshalb so reich geworden? Aber was, um alles in der Welt, hatte er der Geheimpolizei erzählt? Vielleicht wie viele Schafe Akbar hatte? Wieviel Brot Maryam aß? Wie oft sich Tamas und Hakime zankten? Wer Schulden hatte? (Darüber gab es allerdings eine Menge zu berichten, sagte Hakime.) Vielleicht erzählte er ihnen auch von den Leuten, die ihre Ställe noch als Toilette benutzten, obwohl der Arzt und der Schah es verboten hatten? Man zwinkerte sich schadenfroh zu. Der gelehrte, belesene Reza Ali, der Haji, Herr Hoseini höchstpersönlich, er sei gesegnet oder verflucht, je nachdem, war in Schwierigkeiten geraten! Aftab, die wie die anderen in heller Aufregung gleichzeitig redete und zuhörte, hatte ihre Pflichten völlig vergessen, als ein Junge sie erwischte und ihr sagte, daß ihr Sohn brülle. »Oh, heiliger Abbas, ach du meine Güte!« rief sie und eilte mit wehenden Röcken nach Hause und sah, daß sich ihr Baby halb tot geschrien hatte, die Hühner den Reis vom Tablett gepickt hatten, und der Teppich voller Hühnerdreck war.

»Ts, ts, ts, sie ist wirklich eine schlechte Mutter!« sagten die Nachbarinnen.

Wie es bis zu jener Zeit üblich gewesen war, ging Gouhar zur Polizei, um sich über die Verhaftung ihres Mannes zu beschweren. Sie nahm sogar eine Goldmünze mit, eine ganz kleine, um ihrer Forderung, wenn es nötig werden sollte, mehr Nachdruck zu verleihen. Die Polizeistation lag etwas außerhalb des Dorfes. Sie wirkte wie eine Festung und kontrollierte die einzige Zufahrtstraße zum Dorf. In der letzten Zeit waren die Polizisten in ihrer Befestigungsanlage hinter verschlossenen Türen unter sich geblieben und hatten damit begonnen, Hunde zu stehlen. Sie hatten offensichtlich Angst, denn sie hielten sich mindestens ein Dutzend dieser bösartigen, hungrigen Biester als Wachhunde in ihrem von Mauern umgebenen Hof. Der Wachposten am Tor schickte Gouhar fort. Diese Angelegenheit ginge die Polizei nichts an, und sie solle sich anderswo beschweren, vielleicht in der Stadt, im Gefängnis oder beim Gouverneur. Gouhar bat ihre Brüder um Hilfe, aber keiner wollte in diese heikle Sache verwikkelt werden. Man riet ihr, doch erst einmal ein paar Tage zu warten. Und richtig, nach drei Tagen kam der Haji als Fahrgast im eigenen Minibus nach Hause. Er war schmutzig und unrasiert, trug keinen Hut und hatte ein blaues Auge. Seine Schultern waren gebeugt, und er humpelte leicht, als er die Gasse hinauflief. Die Frauen flüsterten und starrten hinter ihm her, aber glücklicherweise traf er keine Männer. Das hätte seinen Stolz verletzt. Er begegnete nur ein paar Jungen, die er ebenso wie die neugierigen Frauen ignorieren konnte.

Zeit und Geld heilen verletzten Stolz schnell. Auch wenn die Würde des entlarvten Herrn Hoseini etwas angekratzt war, war sein Vermögen unangetastet geblieben. Auch Gouhar hatte nichts verloren, obwohl sie nun die goldene Halskette, die massiven Ohrringe und das breite Armband mit der großen, roten Gemme nicht mehr trug. Diese Art von öffentlicher Zurschaustellung des Reichtums war nicht mehr angebracht. Auch grellbunte Kleider und mit Perlen bestickte Kappen waren aus der Mode. Da Gouhar Angst vor Dieben und Einbrechern hatte, schloß sie ihren Schmuck in eine ihrer zahlreichen Truhen ein und versteckte die Schlüssel in einem ihrer Bündel.

Aftab kannte diese Art von Sorgen nicht. Sie hatte noch nie in ihrem Leben ein Stück Gold besessen. Ihre Armbänder hatte sie bei den fahrenden Schmieden erstanden. Sie waren nicht schön, denn das billige, stumpfgelbe Metall verbog sich leicht, und der

Reif aus gedrehtem Eisen war noch dazu altmodisch. Anderen Schmuck würde sie wohl niemals besitzen, und mehr Schutz, als die wenigen bunten Perlen und ein Amulett ihr boten, das sie am Hals trug, würde sie wohl auch niemals brauchen. Bandar arbeitete Tag für Tag von Sonnenaufgang bis Sonnenuntergang und verdiente gerade so viel, daß sie davon leben konnten. Der einzige Luxus in ihrem Zimmer war ein kleiner Gaskocher, der aus zwei Kochplatten bestand, die an eine Gasflasche angeschlossen waren. Bandar hatte ihn aus zweiter Hand erstanden, als einer seiner Arbeitgeber seine Schulden auf einmal mit einem Batzen Geld beglich. Obwohl Gas nicht immer zu bekommen war und eine Menge Geld kostete, wurde Bandar dadurch die Mühe erspart, die anstrengenden Wege in die weit entfernten Wälder zum Holzschlagen zurückzulegen, und das entlastete sein lahmes Bein. Aftab war von dem Kocher begeistert. Sie hätte auch noch gerne einen Ölofen für den Winter, einen Fernsehapparat oder zumindest ein Radio und einen Kühlschrank besessen. Alle Nachbarn hatten diese Dinge schon, sogar Maryam, die ganz allein lebte, und Gouhar besaß gleich zwei Kühlschränke und eine Waschmaschine. Manchmal hatte sie Aftab Eiswürfel für die Buttermilch zum Abendessen geschenkt, aber Bandar verbot ihr, irgend etwas von diesem Haus anzunehmen, nachdem er und der Haji wegen der Ziegen, die er für ihn mit seiner eigenen Herde hütete, eine längere Auseinandersetzung gehabt hatten. Nach dieser »Halbe-Halbe« Abmachung hatte Bandar die Hälfte dessen, was die Ziegen abwarfen, und auch die Hälfte des Verkaufserlöses einbehalten können. Haji Reza Ali, so ließ er sich jetzt wieder gern nennen, da das Land die religiösen Symbole wiederentdeckt hatte, verdächtigte Bandar des Betrugs. Daraufhin trieb Bandar die Ziegen über die Straße in den Hof des Haji und beendete so die Geschäftsbeziehungen. Er übernahm statt dessen einige Tiere von Nur Ahmad, einem entfernten Verwandten und bitteren Rivalen des Haji. Die Atmosphäre zwischen den beiden Häusern war nun gespannt.

Aftab war wieder schwanger und keck wie immer. Sie erzählte den Nachbarinnen beim Wasserholen, der Haji könne seine

Ziegen selber weiden gehen, und ihretwegen könne Gouhar sich ruhig in den Dreck setzen und sie selbst melken. Aftab brauche ihre Milch nicht.

»Aftab wird arrogant und undankbar«, sagten die Frauen.

Es war aber jetzt so, daß Aftab Geld verdiente, weil sie Joghurt und Milch verkaufte. Alles wurde teurer, man konnte kaum noch etwas kaufen. »Der Krieg ist schuld«, sagten die Leute und wiederholten damit, was sie im Fernsehen und im Radio gehört hatten. Sie stöhnten und murrten, obwohl die Mullahs den Leuten in ihren Fernsehpredigten erzählten, die Islamische Revolution sei nicht dazu da, um mehr Wassermelonen zu produzieren, sondern um den wahren Glauben zu verbreiten.

Aftab, die weder ein Wassermelonenbeet noch einen Fernseher besaß, konnte nicht behaupten, daß ihr Glaube tiefer geworden war als vorher. Wie Begom, Maryam, Hakime und Gouhar sagte Aftab das auch in der Öffentlichkeit, nur tat sie das ein wenig öfter und lauter als sie, bis eines Tages, als sie sich mit ein paar Nachbarinnen am Wasserhahn unterhielt, Rahmat zufällig vorbeikam. Obwohl er noch recht jung war, hatte er sich den Revolutionsgarden angeschlossen und trug zum Ärger seiner Eltern ein unrasiertes Gesicht und sein Gewehr zur Schau. Für gewöhnlich würdigte er die Frauen keines Blickes, wenn er sie auf der Gasse traf, aber nun blieb er vor Aftab stehen. Sichtlich verlegen stierte er seitlich über ihren Kopf hinweg (sie war viel kleiner als er), als er sie ansprach: »Schwester«, sagte er hastig, »mit deinem Gerede zeigst du dein großes Unwissen über die wichtigen Anliegen der Revolution. Du solltest zu den Predigten kommen, du solltest dich bessern!« Das sagte er und verschwand. Die Frauen waren sprachlos.

»Unverschämter Esel«, sagte eine Frau aus der Gruppe, und Aftab, die sich wieder gefaßt hatte, rief sogar laut eine Obszönität hinter ihm her. Aber Maryam zischte sie an: »Halt den Mund!« und Gouhar schüttelte den Kopf und machte ihr Zeichen, sie solle ruhig sein. Seit diesem Zwischenfall sahen Aftab und die anderen Frauen erst einmal über ihre Schulter, bevor sie ihre Meinung offen sagten.

Langsam änderte sich das Leben im Dorf. Einige Frauen trugen nicht mehr die Kappe und das dünne Kopftuch der traditionellen Tracht, sondern zogen dicke, dunkle Tücher tief in die Stirn. Jede Frau, die einen neuen Schleier brauchte, kaufte jetzt einen aus dunklem Stoff. Das Dorf wimmelte von Fremden: Revolutionsgarden gingen ein und aus, Mullahs kamen, afghanische Flüchtlinge arbeiteten für Niedriglöhne bei einem einheimischen Unternehmer, einige Familien, die wegen des Krieges aus dem Süden evakuiert worden waren, zogen zu, einheimische Männer kehrten nach vielen Jahren aus den Städten zurück, weil es dort keine Arbeit mehr für sie gab. Wollte eine Frau ihre Selbstachtung nicht verlieren, hüllte sie sich tief in ihren langen Schleier, wenn sie draußen sein mußte. Ansonsten blieb sie zu Hause.

Gouhar ging nie aus. Sie stand höchstens an der Eingangstür oder hockte sich direkt davor, immer bereit, sich zurückzuziehen, sollten fremde Männer auftauchen. Sie hatte sogar einen eigenen Wasserhahn im Hof. Aber Aftab saß wie immer für alle sichtbar auf der Kante ihres Scheunendaches. Sie trug noch nicht einmal einen Schleier. Sie wäre ja schließlich zu Hause, sagte sie. Aber die Leute flüsterten sich zu, sie beschwöre das Unglück absichtlich herauf.

Mit dem Anwachsen der Bevölkerung im Dorf stieg auch die Nachfrage nach frischen Lebensmitteln. Die wenigen Männer, die ihre Herden nicht verkauft hatten, um in der Stadt nach einer lukrativen Arbeit Ausschau zu halten, wurden geradezu belagert, so groß war die Nachfrage nach Joghurt, Milch und Butterschmalz. Bandar hatte seine wenigen Schafe und Ziegen behalten, und Aftab konnte Joghurt an die afghanischen Arbeiter verkaufen, die zu siebt in einem Zimmer in dem Haus, das hinter dem von Begom lag, wohnten. Jeder der Männer übernahm reihum das Einkaufen. Sie wechselten sich auch beim Kochen, Wasserholen und Wäschewaschen und beim Besorgen von Joghurt und Milch ab. (Butterfett konnten sie sich nicht leisten; die meisten Leute mußten sich ebenso wie sie mit den kleinen Rationen undefinierbaren, groben, gelben Kochfetts begnügen, das die Regierung billig auf Lebensmittelkarten abgab.) Diese zerlumpten, dürren Gestalten waren sonnenverbrannt und sahen wild aus, blieben aber unter sich und störten niemanden. Begom hatte sich anfangs Sorgen um ihre Tochter Mehri gemacht, als das Zimmer auf dem Nachbarhof an eine Gruppe Afghanen vermietet wurde. Sie erlaubte ihrer Tochter fortan nicht mehr, aufs Dach zu steigen, wo sie hätte gesehen werden können. Die Schmalseite ihrer Veranda, die man von der Gasse aus einsehen konnte, schirmte sie mit einer Wand aus Ästen und Zweigen ab. Aber Begom hätte sich gar keine Sorgen zu machen brauchen, denn die Afghanen sahen noch nicht einmal in ihre Richtung, und keiner sprach Mehri je an. »Die Afghanen, diese armen Teufel, sind gute Moslems«, sagte Begom. Maryam, die zu dieser Zeit wegen des Ärgers mit ihrer Nichte Golgol, Begoms Schwiegertochter, nicht mehr mit ihr redete, sagte, Begom hätte sich den Aufwand mit dem Sichtschutz sparen können, denn die Afghanen würden aus Angst vor ihrem und Mehris losem Maul sowieso einen großen Bogen um ihr Haus machen. In einem Moment ungezügelter Redseligkeit erzählte Aftab das Begom. Die wiederum verheimlichte nicht, von wem sie es wußte, woraufhin Maryam Aftab eine hirnlose Klatschbase und einiges andere mehr nannte, und sie, wenn sie sie zufällig traf, völlig übersah.

Da Aftab und die Afghanen Nachbarn waren, war es nur zu natürlich, daß sie Joghurt und Buttermilch bei ihr kauften. Sie bezahlten wöchentlich ohne Verzug und ohne zu Feilschen mit schönen, neuen Scheinen, die Aftab bündelte und sparte. Einige Wochen später ging sie in ein Geschäft an der Hauptstraße und kaufte sich drei Meter schillernden grünen Stoff, der mit Silberfäden durchwoben war. Rahmats Schwester Banu schnitt ihn für sie zu, und dann saß sie einige Nachmittage lang auf ihrem Sims und nähte sich ein neues, langes Hemd.

»Verschwenderin«, sagte Gouhar.

»Bandar sollte ihr eine Tracht Prügel verpassen«, sagte Maryam. Aber selbst Gouhar und Mehri, die beide günstige Aussichtsposten hatten, konnten an ihrem Geschäftsgebaren nichts bekritteln. Da sie einander bei den häuslichen Arbeiten ablösten, kamen die afghanischen Männer auch abwechselnd am Abend zu ihr, um das Joghurt zu holen. Aftab erkannte sie mit der Zeit am Aussehen und an ihrer Kleidung; wie sie hießen, wußte sie nicht. Selten sagte einer mehr als eine Begrüßungsfloskel, selten blieb einer länger als eine Minute; jeder hielt sich nur so lange auf, bis Aftab die Schale mit dem frischen Joghurt unter den Lumpen, wo sie ihn zum Stocken aufbewahrte, hervorgeholt und dem wartenden Mann auf der Treppe hinuntergereicht hatte. Diese Routine änderte sich jedoch eines Tages, als einer der jungen Männer sich beim Zementsäckestapeln das Bein brach. Nun hatte der Unternehmer keine Verwendung mehr für ihn, und er mußte zu Hause bleiben und für seine Kameraden den Haushalt führen. Von da ab war es der mit dem verwaschenen, grünen Pullover, der die großen Plastikflaschen am Wasserhahn füllte und mit schmerzhaft gebeugtem Rücken die Wäsche wusch. Er wurde von allen bemitleidet. Er humpelte auf seinen Botengängen durchs Dorf, lieh sich Akbars Esel, um den Sack Reis, der den Afghanen zugeteilt war, abzuholen; er rollte mit Hilfe vieler kleiner Buben eine leere Gasflasche dorthin, wo sie später einmal gefüllt werden sollte, und er war es auch, der nun zweimal täglich ganz allein zu Bandars Haus kam, um Aftabs Buttermilch und ihr Joghurt zu holen. Die Nachbarn fanden heraus, daß er Heidar Khan hieß. Sie änderten seinen Namen, indem sie zur genaueren Identifikation »der Afghane« anfügten. Eine Verständigung mit ihm war nur stockend möglich, und wegen der Anstandsregeln, die es zu beachten galt, und wegen seiner fremdartigen Aussprache auch problematisch. Aber guter Wille und Neugierde halfen bei der Überwindung aller Schwierigkeiten. Außerdem war dieser Heidar Khan, der Afghane, mit seinen breiten Schultern und den schräg stehenden Augen der einzige kräftige junge Mann, der tagsüber weit und breit zu sehen war. Zwar war er durch seine selbstgemachte Beinschiene aus Holz, Bändern und Lappen behindert, aber ansonsten war er gesund und stark und auf seine schüchterne und anständige Art sehr freundlich. Als sich eines Nachmittags eine wildgewordene

Ziege auf Begoms Veranda verirrt hatte und mit einem Satz durch den Sichtschutz gesprungen war, machte der Afghane das Angebot, ihn wieder zu flicken. (Begom nahm es an und wurde später von ihrem Sohn dafür gerügt. Er sagte, es hätte so ausgesehen, als ob er und sein Vater nicht alles im Haus täten, was nötig wäre. »Das tut ihr ja auch nicht!« sagte Begom, »das weiß sowieso jeder.«) Anderntags fing er Gouhars neue Kuh ein, als sie versuchte, wieder zu ihrem gewohnten Stall zu trotten, und an einem Unglücksnachmittag trug er den Sohn von Maryams Neffen nach Hause, der von einem Stein getroffen worden war und am Kopf blutete.

Als die Bäckerei im Nachbardorf, die einzige im weiten Umkreis, bei der die Afghanen ihr Brot kaufen konnten, vom revolutionären Komitee aus hygienischen Gründen geschlossen wurde (angeblich waren im Teig Fliegen gefunden worden, was der Bäcker jedoch abstritt), wußten die jungen Burschen nicht, wie sie an Brot kommen sollten. Da halfen die Nachbarn aus, nicht zuletzt wegen der religiösen Verdienste, die man durch solche Taten der Nächstenliebe an Fremden erwerben konnte. Aftab ließ sich sogar von Heidar Khan dazu überreden, aus Mehl, das er in der Mühle erstanden hatte, für die Afghanen eine Ladung Brot zu backen. Damit sei allerdings, so meinten die Nachbarn, die islamische Mildtätigkeit etwas zu weit getrieben worden.

»Unbesonnene Frauen und Hagel verursachen viel Ärger auf der Welt«, sagte Begom.

Heidar Khan, der große Schwierigkeiten hatte, seine Kameraden während der Schließung der Bäckerei zu versorgen, war Aftab sehr dankbar. Da sie selbst eine Fremde war, war sie ihm gegenüber auch nicht so kalt und reserviert wie die anderen Frauen. Die hatten ihm zu Anfang sogar den Rücken zugekehrt, wenn sie ihn zur Wasserstelle kommen sahen, hatten ihre Gesichter verhüllt und mochten ihm nicht einmal Milch verkaufen! Wollte er zum Beispiel wissen, woher man Seife zum Waschen bekam, fragte er Aftab, weil sie ihm ohne viele Umstände antwortete. Eines Tages bat Aftab ihn, er möge ihr einen eisernen Spindelstock von den Schmieden mitbringen, die an der Straße im nächsten Dorf für einige Wochen ihr Lager aufgeschlagen hatten. Sie kamen einmal im Jahr, und Heidar der Afghane hatte die Absicht hinzugehen. Er war froh, ihr einen Gefallen tun zu können. Und als er eines Abends zur gewohnten Joghurt-Zeit kam und sah, daß Aftab noch mit dem Melken der Ziegen beschäftigt war, weil sie niemanden hatte, der ihr die Tiere geholt und sie festgehalten hätte, sprang er ein, ohne daß er gefragt worden wäre. Für gewöhnlich helfe ihr Bandar, aber an diesem Abend sei er noch nicht von seiner Arbeit in Deh Rud zurück, sagte Aftab. Das Melken war schnell erledigt, dann wurden die Tiere in den kleinen Pferch, den Bandar im Hof für sie gebaut hatte, getrieben. Aftab gab Heidar das Joghurt, und dann ging er sofort weg. Der ganze Vorgang war von Gouhars jüngstem Sohn beobachtet worden, der seine schlammverkrusteten Füße im Kanal gewaschen hatte. Daheim erzählte er die Geschichte seinen Geschwistern und seiner Mutter. »Heidar der Afghane hat die Ziegen für Aftab festgehalten, und sie haben miteinander gesprochen, und dann haben Aftab und Heidar der Afghane die Ziegen in den Hof getrieben, und dann ist der Afghane die Treppe heraufgestiegen und Aftab hat ihm etwas gegeben, und dann haben sie noch geredet«, sagte er.

»Ist er noch dort?« Gouhar war schockiert.

»Nein, er ist fortgegangen«, sagte ihr Sohn bedauernd, denn für ihn und die Erwachsenen war Aftab skandalumwittert, und die Vorstellung, daß Heidar Khan der Afghane bei Nacht ihr Haus betrat, paßte, wie er fand, gut. Gouhar benutzte die Gelegenheit, der Jugend eine Lektion über sittliches Verhalten zu erteilen, und sagte etwas über unverschämte Fremde und schlechte Frauen. Die ganze Angelegenheit behielt sie erst einmal zur späteren Weiterverwendung im Hinterkopf. Im Augenblick hatte sie größere Probleme als Aftabs Benehmen.

Trotz der vielen Gerüchte und Versprechungen, die die Sympathisanten der Revolution in Umlauf gebracht hatten, waren die Armen im Dorf nach der Revolution nicht reicher geworden, ebensowenig wie die Lehrer und Staatsdiener. Ununterbrochen wurde jeder dazu augefordert, hart zu arbeiten, Geduld zu haben, zu beten, Geld für die Kriegskasse zu spenden, den Soldaten zu helfen und, war man ein Mann, sich freiwillig an die Front zu melden oder, war man eine Frau, sich über die Märtyrer zu freuen. Jeder hatte Schulden. Während der Krieg und die schwierigen ökonomischen Umstände den Habenichtsen eine schwere Bürde auferlegte, war man allgemein der Meinung, daß die Reichen – die Händler, diejenigen, die Zugang zum Schwarzmarkt und zu Kapital hatten, die es auf tausendfache Weise immer wieder schafften, Vorteile aus den Bedürfnissen der Armen zu ziehen, und diejenigen, die sich mit Geld die Welt, und wahrscheinlich auch den Himmel, kauften, wie Begom vermutete – ganz und gar nicht litten. Bei jedem wuchsen der Groll und das Gefühl, die Ungerechtigkeiten nähmen überhand. Reden und Moralpredigten hoben die Tugenden der Armut hervor und geißelten Gier und Geiz. Die Revolutionsgarden zerstörten in den Städten, sozusagen als leuchtende Vorbilder, viele Häuser der alten, reichen Familien, zogen die Vermögen ein und töteten die Besitzer, die als Staatsfeinde abgestempelt wurden. Die alte Geldelite floh. Diejenigen, die blieben, mieden die Öffentlichkeit, sahen zerknittert und unrasiert aus und schafften stillschweigend in der Zwischenzeit so viel von ihrem Vermögen wie möglich ins Ausland.

Der Haji, der gute Kontakte in der Stadt hatte, wurde angesichts dieser Nachrichten sehr unruhig. Er war ein guter Moslem, keiner von den ungläubigen Bahais, die der heilige Zorn des neuen Regimes am härtesten traf. Dennoch hatte er mit dem Stigma zu leben, früher ein Agent gewesen zu sein, und außerdem war er, zumindest in den Augen der Dorfbewohner, ein reicher Mann. Was könnte einen revolutionären Hitzkopf oder einen fehlgeleiteten Räuber davon abhalten, wieder über ihn herzufallen, sein Haus zu plündern und seinen Reichtum zu zerstören? Der war zwar nicht groß, aber er hatte doch alles, was er besaß, im Laufe der Jahrzehnte mit seinen eigenen Händen, durch seine Klugheit und mit Gottes Hilfe zusammengetragen. Auch Gouhar, mit der er die Lage besprach, betraf dieses Problem. Ein Großteil des Vermögens war in Goldmünzen und, zu ihrer größten Befriedigung, in Form von Schmuck angelegt. Beides konnte leichter einem Räuber in die Hände fallen oder bei einer Plünderung oder einer Konfiszierung mitgenommen werden als die Anteile an Schafen, Häusern und Traktoren. Es wurde zu ihrer Hauptsorge, ein sicheres Versteck für ihre Schätze zu finden. Es war ausgeschlossen, das Geld außerhalb des Hauses sicher aufzubewahren. Ihre Verwandten, das wußte Gouhar genau, würden tausend höfliche Gründe und Ausreden erfinden, um nicht die undankbare Aufgabe übernehmen zu müssen, ihr Gold zu hüten. Zwänge man sie, würden sie einen hohen Preis dafür fordern, den der Haji angesichts der Notlage erst einmal akzeptieren würde, später aber würde er sich dagegen wehren. Der Haji selbst hatte keine Verwandten in der näheren Umgebung, denen man trauen konnte. Sein einziger Angehöriger war Nur Ahmad, ein entfernter Neffe, der nicht sein Verbündeter, sondern sein erbittertster und erfolgreichster Rivale war. Sie hatten keine treuen Diener und keine ihnen verpflichtete Schuldner. Die Zeiten hatten sich geändert: Jeder war auf sich gestellt, sogar die Reichen, und für Hilfe und Loyalität mußte man teuer bezahlen.

Der Haji und Gouhar kamen zu dem Ergebnis, daß sie wohl keine andere Wahl hatten, als ein Versteck im Haus zu finden. Viele Male gingen sie durchs ganze Haus, von der Scheune bis zu den Vorratskammern und aufs Dach, von der Küche bis zum Gästezimmer, vom Holzschuppen bis zur Toilette. Auch in Gedanken gingen sie auf der Suche nach einem sicheren Versteck viele Male alles durch. Im Geiste gruben sie Löcher im Garten, formten Ziegelsteine aus Lehm und Stroh und mischten sie mit Goldmünzen; sie höhlten Apfelbäume aus und hingen Kisten in den Schornstein; sie steckten das Gold in Löcher, die sie in die Decke über den Pappelbalken gebohrt hatten, und sie vergruben es unter dem Mist im Stall. Aber jede Idee wurde wieder verworfen, weil sie entweder nicht praktikabel war (wie zum Beispiel, den Boden aufzugraben, ohne dabei gesehen zu werden) oder zu unsicher (wie zum Beispiel das Gold unter das Getreide zu mischen, das in älteren Häusern wie dem ihren in hohlen Wänden lagerte). Schließlich ließ Gouhar das Gold, in harmlos aussehende Kleiderbündel verpackt und in verschiedene Kistchen verstaut, überall im ganzen Haus verschwinden und wartete auf eine Eingebung. Sie stopfte es zwischen die Säcke mit Walnüssen und Mandeln, zwischen Schachteln mit Süßigkeiten und Säcke mit Schafswolle, Kleiderbündeln, Spindeln, Handarbeiten, zwischen den roten Samt, die Decken, Kopfkissen, Schulbücher und zwischen anderes buntgemischtes Gerümpel, das sich in einem alten Haushalt ansammelt. All diese Dinge waren auf einer Holzkonsole an einer Wand ihres Arbeits-Wohn-Aufenthalts- und Eßzimmers aufgestapelt. Hier waren die Balken vom Rauch geschwärzt, die Wände waren grau und voller Fliegendreck, und auf dem Gipsfußboden lag der älteste und am wenigsten wertvolle Teppich aus der kostbaren Sammlung des Haji. Der Haji war in keinster Weise von der Effektivität dieser Lösung überzeugt. Gouhar selbst mochte erst gar nicht über eine systematische Suchaktion und eine Plünderung nachdenken, die der Haji so sehr befürchtete. Sie dachte mit Schrecken an die schlimme Erfahrung ihrer Nichte, die mit einem Angestellten in der Nachbarstadt verheiratet war und ihren gesamten Schmuck verloren hatte, weil sie ihn in einer verriegelten Metallkiste aufbewahrt hatte, und das hatte es dem Einbrecher besonders leicht gemacht. Gouhar zog aus dieser Geschichte die Konsequenz, den Schmuck überall zu verteilen, oder, noch besser, so zu tun, als ob er gar nicht vorhanden wäre. Das sagte sie dem Haji, und daraufhin dachten sie sich etwas ganz anderes aus.

Begoms Schwester war nach langem Leiden endlich gestorben. Sie kam aus einer kleinen Familie und war schon alt und lange krank. Aber ihr verstorbener Mann und ihre Söhne waren erfolgreiche und angesehene Männer, so daß man sie standesgemäß betrauerte. Die Nachbarn und Verwandten erschienen in kleinen Gruppen nach Männern und Frauen getrennt; das halbe Dorf ging bei den Trauerfeierlichkeiten im Haus von Begoms Schwester ein und aus. Für drei Tage waren Veranda und Wohnraum von frühmorgens bis spät in die Nacht hinein voller dunkel gekleideter Frauen und kleiner Kinder, die auf Teppichen an der

Wand entlang saßen, Tee tranken, sich mit gedämpfter Stimme unterhielten und schluchzend in den Refrain der Lieder einstimmten, die ab und zu eine der Frauen mit schriller Fistelstimme anschlug, den Schleier dabei übers halbe Gesicht gezogen. Ab und zu steigerte sich Begom oder eine der anderen Schwestern oder Töchter theatralisch in ihre Trauer hinein und warf sich im Kreis der hockenden Frauen auf den Boden, jammerte laut und krümmte sich vor Schmerzen um den Verlust. In einem von Schluchzen halberstickten Singsang beklagte sie ihr großes Leid, die Tugenden der Verstorbenen, ihre letzten Tage und ihre Todesstunde. Wenn die Vorstellung vorbei war, nahm sie sich zusammen und ging wieder Tee kochen oder organisierte die Vorbereitungen der Mahlzeiten für die Trauergäste, die von weit her gekommen waren.

Aftab ging mit ihrem Sohn und dem neuen Baby zur Trauerfeier, denn Begom war ihre Nachbarin. Sie brachte einen kleinen Beutel Zucker mit, ein Geschenk, das dabei helfen sollte, die Kosten für die Trauerfeier zu bestreiten. Fast unbemerkt schlüpfte sie ins Haus. Gouhar war sowohl Begoms Nachbarin als auch eine Verwandte des Mannes der Verstorbenen. Sie kam mit ihren Töchtern und ihrer Nachbarin Maryam und ihrer eigenen Schwester, die etwas weiter oben an der Straße wohnte und wiederum von ihren Töchtern und Schwiegertöchtern begleitet wurde. Sie brachten Tabak, Tee und Zucker mit. Sie wurden allesamt mit den langgezogenen Klagetrillern begrüßt, die jede angesehene Abordnung ankündigte. Die Terrasse war voller Menschen. Aftab war erstaunt, als sich Gouhar neben sie zwängte und ihr freundlich zunickte. Noch erstaunter war sie, als Gouhar anfing, sich in endlos langen, gedrechselten Sätzen nach ihrer Gesundheit, nach der Gesundheit des kleinen Sohnes und der des Babys zu erkundigen. Aftab hatte keine andere Wahl, als es ihr an Umständlichkeit und Höflichkeit gleichzutun. Sie war mißtrauisch, aber sie hatte keine Ahnung, was Gouhar im Schilde führte. Ihr Mißtrauen wuchs, als der Tee serviert wurde und Gouhar ihr, die sie in der Gesellschaft gar nichts zählte, mit starkem Nachdruck die erste Tasse anbot. Das führte zu weiteren höflichen Demutsbezeugungen, Wertschätzungen, Ehrerbietungen und Selbstanklagen, bis Gouhar endlich nachgab und sich zuerst bediente. Ohne Frage hätte ihr dies auf Grund ihres höheren Status in jedem Fall zugestanden. Die Tochter der Toten kam mit der Wasserpfeife für Gouhar vom Hof herein. Gouhar bot sie allen in der Runde an, und selbstverständlich lehnten alle ab, dann rauchte sie und reichte die Wasserpfeife weiter. Drei kleine Buben, die den Röcken ihrer Mütter entwischt waren, näherten sich verstohlen dem Zuckertopf, der auf dem vergessenen Teetablett stand. Aftab zog ihren Sohn am Bein zurück und plazierte ihn mit festem Griff vor sich. Perijan schloß die Augen. Sie wiegte sich hin und her und summte. Die Menge verstummte. Die Frau mit den rotgeweinten Augen neben Perijan zog den Schleier über die Augen und weinte still vor sich hin, während Perijan mit schriller Kopfstimme sang: »Steh auf, süße Blume, der Morgenstern treibt die Herde fort, es ist Gebetszeit. Dein Gebetsteppich ist ein Bett aus Rosenblättern, auf dem du ausgestreckt liegst.« Lautes Schluchzen begleitete die letzten Worte und füllte die Pause, die Perijan brauchte, um sich von der Anstrengung zu erholen. Als das Weinen und Seufzen abebbte, holte Perijan tief Luft und begann einen neuen Vers: »Ich ging zum Haus der Blume, aber fand die Blume nicht. Sie war gegangen, ihren feinen Rock an der fernen Quelle zu waschen.« Wieder gingen die letzten Worte in gramerfülltem Gejammer und Schmerzensschreien unter. Aftab hatte die Frau kaum gekannt, aber auch sie schluchzte herzerweichend. Die allgemeine Trauerstimmung war ansteckend. Sie spürte, wie sie ein tiefes Gefühl des Jammers überkam. Sie fühlte großes Mitleid mit dem Baby, das inmitten des Lärms auf ihrem Arm schlief, sie hatte Mitleid mit sich selbst, mit den Kranken, den Märtyrern, den Soldaten und den Armen. Sie weinte über das Elend in der Welt. Sie war tief bewegt von den Liedern, auch wenn sie die Worte nicht verstand, die in schrillen Modulationen unendlich langgezogen und durch Seufzer bis zur Unkenntlichkeit verstümmelt wurden. Ein paar Verse später erholte sich die Gesellschaft wieder, und die Tochter der toten Frau setzte sich in die

Mitte der Frauenrunde, warf sich flach auf den Boden, streckte die Hände in die Luft, rupfte sich die Haare unter dem Kopftuch, das schon schief hing, hervor, stieß ein paar durchdringende Schreie aus und erzählte dann vom letzten Tag ihrer Mutter: Sie bat um Wasser. Ihr Sohn ging zum Arzt und kam mit der besten Medizin zurück. Ihre Töchter bereiteten das köstlichste Kebab für sie, die süßesten, kältesten Getränke. Sie besprengten ihr Bett mit Rosenwasser, hielten ihren Kopf und streichelten ihre Hände. Und dann, zu guter Letzt...; wieder ein Ausbruch lauten Gejammers rundum. Die Tochter beruhigte sich, trocknete ihre Tränen und murmelte, daß sie ihre Mutter geschätzt hätten, daß sie die edelste Frau gewesen sei, fromm, fleißig, die beste Mutter, die treueste Gattin. Die Gesellschaft nickte zustimmend und seufzte lange. Dann dankte die Tochter allen anwesenden Gästen in ernsten, angemessenen Worten für das große Opfer, das sie auf sich genommen hätten, indem sie weder Zeit noch Mühe gescheut hätten, der Familie in ihrer Trauer beizustehen. Sie würde zu Gott beten, damit sie für ihre Güte belohnt würden. Alle murmelten, daß sie es gern getan hätten. Dann war die Trauervorstellung beendet, und man redete über allgemeine Dinge.

In dem Moment, als ein neues Tablett mit Teegläsern herumgereicht wurde, lehnte Gouhar sich zu Aftab hinüber und sagte: »Ich muß dich um einen Gefallen bitten, wenn es nicht zu viel Mühe macht.« Aftab war in höchster Alarmbereitschaft, aber auch neugierig, und sie murmelte eine Litanei erforderlicher Höflichkeiten: daß sie immer zu Diensten sei, daß sie Gouhar geradezu anflehe, doch zu sagen, was sie für sie tun könne, daß sie bereit sei, sich für sie zu opfern. Gouhar antwortete: »Ich wäre dir sehr dankbar, wenn du mich, wenn es dir paßt, morgen besuchen könntest. Vielleicht am Vormittag, wenn es irgendwie möglich wäre und du nicht zu beschäftigt bist, wenn die Kinder in der Schule sind.«

»Natürlich, natürlich«, sagte Aftab, die nun vor Neugierde platzte. »Es macht mir gar nichts aus. Bei meinem Augenlicht, es ist mir ein Vergnügen!«

Eine Gruppe von Frauen, die schon seit dem frühen Morgen da war, erhob sich. Die Frauen wollten zum Mittagessen zu Hause sein, wenn die Kinder aus der Schule kämen. Die Wasserpfeife war mit frischen Kohlen aufgefüllt wieder hereingebracht worden. Gouhar wurde gebeten, zum Mittagessen zu bleiben, aber sie lehnte ab. Das löste von neuem einen längeren Austausch von Höflichkeiten aus. Eine alte Frau aus einem Nachbardorf legte sich müde von der langen Wanderung und erschöpft vom Trauern in einer Ecke nieder, zog den langen Schleier über sich und schlief sofort inmitten des Gemurmels und der Unruhe des Kommens und Gehens ein. Gouhar versammelte ihre Leute um sich, alle außer Maryam, die noch blieb, um ein langes, hitziges Gespräch mit ihrer Schwester Perijan zu führen, und dann gingen sie. Aftab begleitete sie, aber es wurde kein Wort mehr gewechselt.

Am späten Morgen des nächsten Tages nahm Aftab ihr Baby, schloß ihr Zimmer ab und ging in den dunklen, schattigen Garten des Haji, um Gouhar zu sehen. Sie wußte, daß der Haji geschäftlich unterwegs war. Gouhar drückte ihren Dank dafür aus, daß Aftab sich die Mühe gemacht hatte, herüberzukommen, und führte sie in eines der guten Zimmer. Viele dicke Kissen, auf deren weiße Kissenhüllen riesige Blumen gestickt waren, lagen an den Wänden entlang auf einem dicken Teppich. Portraits des Imam Khomeini und anderen Würdenträgern hingen an einer blauen Wand und blickten gelassen zu einem Plakat mit fetten Kühen auf saftigen Weiden und zu einem zweiten, das ein Segelboot auf einem knallig blauen See zeigte. Die Fenster zierte ein Vorhang, auf dem Reihen von röhrenden Hirschen mit aufgedunsenen roten Köpfen prangten. In der Nische stand eine große, vergoldete Vase mit verstaubten Plastikrosen auf einem violetten Deckchen. In diesem Raum war Aftab noch nie vorher geführt worden. Sie sah sich alles genau an und war tief beeindruckt. Gouhar setzte sich neben sie auf den Teppich und fragte Aftab nach ihrem Befinden, nach der Gesundheit ihres Babys und ihres kleinen Sohnes. Es ergab sich ein Duett, da Aftab Gouhar genau dieselben Fragen stellte. Und dann, plötzlich und ganz unerwartet, seufzte Gouhar tief auf und brach in Tränen aus. Zu Tode erschrocken, durchforstete Aftab in Windeseile ihr Gedächtnis nach möglichen Unglücksfällen in Gouhars Familie, die der Grund für diese Tränen hätten sein können. War mit dem Haji etwas passiert? Ein Unfall? Aber so eine Nachricht wäre im Dorf verbreitet worden, lange bevor man sie Gouhar behutsam beigebracht hätte. Einer ihrer Neffen, ein Lehrer, war beschuldigt worden, Kommunist zu sein. Daraufhin hatte er seinen Job verloren – ein schon alltägliches Ereignis heutzutage. Die Frau von Gouhars Bruder lag im Krankenhaus in Shiraz, aber sie sollte schon bald wieder entlassen werden, und außerdem mochten die beiden sich nicht sonderlich gern. »Was ist los?« fragte Aftab schließlich.

Gouhar stand auf, sie schluchzte noch immer. Sie ging zu der Nische, in der die Vase mit den Plastikblumen stand, und holte ein Buch unter dem violetten Häkeldeckchen hervor. Aftab lief es kalt den Rücken herunter. Sie wußte, daß es der Koran war. Was immer Gouhar auch vorhatte, es würde schrecklich werden. Gouhar küßte das Buch und legte es auf Aftabs Schoß. Aftab war entsetzt. »Warum? Was soll das?« stammelte sie. Sie nahm den Koran hastig hoch, küßte ihn und legte ihn zwischen sich und Gouhar auf den Boden. »Was ist denn los?« rief sie. »Was soll ich mit dem Koran?« Sie zitterte vor Erregung.

»Aftab«, sagte Gouhar mit einem tiefen Seufzer, »mein Schmuck ist gestohlen worden, alles, bis zur letzten kleinen Goldmünze, die ich verwahrt hatte, um sie an die Hochzeitskappe meiner Tochter zu nähen, wenn sie heiratet.« (An dieser Stelle brach Gouhar wieder in Tränen aus.) »Ein Dieb«, schluchzte sie, »er kam wohl in der Nacht, ein irregeführter Mann. Aftab, ich möchte dich im Namen des Koran, im Namen Abbas', der heiligen Sarah und der heiligen Maria, im Namen Alis und Hassans fragen: Hast du meinen Schmuck nicht vielleicht irgendwo bei euch im Haus gesehen, irgendwo zwischen den Trümmern in eurem Hof, vielleicht hat ihn dein Mann irgendwo versteckt?«

Aftab war sprachlos. Sie schob den Koran noch etwas weiter

weg, drückte ihr Baby fest an sich und sah wild um sich. »Oder vielleicht hat Bandar ihn Nur Ahmad gegeben? Vielleicht wollte Nur Ahmad das Gold wegen der Erbstreitigkeiten, die er mit dem Haji hatte? Oder einfach nur, um dem Haji zu schaden? Vielleicht aus Haß, denn Nur Ahmad braucht meinen Schmuck bestimmt nicht. Seine Frau hat doch bestimmt mehr Gold als ich; vielleicht hilft Bandar Nur Ahmad nur dabei. Sprich, meine Liebe, ich flehe dich an, es wird sich für dich lohnen: Hundert Toman, tausend Toman will ich dir sofort geben, wenn du gegen Nur Ahmad aussagst. Versteh mich doch«, fuhr sie fort, als die bleiche Aftab noch immer keine Anstalten machte zu antworten, »versteh mich doch, der Haji ist jetzt vier Tage fort, und er weiß nichts davon. Er bringt mich bestimmt um und hackt mich in Stücke, wenn er es erfährt. Ich bitte dich, hab Mitleid mit mir, sag mir, wo Bandar es versteckt hat, damit ich es wiederbekomme, bevor der Haji wieder da ist, bevor ich allen sagen muß, was für ein Unglück mich befallen hat.«

Schließlich kam Aftab wieder zu sich und sprang auf. Fast wäre ihre Selbstbeherrschung in Hysterie umgeschlagen, als sie sagte, daß sie von nichts wüßte, daß sie nichts gesehen hätte, und daß sie noch nie in ihrem Leben so eine Gemeinheit, so eine Verleumdung und so gottlose Lügen gehört hätte. Gouhar sollte sich schämen, sie würde für diese Lüge mitsamt dem Haji und ihrem Schmuck in der Hölle braten. Sie, Aftab, hätte dazu jetzt nichts mehr zu sagen; sie wäre mit ihr für immer fertig. Aftab stampfte aus dem Zimmer, schickte noch einen fürchterlichen Fluch in Gouhars Richtung, als sie die Treppe herunterrannte, und war weg.

Den ganzen Tag grübelte Aftab über diese Beleidigung nach. Sie kochte nicht einmal Reis für das Abendessen, so aufgebracht war sie. Abends erzählte sie es Bandar. Er schimpfte sie aus, weil sie sich in Klatsch verwickeln ließ und weil sie fremder Leute Haus betreten hatte, und danach schwor er, er würde dem Haji das Genick brechen. Weil der Haji aber noch nicht zurückgekehrt war, ging er erst einmal zu Nur Ahmad, seinem Geschäftspartner und Geldverleiher, und erzählte ihm alles. Nur Ahmad sagte, er solle sich keine Sorgen machen, er selbst würde sich beim Gemeinderat über den Haji beschweren. Und so kam es, daß der Haji, als er zwei Tage später von seiner Geschäftsreise zurückkam, mit der Aufforderung überrascht wurde, vor dem Revolutionsrat des Dorfes zu erscheinen. Dieser setzte sich aus ausgewählten, rechtschaffenen und ideologisch gefestigten Bürgern zusammen, die über Klagen Recht sprechen sollten. Der Haji war außer sich vor Wut. Obwohl er behauptete, daß er nicht wußte, was hier vorging, weil er gerade eine Woche fort gewesen war, wartete Nur Ahmad mit einem Zeugen auf, der aussagte, der Haji habe mit ihm über den Diebstahl auf der Busfahrt zur Stadt gesprochen. Das warf ein unschönes Licht auf den Haji und sorgte dafür, daß der Revolutionsrat Nur Ahmads Behauptung, der Haji habe dies alles ausgeheckt, um ihm zu schaden, sehr einleuchtend fand. Die Ratsmitglieder, allesamt junge Leute, die nicht recht wußten, was sie tun sollten, schlugen vor, Nur Ahmad solle sich mit dem Haji aussöhnen oder seinen Fall dem Gericht in der Stadt übergeben. Nur Ahmad verkündete drohend, das werde er auch tun, worauf der Haji sagte, er wisse nur, daß der ganze Schmuck gestohlen worden sei: Vielleicht sei der Dieb jemand anders; vielleicht einer der Kommunisten im Dorf, die seien ja sowieso alle vom Regime für Schurken und kriminelle Elemente erklärt worden. Die Ratsmitglieder kannten ihre Kommunisten und bezweifelten sehr, daß einer von ihnen dumm genug sein würde, sich auf ein so riskantes Unterfangen einzulassen, und sei es auch nur deshalb, weil man in diesen Zeiten sowenig auffallen wollte wie möglich. Der Rat versicherte dem Haji jedoch, dies sei gut möglich, der Schmuck könne jedoch auch von den Zigeunern, einem Fremden, einem fliegenden Korbhändler, eigentlich von jederman gestohlen worden sein. Der Fall wurde niedergeschlagen. Der Haji schäumte vor Wut. Zu Hause machte er Gouhar eine schlimme Szene. Er warf ihr vor, an allem schuld zu sein. Inzwischen hätte er sich so lächerlich gemacht, daß er es noch nicht einmal mehr wagte, zur Polizei oder zu den Revolutionsgarden zu gehen, um den Diebstahl anzuzeigen. Bandar machte das Maß voll, als er noch am selben Abend in das Haus des Haji stürmte und ihn voller Wut, schonungslos und ohne ein Blatt vor den Mund zu nehmen beschimpfte, bis Gouhar ihn mit einem schweren Feuerhaken aus dem Haus jagte. Danach war die Geduld des Haji am Ende: Er verprügelte seine Frau und brüllte die Kinder an.

Gouhar war auf alles und jeden wütend und brütete über ihre nächsten Schritte nach. Am Abend schickte sie ihren kleinen Sohn, der ja schon für seine Adleraugen bekannt war, los. Er sollte sich mit seinem kleinen Freund, dem Neffen des Revolutionsgardisten Rahmat, an einem günstigen Ort verstecken und Heidar Khan dabei beobachten, wie er bei Aftab Joghurt holte. Auch sollte er genau achtgeben, was dabei gesprochen wurde. Unter dem Vorwand, Spatzen mit einer Schleuder zu schießen, lungerten sie unter den Bäumen in der Nähe von Aftabs verfallenem Hof herum. Der Zufall wollte es, daß Heidar Khan Aftab an diesem Abend einen Sack Reis brachte, den er sich ein paar Wochen zuvor geliehen hatte, als die Afghanen ihre Vorräte aufgebraucht hatten und ihren Anteil im Geschäft der Dorfkooperative nicht bekommen könnten. Statt nun wie üblich auf der Treppe vor dem Haus auf seine Schüssel Joghurt zu warten, trat er an diesem Tag ins Haus ein und wartete, bis Aftab den Sack ausgeleert hatte; dann blieb er noch einige Augenblicke, um die Milch und das Joghurt der letzten Woche abzurechnen, Aftab zu bezahlen und auf das Wechselgeld zu warten. Aftab mußte erst in einem Stoß Sachen, die unordentlich auf dem Gestell aufgehäuft waren, danach stöbern. Gouhars kleine Spione saßen inzwischen in einer Weide direkt vor Aftabs Veranda. Sie hörten zwar niemanden reden, aber sie dachten, jemand hätte gelacht. Und als Gouhars Sohn die Geschichte seiner Mutter erzählte, schmückte er sie noch etwas aus: Das »Geschenk«, das Heidar Khan Aftab mitgebracht hatte, wurde etwas größer, Aftabs Begrüßung war herzlicher, das Gelächter, das er durch den zugezogenen Vorhang vor der offenen Tür gehört hatte, war lauter, und der ganze Besuch dauerte länger. Dafür gab Gouhar ihrem Sohn ein riesengroßes Plätzchen mit rosa Cremefüllung; von dieser Sorte konnte man gewöhnlich nur dann etwas stibitzen, wenn sie einem Gast angeboten wurde. Gouhar nannte ihn »mein Lieber« und »mein ein und alles«.

Rahmats junger Neffe erzählte dieselbe Geschichte mit ähnlichen Übertreibungen einer Zuhörerschaft, die aus seiner Mutter, seiner Großmutter Hakime, seinem Großvater Tamas, seiner halbtauben Urgroßmutter, der Frau eines älteren Bruders, die ununterbrochen kicherte, und seinen beiden unverheirateten Schwestern, die hinter vorgehaltener Hand schallend lachten, bestand. Hakime war entsetzt. Sie verbot ihm, auch nur irgend etwas davon bei irgend jemandem zu erwähnen. Sie bestach ihn sogar mit ein paar Münzen und dem Versprechen, ihm eine neue Schleuder oder ein Spielzeugauto aus Plastik zu kaufen, wenn er den Mund halten würde. Schlau wie er war, nahm der junge Mann das Geld und erzählte die Geschichte dann mit weiteren Ausschmückungen seinem Onkel Rahmat, den er verehrte. Der junge Revolutionsgardist war dazu übergegangen, sich ein düsteres Bild von der Welt und vor allem von ihren Sünden zu malen, und er fühlte sich verantwortlich, das Dorf auf dem geraden und schmalen Pfad der Tugend zu halten. Deshalb berichtete er diesen Vorfall seinen Kameraden von der Revolutionsgarde. Sie waren allesamt Außenseiter, die beschlossen, sofort aktiv zu werden. Sie luden Aftab und Heidar Khan den Afghanen vor, und ohne auf irgendwelche Einwände zu hören, schafften sie sie schnell in zwei getrennten Fahrzeugen in die Stadt, um sie dort von einem Richter verhören und aburteilen zu lassen.

Aftab blieb drei Tage lang dort. In der Zwischenzeit wurde das Baby vernachlässigt und nur ungeschickt und unzureichend von seinem Vater gefüttert. Es bekam Durchfall. »Mir bricht das Herz, wenn ich dieses arme Wesen so schreien höre«, sagte Mehri.

»Es muß für die Sünden seiner Mutter büßen«, sagte Gouhar mit düsterer Stimme. »Es geschieht Aftab recht. Warum hat sie sich so schlecht benommen?«

Die anderen schwiegen darüber. Es gab keinen Grund, sich in die Angelegenheiten anderer zu mischen.

Aftab erzählte niemandem, was sie im Gefängnis erlebt hatte. Sie machte zu Hause da weiter, wo sie aufgehört hatte. Es schien fast so, als sei sie nie fort gewesen. Heidar Khan kam zwei Wochen später zurück. Er war verprügelt worden, hatte ein geschwollenes Auge und gebrochene Rippen. Fast wäre er hingerichtet worden, flüsterten die Dorfbewohner, obwohl es wirklich Aftabs Schuld war, sagten sie. Ist es nicht immer die Schuld der Frau, wenn so etwas passiert? Schließlich muß ja die Frau auf ihren guten Ruf zu achten. Waren Männer nicht von Natur aus lüstern und unmäßig? Heidar verließ kurz darauf das Dorf, und man hörte nie wieder etwas von ihm. Ungefähr zwei Monate später starb Aftabs Baby. Es wurde gewaschen und hastig in ein Stück weißes Baumwolltuch gewickelt, wie es bei kleinen Kindern Brauch ist. Tamas‹ alte Mutter tat das aus Mitleid, und weil sie ihrer Glaubenspflicht nachkommen wollte. Sie begrub das Baby am Rande des Friedhofes in einer flachen Grube, die ein freundlicher Mann, der zufällig auf dem Weg zu seinem Feld vorbeigekommen war, ausgehoben hatte.

Es kamen nicht viele Frauen, um Aftab zu trösten. Mehri und Hakimes Töchter setzten sich ein Weilchen zu ihr. Nur Ahmads Frau schickte ihr ein Säckchen Zucker, und Tala blieb ein paar Augenblicke bei ihr und weinte mit ihr, als sie Aftab auf ihrem Heimweg von einem Besuch im Haus ihres Vaters weinen hörte.

»Du bist jung«, sagte Tamas' alte Mutter. »Du wirst noch viele Kinder kriegen, wenn Gott will. Weine nicht, die Tränen einer Mutter lasten schwer auf der Seele eines Kindes.«

Einige Tage später saß Aftab mit geschminkten Augen, die Hände auf ihrem glitzernden Hemd gefaltet, wieder auf ihrem alten Platz auf der Veranda. Sie wiegte sich sanft hin und her und summte leise die Melodien von Trauerliedern. »Du bist ein wilder Mandelbaum, aber deine Wurzeln liegen zwischen Kieselsteinen. Deine Früchte waren noch nicht reif, als dein Stamm schon vertrocknete.« Das sang sie für ihr totes Kind.

»Aftab vergißt schnell«, sagte Gouhar, die breit und behäbig im dunklen Schatten ihres Hauseingangs saß.

»Sie wird nie klug«, sagte Begom.

FÜNFTES KAPITEL

Lügen und Wahrheiten, und wie Golgol ihren Mann verließ und wieder zu ihm zurückkehrte

Tatsachen und Wahrheiten sind ein launisches Bruderpaar in Deh Koh. Man bekommt sie nur schwer in den Griff und kann sie kaum dingfest machen. Weil sie nur wenig Halt in der Erinnerung haben, genügt es, wenn jemand nur ein klein wenig nachhilft, vielleicht aus Langeweile, und schon entschwinden sie ins Niemandsland, das zwischen dem, was war und dem, was hätte sein können oder hätte sein sollen, angesiedelt ist, und sind für immer verloren.

Natürlich geschehen auch in Deh Koh, wie überall auf der Welt, Dinge, die dann einfach Tatsachen sind. Aber in Deh Koh entwickeln manche Ereignisse ein Eigenleben, einige schillern, andere verblassen wieder, und keines bleibt sich gleich.

Es gibt in Deh Koh kein Wort für »Tatsache«; es gibt nur Wörter für »Wahrheit«, »exakt« und »richtig« und eines für »Lüge«. Abgesehen von der Wahrheit, die man selbst miterlebt hat (sozusagen aus erster Hand), gibt es keine absolute Wahrheit, keine über alle Zweifel erhabene Fakten, die man weder mit Geld noch mit guten Worten kaufen kann. Es gibt keine Garantien, nur noch Zeugenaussagen, und man weiß ja, was die wert sind. Ihre Einschätzung richtet sich nach der Beurteilung des Charakters und der Absichten des Zeugen und auch danach, ob man das Gehörte unbedingt glauben will. Im Allgemeinen sind Lügen im täglichen Leben überall billig zu haben, und Vertrauen ist ein Luxus, den sich Heilige und Narren leisten.

Natürlich sind einige Ereignisse so klar, farblos und konkret, daß nichts sie aus ihrer langweiligen Existenz erlösen kann. Für Ausschmückungen, kunstvolle Verfeinerungen und Interpretationen sind sie ungeeignet. Nur die Zeit kann ihre Konturen verwischen. Geburt und Tod gehören dazu und Dinge, wie

Häuser, Mauern und Bäume, die wenigstens eine Zeitlang (nichts ist von Dauer in Deh Koh) zuverlässig mit einem Ort in Zusammenhang gebracht werden können. Aber solche Dinge sind selten und im großen und ganzen nicht sonderlich interessant. Sie gehen in der Alltagsroutine unter und werden so lange ignoriert, bis man unversehens auf sie stößt – sei es, daß ein Kind etwas zerbricht, ein Walnußbaum zum Streitobjekt wird oder der Tod eines Menschen die Neuordnung einer Familie erfordert. Die interessanteren und wichtigeren Angelegenheiten sind die, die zwischen Wahrheit und Unwahrheit liegen, über die man sich erst in Diskussionen einigen muß. Sie werden einem auch nicht mundgerecht serviert. Gäbe es nicht die endlosen Möglichkeiten, darüber zu reden, wie etwas ist, war, oder vielleicht hätte sein können, dann blieben uns nur Aussagen über allzu Offensichtliches, wie, ein Baum ist ein Baum, ein Vogel fliegt, und das Gras ist grün. Die Welt wäre zuverlässig, aber ebenso langweilig, ohne Pfiff, flach wie ein Backbrett und genauso farblos.

So ist es kein Wunder, daß die nackten, unanzweifelbaren und von allen akzeptierten Tatsachen des Ehestreits von Golgol und Ali recht trocken und undramatisch sind. Ali war ein junger Mann, weder reich noch arm, der als Angestellter in einer Bank ein kleines Gehalt bezog. Damit konnte er sein Ansehen im Dorf aufwerten und vollständig für den Unterhalt seiner Eltern und seiner unverheirateten Schwester aufkommen. Er bat um die Hand Golgols, einer von Ahmads und Perijans Töchtern, und sie wurde ihm versprochen. Nach einer langen und ereignislosen Verlobungszeit, während derer Golgol die Schule beendete (das war vor der Revolution, als die Mädchen, die einen Schulabschluß hatten, noch ziemlich sicher sein konnten, auch eine passende Arbeit zu finden), wurde die Hochzeit ganz plötzlich am Ende einer Trauerzeit in Perijans Familie gefeiert. Das Paar zog nach Deh Rud, einem Dorf weiter flußabwärts, wo Golgol eine kleine Beschäftigung gefunden hatte, mit der sie ein bißchen Geld verdiente. Ali pendelte zwischen Wohn- und Arbeitsplatz hin und her, und mehrere Verwandte wohnten abwechselnd bei ihnen, damit Golgol in angemessener Gesellschaft war. Nachdem sie ungefähr ein Jahr in Deh Rud wohnte, hatte sie eine Fehlgeburt. Danach begann Ali auf dem Grundstück seines Schwiegervaters ein Haus zu bauen, und Golgol fand eine Arbeit in Deh Koh. Alis Eltern wohnten auf der anderen Seite des Dorfes, und wie es nicht anders zu erwarten war, zogen Golgol und Ali zu ihnen und teilten sich mit ihnen die schon überbelegten beiden Zimmer in dem alten, baufälligen Haus aus Lehmziegeln, bis ihr neues Haus fertiggestellt war. Als harte Worte fielen und es bei den Frauen im Haus verletzte Gefühle gab, erstaunte dies auch niemanden, auch wenn es nicht Sitte und Anstand entsprach. Schließlich zogen Golgol und Ali in ihr neues Haus. Einige Wochen später kehrte Golgol zu ihrem Vater zurück, aber wie es in solchen Fällen üblich ist – dieser Fall war nicht der erste und würde auch nicht der letzte sein – ging Golgol nach einiger Zeit wieder zu Ali zurück. Hier hört die Geschichte auf, und eine neue fängt an, wie zu erwarten, da alle Mitspieler überlebten und sich selbst mit Nachdruck treu blieben.

Soweit sind das die unbestrittenen Fakten der Geschichte. Dennoch ist da zweifellos mehr: das, woran sich die Leute erinnerten, das, was Intriganten und Quertreiber auf den Plan brachte, und schließlich das, was die Ursache für Klatsch, Tränen und heimliches Gelächter war.

Die Geschichte von Golgol und Ali ist im großen und ganzen eine Geschichte über Frauen. Wie in den meisten häuslichen Dramen spielen die Männer hier nur eine Nebenrolle. Sie stehen am Rande der Bühne, soufflieren und setzen die dramatischen Akzente, aber die Akteure sind die Frauen, und sie sind es auch, die sich an die Wahrheit erinnern: Golgols verwitwete Tante Maryam, Huri, Alis Kusine und die Frau des älteren Bruders, Alis Mutter Begom, Golgols Mutter Perijan und als Nebendarstellerin ihre Kusine Leila.

Begom und Maryam waren Nachbarn. Sie lebten räumlich eng beieinander, waren aber nicht verwandt und verhielten sich für gewöhnlich eher zurückhaltend, wenn sie sich regelmäßig am Wasserkanal und später am öffentlichen Wasserhahn vor ihren jeweiligen Höfen trafen.

Maryam, Golgols Tante, die verwitwet und kinderlos ist und der das Wohlergehen der ganzen Großfamilie am Herzen liegt, besonders das ihrer Lieblingsnichte Golgol, sagt zu der Geschichte:

»Unsere Familie ist nicht eng mit Akbar und Begom verwandt, nur ein bißchen. Wie sollen wir sie da kennen? Begom, na gut, das ganze Dorf hütet sich davor, in ihre Schußrichtung zu geraten. Ihre Zunge ist schärfer als ein Schwert und tödlicher als eine Kugel, und ein loses Maul hat sie auch. Ihr Mann hat keine ruhige Minute in seinem Leben gehabt, man braucht sich nur seine mickrige Gestalt anzusehen, um zu wissen, was los ist. Aber sie sind anständige Leute, so halbwegs wenigstens, und wir alle dachten, daß ihr jüngster Sohn Ali ganz gut geraten wäre, viel besser als sein Bruder oder seine Schwestern mit ihrem losen Mundwerk. Mehri wird nie einen Mann finden, wenn sie nicht ihren Mund hält und vernünftig wird. Aber wie dem auch sei, Begom lag nach einer guten Frau für Ali auf der Lauer. Sie kannte Golgol natürlich – sie hielt sich auf dem laufenden über die Mädchen in unserer Familie, ich wußte, daß es so kommen würde. Als Begom anfing, nett mit mir zu reden, mich respektvoll ›Tante Maryam‹ zu nennen und mir am Wasser den Vortritt zu lassen, hätte ich wissen sollen, was sie im Schilde führt. Eines Nachmittags kam sie mit ihrer Spindel die Stiege zu mir herauf, setzte sich hin, rauchte mit mir eine Pfeife und tat ganz zuckersüß. Ich traute kaum meinen Ohren. Danach kam sie immer wieder. Einmal hatte sie eine Pfeife mit Tabak dabei, ein andermal brachte sie eine Schale Joghurt, dann getrockneten Käse mit. Einmal fragte sie mich um Rat, am nächsten Tag brachte sie einen Beutel Brombeeren, dann wieder... Na gut, ich hatte den Wink verstanden. Sie sprach darüber, was für ein guter Sohn Ali doch sei, und über sein Gehalt und ihre zwei Kühe und zehn Schafe und Ziegen und ihren Obstgarten mit Apfelbäumen (das soll ein Obstgarten sein, diese zehn mickrigen Bäume), und daß sie alle große Stücke auf Ahmad und Perijan und ihre Söhne und Töchter hielten. Als ob ich nicht gewußt hätte, woher der Wind weht. Ich habe es Perijan erzählt. Ich habe sie gewarnt. ›Peri‹, habe ich gesagt, ›sie wollen Golgol. Ich sage weder ja noch nein. Begom hat so eine messerscharfe Zunge und der alte Akbar hat noch nie sonderlich viel hergemacht, und sein Sohn auch nicht, und sie haben nicht viel Land oder etwas anderes, was zählen würde, aber dann wiederum ist Ali ja ein anständiger Bursche, gebildet ist er auch, und er hat ein Gehalt. So denk mal darüber nach und entscheide dich.‹ Und als Akbar dann zu guter Letzt um ihre Hand anhielt – das heißt Begom übernahm das: Mit einem guten Essen und mit Joghurt hat sie Alis Chef von der Bank dazu gebracht – Ahmad konnte zu einem Gentleman von der Bank aus der Stadt ja nicht nein sagen, und Peri, sie sei gesegnet, sagte ›Das ist ihr Schicksal‹. Sie hatte natürlich recht. Wären Akbar oder Ali oder sein Bruder selbst gegangen, hätten sie nein gesagt, aber Begom ist schlau.

»Golgol war zu dieser Zeit in der achten Klasse. Sie weinte sich die Augen aus, aber das tun alle Mädchen, also spielt es keine Rolle. Sie wollten, daß sie erst einmal die Schule zu Ende macht und Geld verdient, so kam es, daß sie noch weiterlernte. Als Ahmads Mutter starb, konnte man natürlich keine Hochzeit feiern, und kurz danach hatte unser ältester Bruder, Gott sei ihm gnädig, seinen schrecklichen Unfall. Obwohl man sich über den Brautpreis einig wurde (und der war viel zu niedrig, sage ich, fünfzehntausend Toman und das meiste haben wir diesen Bettlern noch erlassen, nicht daß Ahmad außer Ehre und Stolz viel mehr als sie hat) und obwohl der Ehevertrag aufgesetzt war und Bruder Kerim und Golgols Bruder in der Stadt schon das ganze Bettzeug und die Küchenutensilien eingekauft hatten – sogar ein Gasherd war dabei – und die Kleidung und Geschenke, alles nur vom Feinsten, und das meiste bezahlten sie aus ihrer eigenen Tasche, hätten wir unmöglich eine Hochzeit feiern können, weil Golgols Onkel gerade erst unter der Erde war. Und dann wurde Ahmad selber schwer magenkrank, so daß wir ihn ins Krankenhaus bringen mußten. Es ist schon wahr, daß Ali mitging und Tag und Nacht bei ihm blieb; die besten Ärzte, die besten Medikamente, keine Ausgabe wurde gescheut, hier ein Taxi, da ein Taxi, Obst und Süßigkeiten. Was konnte Ahmad nach dieser

Demonstration der Ehrerbietung noch sagen? Die Hochzeit wurde durchgezogen, sobald es mit Anstand möglich war, natürlich in aller Stille, keine Musik, kein Tanzen, und das obwohl das noch vor der Revolution war und Hochzeiten damals als große Feste gefeiert wurden. Aber eine derartige Festlichkeit hätte Ahmads Verwandte verärgert. Dennoch gab es ein großes Essen. Ich habe den ganzen Tag und die halbe Nacht gekocht, und wir haben drei Schafe und zwei Ziegen geschlachtet. Perijan hat während der ganzen Zeit geweint. Sie wußte mehr als wir. Bruder Kerim hat sie sogar mächtig ausgeschimpft, weil sie nicht mit dem Weinen aufhörte.

»Die Schulleiterin der Mädchenschule in Deh Rud unten am Fluß kannte Golgol und wollte sie als Sekretärin einstellen. Begom und Ali dachten an das Gehalt, das Golgol bekommen würde, und sagten ja, diese Heiden. Kein gutes Pflaster, dieses Deh Rud. Hitze, Fliegen, Schmutz, drückende Luft, lauwarmes Wasser, und die Leute dort wissen mehr, als für andere gut ist. Ali fuhr immer zwischen Deh Rud und Deh Koh hin und her, die Berge rauf und runter auf seinem Motorrad. Wir mochten es gar nicht, daß Golgol dort den ganzen Tag allein war. Das gehörte sich nicht.

»Als die Leute anfingen, darüber Bemerkungen zu machen, ging Begom hin und blieb eine Zeitlang bei ihr, dann kam Alis Schwester Mehri, dann wechselten sein Bruder Sadrullah (der findet wohl niemals eine Arbeit) und seine Frau Huri einander ab und lebten auf Alis Kosten. Allesamt Bettler. Dann wurde Golgol schwanger, aber sie haben es keinem von uns erzählt, nicht einmal Golgols eigener Mutter. So sind diese Leute. Da wir ja nicht wußten, daß sie schwanger war, konnten wir auch nichts für sie tun; keine Vitamine, kein Amulett, nichts. Und sie ließen sie dort leben, allein und ungeschützt. Natürlich fühlten sich Ali und Golgol auch nicht wohl in Deh Rud. Sie wollten hier in Deh Koh leben, aber sie wußten genau, daß Begom und Mehri ihnen das Leben zur Hölle machen würden, das hat er Perijan selbst gesagt.

»Eines schönen Morgens wusch Golgol gerade das Geschirr

am Bewässerungskanal (so primitiv leben die in diesem Dorf, sie haben noch nicht einmal eine Wasserleitung), als eine Frau sich neben sie setzte. Sie hatte eine Menge Perlenketten um den Hals. Solche Ketten aus verschiedenen Perlen gegen Krankheiten und Schmerzen und zum Schutz trugen die Frauen bei uns auch einmal. Huri hat noch viele von diesen Perlen, aber in Deh Koh sind wir klug genug, sie nicht zu tragen. Sie sind immer gefährlich, man weiß nie, welche Kräfte sie haben. So kam es, wie es kommen mußte – Golgol bekam plötzlich so schreckliche Schmerzen im Rücken und im Bauch, daß sie noch nicht einmal mehr aufstehen konnte, und etwas später hatte sie dann die Fehlgeburt. Was sind das nur für Frauen in Deh Rud! Ganz sicher hatte die Frau eine ›Kinderperle‹, und natürlich ist das für ein ungeborenes Kind tödlich. Falls hier eine Frau überhaupt so eine Perle trägt, sagen wir einmal, um sich selbst zu schützen – eigentlich ist die Idee ja gar nicht so schlecht; ich wünschte, Huri hätte Golgol eine gegeben –, so wäre sie wenigstens rücksichtsvoll genug, sie nicht in der Nähe einer anderen Schwangeren zu tragen. Für uns wäre das eine Sünde. Aber in Deh Rud – sie sollen allesamt verdammt sein, diese Frauen!

»Wie dem auch sei, immerhin sagten danach selbst Alis Verwandte, daß Deh Rud nichts für Golgol sei. In seiner Güte hatte Ahmad Ali ein Stück Land geschenkt, damit er mit den Ersparnissen aus Golgols Gehalt ein Haus bauen konnte, weil Begom sich nicht von einem Stück ihres eigenen Landes trennen konnte. Er bot ihm sogar seine Hilfe an, weil Akbar zu alt und verbraucht ist, um noch irgendwie zu arbeiten. Aber sobald Ali angefangen hatte, Zement und Steine anzufahren, begann Begom mit dem Gezanke und Genörgel, denn da ging ihr plötzlich auf, daß sie ans andere Ende des Dorfes ziehen und mit unserer Verwandtschaft leben müßte. ›Ich geh nicht weg‹, schrie sie wie ein Kind, ›ich bleibe hier‹. Sie wurde wütend, als ich ihr sagte, daß wir alle dankbar wären, wenn sie hierbleiben würde.

»Schließlich bekam Golgol durch ihren Onkel Kerim den Job an der Schule hier, so daß sie diesen schrecklichen Ort dort unten am Fluß verlassen konnte. Natürlich mußten sie bei Akbar wohnen, wo denn sonst? Der jüngste Sohn muß bei seinen Eltern bleiben. Schon vom ersten Tag an machte Begom ihrem Ruf alle Ehre: ›Das darfst du nicht essen, geh dort nicht hin, tu dies, tu das‹, so ging das den ganzen Tag lang, und wenn Begom einmal den Mund hielt, fing Mehri an. Und dann diese nicht enden wollenden Hinweise auf das, was sie und Mehri alles brauchen würden, hier einen Rock, da eine Visite beim Doktor, dies und jenes und das ununterbrochen. Begom mischte sich auch in all ihre Angelegenheiten, und den kleinsten Krümel auf Golgols Teppich machte sie zu einem riesigen Dreckhaufen, wenn sie in ihrem schmutzigen Zimmer saß und tratschte. Wenn Golgol auch nur einmal mit mir ein paar Worte auf der Gasse redete, schimpften sie mit ihr, und Golgol sah ihre eigene Mutter wochenlang nicht, weil sie sie nicht dorthin gehen ließen. Ali war auch nicht glücklich darüber, aber er sagte, er würde so rasch an dem neuen Haus arbeiten, wie er nur könnte, sie sollte also einfach ihren Mund halten und nicht widersprechen. Das ist ja leicht gesagt, wenn man nie zu Hause ist, sage ich, und außerdem, wenn er zu Hause war, waren sie sehr nett zu Golgol, reichten ihr den Zucker für den Tee, gaben ihr ein Kissen für den Rücken, und Mehri bot sogar an, das Geschirr abzuwaschen. Aftab hat es gesehen, und ich auch. Hinter seinem Rücken jedoch – man kann sich gar nicht vorstellen, welche Intrigen sie da ausheckten! Begom ist ja so furchtbar altmodisch und lehnt es ab, auf dem Gasherd zu kochen. Aber als Golgol zum ersten Mal selbst darauf kochte, schütteten Mehri oder Begom – eine ist schlechter als die andere – heimlich eine Handvoll Salz in den Reis, damit ihr Essen für Ali ungenießbar wurde. Sie ist ein so ruhiges und wohlerzogenes Mädchen, unsere Golgol, und die meiste Zeit hat sie nichts gesagt, aber wer kann schon dieses dauernde Genörgel ertragen? So war sie, sie arbeitete den ganzen Tag, brachte ein gutes Gehalt mit nach Hause, so daß sie alle zu essen hatten – und so gut haben sie noch nie vorher gegessen –, sie wurde respektiert, war ehrlich und auch hübsch, man hätte denken können, daß sie sie gemocht hätten, aber nein, es gab nur böse Worte, seit sie über ihre Schwelle getreten war. Ali mochte sie schon gern, aber seine Mutter und seine Schwester waren eifersüchtig. Hinter ihrem Rücken erzählten sie ihm Lügenmärchen. Und als sich Golgol endlich über sie beschwerte, verprügelte er sie, derselbe Ali, der gesagt hatte, daß seine Mutter und seine Schwester eine böse Bande seien. Ich selbst habe sie mit einem blauen Auge gesehen, den Schleier hatte sie halb übers Gesicht gezogen. ›Die Kuh hat mich getreten‹, sagte sie. Welche Kuh? Hat sie vielleicht im Stall die Kühe gemolken? Oh nein, wir wußten alle, was da vor sich ging. Ich sagte es Bruder Kerim, aber er sagte nur, wir sollten sie in Ruhe lassen. Golgol würde schon lernen, sich einzufügen. Perijan habe ich es nicht erzählt, sie hätte sich nur aufgeregt. ›Alles ist in Ordnung‹, sagte ich ihr.

»Aber Ali war klug genug, ins neue Haus zu ziehen, sobald auch nur der Putz in einem Zimmer trocken war. Jetzt endlich würde es friedlich werden, dachten wir. Aber inzwischen hatte sich Begom in den Kopf gesetzt, daß sie doch lieber ein Haus auf ihrem eigenen Grund und Boden haben wollte, und zwar auf diesem Trümmerhaufen hinterm Dorf. Sie ließ nicht locker. Ali solle sein Haus aufgeben und ein neues bauen, andernfalls würde sie nicht aus dem alten ausziehen, und es wäre eine Schande für ihn, weil der jüngste Sohn die Eltern versorgen soll, und wenn sie nicht bei ihm wohnten, würde das deutlich machen, daß er ein schlechter Sohn sei. Zu Hause erklärte ihm Golgol, wieviel Geld sie dabei verlieren würden, und daß es da, wo sie jetzt wohnte günstiger war als auf dem steilen Feld seines Vaters, aber zum Schluß hörte er doch mehr auf Begom als auf Golgol – es ist ja immer das lauteste Rad, das geölt wird –, und er war wieder böse auf Golgol und verprügelte sie.

»Und als Ali eines Tages zur Stadt gefahren war, um noch mehr Zement zu holen, sollte Mehri Golgol Eis aus dem Kühlschrank bringen, den sie noch bei Begom gelassen hatten. Golgol mußte nämlich für die Arbeiter Limonade machen. Es war ein heißer Tag. Aber wie lange sie auch wartete, Mehri kam nicht, und Golgol mußte sich Eis von einer Nachbarin ausleihen, was peinlich war. Als Ali am nächsten Tag zurückkam, erschien auch Mehri. Golgol fragte sie, warum sie nicht am Tag zuvor gekommen sei, und sie antwortete, sie hätte keine Zeit gehabt. Sie hatte keine Zeit, ach du meine Güte! Darauf meinte Golgol, daß sie anscheinend nur Zeit hätte, wenn Ali da wäre. Mehri war darüber wütend, und als Ali abends wegen irgendeiner Angelegenheit zu seinem Vater kam, meckerte sie. Als er wieder zu Hause war, verprügelte er Golgol, ohne ein Wort zu sagen.

»Daraufhin hatte sie die Nase voll und ging nur mit dem, was sie auf dem Leib trug, in Arbeitskleidung, zu ihrem Vater. Wer kann ihr das schon verübeln? Es geschah ihnen auch recht. Jetzt wußte das ganze Dorf, was da vor sich ging. Es war eine Schande für sie. Ziemlich lange hatten sie noch nicht einmal den Mut, jemanden zu Ahmad zu schicken, um Golgol zurückzuholen, denn sie wußten, daß Ahmad nein sagen würde. Zu guter Letzt hatte Ali einen schrecklichen Streit mit seiner Mutter und verlangte von ihr, sie solle die alte Seyed Shansi, eine Seyed aus der Familie unseres Propheten und eine Verwandte Ahmads, eine sehr respektierte Frau, hinschicken. Die schimpfte mit Ali und Begom, aber schließlich tat sie es doch, weil es ein religiöser Verdienst ist, wenn man Frieden stiftet. Das gilt besonders für eine Seyed. Bedenkt man, wer sie war, kam es natürlich nicht in Frage, ihre Bitte abzulehnen. Wenn irgend jemand anderer gekommen wäre, hätten wir durchgehalten und hätten richtig hart verhandelt. Aber mit ihr ... nun gut, sie nahm Golgol wieder mit zu Ali. Jetzt überlegen sie es sich sicherlich zweimal, bevor sie Golgol das Leben wieder schwermachen; und wir werden ja sehen, was Gott noch mit ihr vorhat.«

Huri, die Frau von Alis Bruder, eine junge Frau, arm und abgearbeitet, hat ihre Perlen aufbewahrt, und Erkenntnisse und Einsichten gewonnen, die für ihr Alter recht erstaunlich sind. Huri sagt:

»Ach du meine Güte, dieses ganze Getue. Wer kümmert sich schon darum, wenn Begom mit mir streitet, oder wenn mein Mann mich verprügelt? Allerdings ist da auch ein Unterschied: Golgol kommt aus einer Familie mit Landbesitz, wenigstens mütterlicherseits; ihre Verwandten sind zur Schule gegangen, sie haben Gehälter, sie sind anerkannt, während Akbar und mein

Mann Sadrullah nur ein paar Felder an den Hängen haben, ein paar Bäume und Tiere und krumme Rücken von der harten Arbeit. Geld ist nicht alles, aber kein Geld zu haben, ist schlecht. Als Begom andeutete, daß Ali eine von Ahmads Töchtern haben wollte, sagte ich ihnen, daß das Ärger geben würde. Sie sind ein starrköpfiger Haufen und grundlos stolz – hochmütig, würde ich sagen, wenn ich sie mir so betrachte. Natürlich fing der Ärger schon sofort beim Brautpreis an. Sie verlangten Unsummen für das Mädchen, als ob sie die Schätze des Schah mitbringen würde. Unser Mullah mußte sie zur Vernunft bringen, aber dennoch verschuldete sich Ali bis über beide Ohren, und ich glaube, daß sogar Sadrullah ihm geholfen hat, obwohl wir bei Gott selbst auch nichts haben. Aber wenn man sich das anschaut, was sie als Mitgift gegeben haben, ach du meine Güte, dann war das nicht viel mehr als das, was ich von meinem Vater bekommen habe, und der ist nur ein einfacher Bauer. Ali schämte sich so sehr wegen ihrer kleinen Teppiche, daß er selbst in die Stadt fuhr, noch einen Kredit aufnahm und einen schönen, großen Teppich kaufte, damit die Leute nicht sagen würden, wie schäbig alles sei.

Nun gut, als das alles geregelt war, begannen Ahmads Leute mit dem Nicht-Heute-Vielleicht-Morgen-Spiel und verschoben die Hochzeit von einem Monat auf den anderen; immer fanden sie eine neue fadenscheinige Ausrede, nur um anzugeben. Natürlich, das Dorf ist inzwischen so groß, daß es schwierig ist, Hochzeiten zwischen den verschiedenen Trauerzeiten einzuplanen. Es sterben zu viele. Ihrem Vater paßte das aber sehr gut, weil er dadurch die Ausgaben für die Musiker und das Fest streichen konnte. Sogar ich hatte eine anständige Hochzeit, an die sich die Leute immer noch erinnern, obwohl ich aus einer einfachen Familie komme, die nicht lesen und schreiben kann und ungebildet ist. Golgol bekam nichts, sie holten sie ohne jede Musik ab. Wir gaben aber ein großes Essen, und sie machten ein kleines, nur für die Familie, das war alles. So ist es natürlich billiger.

Aus Liebe zu Gott sind Sadrullah und ich viele Nächte bei ihr dort unten in Deh Rud geblieben. Ich saß da nicht nur faul herum. Selbst wenn ich es wollte, glaube ich nicht, daß ich die vielen Abendessen, die ich für sie gekocht habe, und all die Brotfladen, die ich für sie gebacken habe, zählen könnte. Keiner hat das jemals für mich getan, außer meiner Mutter, als ich krank war. Aber man konnte genau merken, daß Golgol es gar nicht mochte; sie hat es gar nicht richtig geschätzt, was wir für sie taten. Sie ist ja ganz nett – ich bin immer gut mit ihr ausgekommen, aber ich lege sowieso keinen Wert auf Klatsch und Streit – aber sie gibt einem immer das Gefühl, daß sie etwas Besseres ist als wir. Nicht ein einziges Mal hat sie mich hier besucht, obwohl sie viel jünger ist als ich, nicht einmal dann, als ich im letzten Jahr krank war. Sie nimmt auch keine guten Ratschläge von uns an, was sie eigentlich sollte, wenn man bedenkt, daß sie jung und unerfahren ist. Diese Mädchen, die von der Schule kommen, wissen wirklich nichts über den Haushalt, sie haben keinen gesunden Menschenverstand. Zum Beispiel habe ich sie, genau wie Begom und Sadrullah, vor den Frauen in Deh Rud gewarnt; die kennen alle Tricks, die es gibt, auch die schwarze Magie. Eines Tages, Sadrullah war gerade bei ihr, fand sie eine Schachtel mit Süßigkeiten auf dem Fensterbrett. Sadrullah nahm sie ihr weg und untersuchte die Süßigkeiten genau. Golgol machte sich über ihn lustig. Tatsächlich fand er in einer der Pralinen ein kleines Stück Papier. Es war klar, daß jemand etwas gemacht hatte, um ihr zu schaden. Er warf die ganze Schachtel weg. Weiß Gott, was Golgol passiert wäre, wenn Sadrullah nicht dagewesen wäre, um aufzupassen.

Wenn sie wirklich jemals schwanger war, wie sie nun behauptet, hätte sie es uns sagen sollen. Aber es paßt zu ihr, daß sie solche Neuigkeiten für sich behält. Hätten wir es gewußt, hätten wir Almosen geben können und ihr ein Amulett gemacht. Wir hätten Heilmittel gegen Erschrecken besorgt, hätten eine Pilgerreise zu einem Heiligen gelobt. In einem fremden Dorf muß man auf der Hut sein. An dem Tag, an dem sie, wie sie behauptet, die Fehlgeburt hatte, war Ali in die Stadt gefahren, ohne uns etwas davon zu sagen. Sadrullah sollte am nächsten Tag zu ihr gehen.

Es war der reine Zufall, daß nur dieses dumme einheimische Mädchen, das ihr im Haushalt half, während des Erdbebens bei ihr war. Man kann zwar nichts gegen Erdbeben unternehmen, aber die halbfertige Steinmauer fiel ein, und Golgol fürchtete sich und schrie. Als Sadrullah dort ankam, bot er an, ihr ein Auto zu besorgen, um sie zur Stadt zu fahren, aber stur wie sie ist, lehnte sie ab. Als Ali am nächsten Tag zurückkam, behauptete sie, eine Fehlgeburt gehabt zu haben, und er fuhr sie zum Arzt in die Stadt. Zufällig war auch Golgols jüngerer Bruder an diesem Tag dort, und der traf zufällig jemanden, der ihm erzählte, daß sie im Krankenhaus war. So kam es, daß ihre Leute eher davon wußten als wir, und das war wieder ein Grund für einen riesigen Aufruhr. Diese Rotznase von einem Jungen hätte es uns auch sagen können, das hätte ihm doch nicht weh getan. Er hat das bestimmt absichtlich gemacht, ich weiß es.

Dann versuchte Ali, hier einen passenden Job für sie zu finden. Aber sie sagte, sie würde nur hierherziehen, wenn er ein Haus für sie bauen würde, weil sie nicht in Akbars schäbigem Haus mit Begom zusammenleben wollte. Ich selber habe dort sechs Jahre gelebt, das stimmt, und ich habe nie ein Wort gesagt, obwohl Begom ein richtiger Teufel ist und mich überhaupt nicht mag, während sie Golgol ganz gut leiden kann. Golgol ist hübsch und hat ein Gehalt. Meine Haut ist dunkel, und ich habe kein Gehalt, das ist die Wahrheit. Sie hat Golgol immer nur halb soviel geärgert wie mich. Nun gut, Begom und Akbar hatten auch genug von dem alten Haus mit dem undichten Dach und dem schmutzigen Scheunenhof, und sie sagten, sie sollten am besten das alte Gebäude abreißen und ein neues an dieselbe Stelle bauen und nicht in eins der Felder, die alle ziemlich weit abseits liegen.

Jetzt haben natürlich schon viele Leute draußen in den Feldern Häuser gebaut, es ist wie ein zweites Dorf, aber damals war es sehr einsam dort. Golgol gefiel das gar nicht, und sie lag Ali in den Ohren, daß es unpraktisch und zu weit von der Schule entfernt wäre, und der Hügel sei so steil, und was nicht noch alles. Natürlich sind hier überall Berge, unser Haus liegt auch nicht an einer ebenen Stelle, ich wünschte, es wäre so. Sie hat sogar ihren Vater und ihre Brüder bearbeitet, damit sie ihnen ein Stück Land in dem Obstgarten hinter ihrem Haus verkaufen, was sie auch taten. Wir waren alle dagegen; warum sollten Begom und Akbar in einen Teil des Dorfes ziehen, in dem sie kein Land und keine Verwandten haben? Aber sie machten Ali weich und gefügig, und er nahm einen riesigen Kredit auf und fing an, Steine und Zement herbeizukarren, denn ihr Haus sollte nicht ein so einfaches Lehmhaus wie das unsrige sein. Diese Häuser sind altmodisch, nicht gut genug für jemanden mit einer Frau, die ein Gehalt und einen Schulabschluß hat. Er rackerte sich ab, und Sadrullah vernachlässigte seine eigenen Felder und ging nicht zur Stadt, um eine Arbeit zu finden, was er sonst jeden Winter macht, sondern er blieb hier und half wochenlang seinem Bruder. Dann hatten sie viele Arbeiter, und ich ging und half Golgol beim Essenkochen. Dafür gab es dann gewöhnlich nur ein Dankeschön oder ein ›Möge Gott dir deine Güte entlohnen‹. Sie ist sehr fromm, unsere liebe Golgol. Das ist jetzt nach der Revolution äußerst praktisch.

An dem Tag, als sie weglief, bauten sie gerade den Stall und hatten ein paar Arbeiter da; sie sagte, sie würde kein Essen kochen, als sie am Nachmittag nach der Schule nach Hause kam. Ein wirklich nettes Gerede war das. Ali sagte, warum nicht, und sie meinte, da sie den Stall für Begoms Kühe bauen würden, sollten Begom und Mehri das Essen kochen. Als ob sie nicht später das Joghurt und die Butter von der Kuhmilch essen würde! Nun gut, Ali war böse auf sie, und sie ging einfach mitten in der Arbeit weg; sie nahm sogar ihren Schmuck mit. Wieder mußten wir alle einspringen, und es war schon ein besonderes Gefühl, hochzuschauen und über die Bäume hinweg Golgol und ihre Mutter so fein herausgeputzt auf dem Dach ihrer Nachbarin sitzen zu sehen.

Ali wollte Golgol gleich zurückholen und sie verprügeln, damit sie wieder zu Verstand käme, aber wir sagten nein, das hätte übereifrig gewirkt, er sollte sie erst einmal eine Weile in ihrem eigenen Saft schmoren lassen. Ihre Leute sollten richtig besorgt sein, daß er sie vielleicht nicht wiederhaben wollte. Es funktionierte auch. Sie ließen hier und da kleine Bemerkungen fallen und fragten Akbars Verwandte nach Ali, und was nicht noch alles. Sie brachten sogar Seyed Shansi, die mit ihnen verwandt ist, dazu, sich als Vermittlerin anzubieten. Ali wollte in den Augen der Leute nicht ungebührlich stolz erscheinen, und so sagte er zu guter Letzt ja und nahm sie wieder zu sich. Ihre Leute waren alle heilfroh, sie wieder loszuwerden. Ich bin sicher, daß sie Golgol zu Hause verprügelt haben, um ihr Benimm beizubringen. Ich glaube, daß es jetzt besser ist mit ihr, obwohl ich nicht weiß, was passieren wird, wenn Begom erst einmal dort bei ihnen einzieht. Sie ist ein Drachen, und Mehri ist eine Schlange, und Golgol ist eine Prinzessin. Sie werden niemals in Frieden zusammenleben.«

Begom, Alis streitsüchtige Mutter, die mehr schwere Zeiten erlebt hat, als sie aufzählen möchte, und die dabei kalt und hartherzig geworden ist, setzt nun im Alter alle Hoffnungen auf den einzigen Sohn, der es zu etwas gebracht hat. Sie sagt dazu:

»Ali hätte jedes Mädchen bekommen können, das er hätte haben wollen. Es war eine gute Tat, daß wir nach einer von Ahmads Töchtern gefragt haben, weil sie viel mehr haben, als sie unterbringen können, ich meine Kerims Leute. Maryam hat ihr Letztes gegeben, es war einfach skandalös, wie sie ständig dabei war, uns zu überreden, doch eines von den Mädchen zu nehmen. In dieser Zeit hatten sie ungefähr ein halbes Dutzend Töchter im heiratsfähigen Alter, und es waren keine Freier in Sicht. Eines muß ich Maryam lassen: Sie hat sich richtig angestrengt, für Golgol einen guten Ehemann zu finden, und obwohl ich Ali gewarnt habe, daß sie eine hochnäsige Bande sind und daß es Ärger geben würde (und wie recht hatte ich!), wollte er eine Frau mit Schulbildung; er ist ja selbst so ein kluger und gebildeter Mann. Gott sei gelobt. Wie sehr habe ich ihn gewarnt! Ich sagte, wenn schon, dann solle er sie sofort heiraten, solange sie noch jung genug ist, sich einer Familie unterzuordnen, und nicht erst später, wenn sie glaubt, alles zu wissen, halsstarrig wird und nicht mit der Verwandtschaft ihres Mannes zusammenarbeiten will. Aber wieder hörte er nicht und ließ ihr ihren eigenen

Willen, obwohl ich ihn gewarnt habe: ›Ali‹, sagte ich, ›mit diesen Frauen, die ihr eigenes Gehalt haben, ist es immer dasselbe. Anstatt ihren Schwiegermüttern zu helfen, spielen sie die vornehme Dame. Für die paar hundert Toman, die sie heimbringen, meinen sie, beleidigend werden zu können und jeden herumkommandieren zu dürfen! Und es ist wahr! Sie können noch nicht einmal ein anständiges Essen für ihre Männer kochen. In der Tat, was hätte ich ohne Mehri getan, ich weiß es nicht. Sie ist fleißig, ein gutes Mädchen. Ich habe mich versündigt, weil ich sie nicht früher habe heiraten lassen – es geschah nicht aus Mangel an Freiern, aber wie hätte ich all die Arbeit bewältigen können? Golgol hat ganz sicher niemals auch nur einen Finger gekrümmt.

Kerim hat die Verhandlungen geführt, und das in einer schamlosen Weise. Er hat Ali ausgequetscht. Mit dem Geld, das er von uns bekommen hat, hat Ahmad sein Dach wasserdicht teeren lassen, anstatt es für Golgols Aussteuer auszugeben. Er hat seine eigene Tochter betrogen, und Kerim gab dazu seinen Segen. Die ganze Angelegenheit war von Anfang an nicht in Ordnung. Das beweist nur, daß ich Recht hatte. Ganz tief im Herzen denke ich, daß sie Ali verzaubert haben, um ihn blind zu machen und ihn dazu zu bringen, Golgol gegen alle Vernunft zu wollen. Wie sonst soll man es sich erklären, daß er nicht auf mich gehört hat? Dennoch wäre die Heirat fast nicht zustande gekommen, weil Golgol sich in den Kopf gesetzt hatte, Lehrerin werden zu wollen und Ali nicht zu heiraten. Und diese Narren haben auf sie gehört! Ich verstehe die Welt nicht mehr. Jetzt wünschte ich natürlich, wir hätten sie damals fallenlassen, aber der arme Ali – er gibt selbst zu, damals verhext gewesen zu sein –, er wartete geduldig, bis sie zu Verstand gekommen waren. Ich meine, sie fiel bei der Aufnahmeprüfung durch, und dann war Ali gerade gut genug für sie.

Ali hätte sie nicht nach Deh Rud gehen lassen sollen, aber der arme Mann war von ihrer Verwandtschaft blind gemacht worden. Später haben sie selbst gesehen, wie gefährlich es war, und das gab Perijan und Maryam einen weiteren Grund, uns zu verleumden, wenn sie behaupteten, wir hätten Golgol dorthin geschickt, weil wir gierig auf ihr Geld gewesen wären. Ali hat nichts davon bekommen, er hat es selbst gesagt. Dort unten ging ihr Geld für die Miete drauf. Und wenn einer von uns dort hinging, um bei ihr zu sein, haben wir ihnen immer Eier, Butter, Mehl oder sogar ein Huhn mitgebracht. Es war ein Verlustgeschäft, kein Gewinn. Aber immer, wenn einer von uns dort unten war, fand Golgol tausend Gründe, warum wir wieder nach Hause gehen sollten – das war sehr peinlich, die Nachbarn bekamen ja alles mit. Als ob es uns Spaß gemacht hätte, dort zu sein, unter Fremden, an zwei Orten zu arbeiten, von der beschwerlichen Reise dorthin ganz zu schweigen. Es gab damals noch keinen Taxidienst zwischen den beiden Dörfern. Als sie die Fehlgeburt hatte, hatte sie einen Tag vorher Mehri und mich fortgeschickt, angeblich damit wir meine kranke Schwester besuchen könnten. An der Fehlgeburt war sie alleine schuld, weil sie so sorglos mit dem Bösen und den gefährlichen Kräften, mit denen wir leben – Gott erbarme sich – umgeht und sich nicht durch Perlen, Rauchopfer und Amulette schützte. Das ist auch noch so etwas, was einige gebildete Frauen falsch machen. Das ganze Mißgeschick war ihr eigener Fehler, aber natürlich machen ihre Leute uns dafür verantwortlich. Erst dann, und nicht früher, haben sie Golgol gedrängt, nach Hause zu kommen. Ali hat wegen seiner guten Kontakte hier einen Job für sie gefunden, weil sie trotz des Aufruhrs, den ihr Aufenthalt in Deh Rud verursacht hat – Ali hat sich durch die Hin- und Herfahrerei jeden Tag fast umgebracht – gesagt hat, daß sie ohne Job und wenn Ali kein anderes Haus für sie finden würde, nicht hierher ziehen würde. So hat Ali – er muß wirklich verhext gewesen sein, ich schwöre es – gegen meinen guten Rat eine andere dumme Entscheidung getroffen. Er hat einen schrecklich hohen Kredit aufgenommen und angefangen, ein Haus auf Ahmads Land zu bauen (Golgol bestand darauf!), anstatt nur einen winzigen Teil des Geldes auszugeben und dieses Haus, das ja hier zur Verfügung steht, zu reparieren und auszubauen. Es ist gut gelegen, nahe am Wasser; und wir hätten die Gebäude im Hof von Akbars Vetter billig haben können, weil sie gerade auszogen.

Wir zogen aus unserem guten Zimmer aus und überließen es Ali und Golgol. Das war ein großes Opfer, weil dieser alte Raum auch gleichzeitig Küche und Vorratsraum ist. Er ist alt und schwarz vom Ruß, und das Dach ist undicht. Golgol ging sogar so weit, ihr Zimmer abzuschließen, wenn sie morgens wegging. So konnten wir das Zimmer noch nicht einmal für Besucher benutzen. Sie sagte, wir würden bei ihr herumschnüffeln! Dabei ist es so, daß einmal ein Bündel mit Bettzeug, das sie nachlässig auf den Haufen von Haushaltsutensilien geworfen hatte, der eigentlich fein säuberlich an einer Wand entlang aufgestapelt und mit einem Kelim, den eine Braut zur Hochzeit bekommt, bedeckt sein sollte, heruntergefallen und aufgegangen war, und alles auf dem Fußboden verstreut lag. Sie ist rundherum eine schlechte Hausfrau. Wir hatten den Krach gehört, und Mehri und ich waren gerade dabei, das Durcheinander aufzuräumen, als sie hereinkam. Statt aus Dankbarkeit unsere Hände zu küssen, schrie sie uns an. Sie kann wegen nichts und wieder nichts Streit vom Zaun brechen, oder sie schmollt und sitzt allein in ihrem Zimmer und redet kein Wort. Statt Tee für uns zu machen, für ihre alte, verbrauchte Schwiegermutter und den alten, müden Vater ihres Mannes, sitzt sie seelenruhig in ihrem Zimmer und tut gar nichts, hat ein Buch vor der Nase oder kritzelt heimlich etwas, und wenn ich sie rufe und sage, ›meine Liebe, komm und trink deinen Tee‹, brummelt und murmelt sie nur vor sich hin. Höflichkeit ist ein Fremdwort für sie! Und immer ist sie hinter uns her, hinter Mehri und mir, weil wir etwas nicht richtig machen: Das Geschirr ist nicht sauber, das Wasser ist schmutzig, der Reis zu fettig, das grüne Gemüse, das man zum Brot ißt, nicht genug gewaschen, es sind zu viele Fliegen da, sie beschwerte sich sogar über die Flöhe, bei allen Heiligen, als ob es im Haus ihres Vaters keine Flöhe geben würde! Schließlich leben sie ebenso wie wir über dem Stall, und es ist ganz klar, daß man Flöhe nicht vermeiden kann, wenn man sich eine Schafherde unterhalb der Wohnung hält! Und wieviel Wäsche sie hatte! Ich glaube nicht, daß Mehri und ich sonst in einem ganzen Jahr so viel Wäsche gewaschen haben wie jetzt in einem Vierteljahr. Ich bin der Meinung, daß Sauberkeit gut ist, es wird von der Religion vorgeschrieben. Aber wenn das bedeutet, daß man mitten im Winter in kaltem Wasser waschen soll, bis einem die Hände abfallen, dann stimmt doch etwas nicht, und derjenige, der die Religion aufgeschrieben hat, hat dabei nicht richtig überlegt. Wenn sie den Mädchen in der Schule beibringen, sie sollen jeden zweiten Tag das lange Hemd wechseln, ihre Röcke ständig waschen und jedes Mal, wenn sie am Badehaus vorbeikommen, hineingehen, dann müßten sie ihnen auch eine Waschmaschine zum Schulabschluß geben, denn es ist ganz und gar ungerecht, ihnen solche Flausen in den Kopf zu setzen, wenn sie sich dann eine feine, leichte Arbeit suchen, während ihre Schwiegermütter und ihre eigenen Mütter sich für sie zu Tode schuften. Das sagte ich, und dann fing sie wieder Streit an. Als sie über meine Kochkünste meckerte, habe ich ihr gesagt, sie solle nur tun, was ihr gefiele, und so kochen, wie sie wolle. Das tat sie auch, aber es war noch unpraktischer für mich, weil wir nur diese eine Küche haben, und Ali mochte es gar nicht, weil sein Essen immer zu spät fertig war und es nie so war, wie er es gewohnt ist, und so sprach er ein ernstes Wort mit ihr und verbot ihr, mich zu kritisieren. Sie tratschte das prompt weiter, und, ach du meine Güte, hat sich Maryam auf mich gestürzt, als sie mich das nächste Mal traf! Als ob ich ihr kostbares Vögelchen erdrosselt hätte.

Golgol hat immer sehr unüberlegt gehandelt. Sie ist sehr fromm, was an sich gut ist, all dieses Beten und die Waschungen. Nun gut, wir werden sehen, wer es am Ende wirklich schafft, in den Himmel zu kommen. Aber ich weiß genau, daß sie Ali nachts seine Rechte verweigerte. Sie sagte, sie könne am Morgen nicht die rituellen Waschungen durchführen, und deshalb solle er es lassen. Wenn das keine Sünde ist, dann weiß ich nicht, was eine sein soll. Der arme Mann gab meistens auf! Ich aber habe ihm meine Meinung zu diesem Thema gesagt. Aber am schlimmsten war es während des Fastenmonats. Akbar und ich sind alt und schwach, wir können nicht fasten, Mehri hat ein Magengeschwür, sie kann auch nicht fasten. Ali, na ja, er verrichtet harte

Arbeit, und Fasten macht es einem sehr schwer, seine Aufgaben zu erfüllen. Nur ein Mensch, der es sich leisten kann, den halben Tag zu verschlafen, kann es sich auch leisten, nicht zu essen und zu trinken, besonders in der Sommerhitze. Es war in Ordnung, daß Golgol fastete, sie hat ja ein leichtes Leben. Aber es ist doch wohl einzusehen, daß man, wenn man schon fastet, das wenigstens tut, ohne das ganze Haus zu belästigen. Sie aß ihr Abendessen bei Sonnenuntergang, weil sie natürlich bis dahin hungrig war, während wir erst viel später aßen. Natürlich mußte ich es ablehnen, zweimal zu kochen. Was hätte sie wohl als nächstes gefordert? Aber noch ärgerlicher war, daß sie lange vor Tagesanbruch aufstand und ihr Frühstück machte: Feueranzünden, Wasserplatschen, Gläserklirren und Essensgeruch. Das ging alles vor sich, während wir noch schliefen und versuchten, Kräfte für die tägliche Mühsal und die Anstrengungen zu sammeln. Als ich mit ihr darüber sprach, nannte sie uns Heiden! Nun gut, Ali mußte ihr auch diese Sache klarmachen, aber seitdem ist das ganze Land diesem religiösen Wahn verfallen, und ich kann nicht mehr sagen, was ich denke.

Ich war jedenfalls froh, als sie in das neue Haus zogen. Es war ganz ausgeschlossen, daß ich dorthin ziehen würde – ein Haus in Ahmads Garten, nein wirklich, während wir unser eigenes Land auf der anderen Seite des Dorfes haben, von dem Grundstück, auf dem das alte Haus steht, ganz zu schweigen. Ich sagte ihnen, sie sollten ruhig gehen und sich nicht um uns kümmern, wir würden auch ohne sie durchkommen. Ali war wirklich ärgerlich darüber, man konnte es deutlich sehen. Einmal hat er sogar davon gesprochen, er würde sich von Golgol trennen, um in Ruhe leben zu können, aber ich habe es ihm ausgeredet. Er hatte sie geheiratet, und auch wenn sie keine gute Frau wäre, bliebe sie dennoch seine Frau, und er müsse wie jeder gute Ehemann die Verantwortung tragen. Es wäre ein leichtes gewesen, sich scheiden zu lassen, weil sie ja noch kein Kind hatten. Ich bin sicher, daß sie etwas unternahm, um nicht schwanger zu werden, nur um mich und Ali zu ärgern. Wir sahen sie selten während dieser Zeit. Natürlich ging ich nicht dorthin, und sie kam nicht hierher;

das war unhöflich, aber so ist sie. Mehri war aber fast jeden Tag dort und half ihr, für die Arbeiter zu kochen, sie brachte ihnen Joghurt und Butter; ich habe sogar ein paarmal Brot für sie gebacken, aber Mehri sagte, Golgol hätte gesagt, es wäre nicht dünn genug und zu salzig, und da habe ich mir gedacht, was soll ich mich noch anstrengen. Mehri bekam für all ihre Mühe nichts außer harten Worten. Aber als Golgol anfing, das Gerücht zu verbreiten, Mehri komme nur, wenn sie Arbeiter da hätten, mit denen sie flirten könnte, habe ich ihr verboten, überhaupt noch dorthin zu gehen, und natürlich mußte ich es Ali erzählen. Ali wurde so wütend, daß ich ihn beruhigen mußte, bevor ich ihn heimgehen lassen konnte, sonst hätte er sie umgebracht. Was er auch immer in dieser Nacht zu ihr gesagt haben mag, sie schrie nach ihrem Vater und brachte den alten Narren so weit, daß er sie bei sich behielt. Gott sei Dank, daß sie weg ist, sagte ich. Am nächsten Tag ist sie sogar heimlich mit einem Koffer ins Haus geschlichen und hat den ganzen Schmuck, ihre Kleider, den Gaskocher und andere Dinge, die ihr noch nicht einmal gehörten, mitgenommen. Aber was soll's? Ich sagte, sie könne ihn ruhig haben. Nun war Ali viel vernünftiger. Er beschloß, das Haus im Rohbau fertigzustellen und dann zu verkaufen und ein neues auf unserem eigenen Grundstück zu bauen. Wieder sprach er davon, sich von ihr scheiden zu lassen und eine bessere Frau zu suchen, aber ich sagte wieder, daß das in den Augen der anderen Leute nicht gut aussehen würde – Maryam machte sogar Andeutungen, Golgol sei schwanger –, und er solle an unseren guten Ruf denken. Außerdem sei es ein religiöser Verdienst, sich um seine Frau zu kümmern, besonders dann, wenn sie so schwierig ist wie diese, denn sie würde nicht leicht einen neuen Mann finden, wenn allgemein bekannt wird, wie schwer es ist, mit ihr auszukommen, und was für eine schlechte Hausfrau sie ist. Zu guter Letzt war Ali bereit, sie wieder aufzunehmen, aber er machte Kerim klar, daß er das nur unter der Bedingung tun würde, daß er und Golgol auf unsere Seite des Dorfes ziehen würden. Golgols Mutter gefiel das gar nicht, und Maryam machte die allerschlimmste Szene; es war ein richtiger Kampf dort unten am Wasser, aber die Leute waren natürlich auf unserer Seite, und so mußten sie die Bedingung akzeptieren. Wir haben schon einen guten Platz gefunden, in der Nähe der Hauptstraße, wo die neue Gasse gebaut wird, und dann werden wir sehen, wer der Herr im Hause ist.«

Golgols Mutter Perijan, die zu dieser Zeit wegen ihrer späten Schwangerschaft ohnehin schon unglücklich war, sich schwach fühlte und völlig durcheinander war, sagt dazu:

»Wenn ich gewußt hätte, daß es so weit kommen würde, nur über meine Leiche hätte ich sie ziehen lassen! Von allen meinen Kindern ist Golgol die vernünftigste, gütigste, klügste, und wir mögen sie am liebsten. Sie hätte Besseres verdient. Meine Schwester Maryam und mein Bruder Kerim sind an dieser Katastrophe schuld. Maryam hätte uns sagen sollen, was für Leute Begom und Ali sind; einer ist schlimmer als der andere. Wie hätten wir das wissen können, hier am anderen Ende des Dorfes? Nun macht Golgol uns Vorwürfe, wir hätten sie in diese unerfreuliche Situation gebracht. Ich weine mir die Augen aus, aber was nützt das? In dem Moment, als Golgol das Haus verließ, hatte ich das Gefühl, als wäre sie gestorben – das ist sie ja auch beinahe in Deh Rud, weil sie vernachlässigt wurde. Sie sind doch nicht einmal Moslems, so wie sie Golgol behandeln. Sie hätten sie niemals nach Deh Rud schicken dürfen, und wenn sie das schon taten, dann hätte zumindest Alis Schwester mitgehen und Tag und Nacht bei ihr bleiben müssen, nicht nur für ein paar Stunden als Gast, den Golgol auch noch bedienen muß. Wie sie so süßlich daherredeten, Golgol sei wunderbar, und daß sie sie wie eine Prinzessin behandeln würden, während sie in Wirklichkeit nur eine Dienstmagd und ihr Geld haben wollten, und wir waren zu dumm, um das zu begreifen. Nun ist es zu spät, es ist wohl Golgols Schicksal, wer kann sich gegen Gottes Willen auflehnen? Begom wußte genau, daß sie früher nichts hatten, jetzt nichts haben und niemals etwas haben würden, wenn Ali nicht eine gute Partie machen würde. Sie ist schlau, sie intrigiert, sie hat uns alle hinters Licht geführt. Wir hätten Golgol dem Sohn von Ahmads Bruder geben sollen, wie es guter Brauch ist, auch wenn er nur acht Jahre zur Schule ging und nur ein einfacher Arbeiter ist. Aber er ist ein guter Junge, und seine Familie hätte sie gut behandelt, mit oder ohne Gehalt. Wie blind wir doch waren! Vier oder fünf Freier sind gekommen, aber Maryam und Kerim sagten, Ali ist der beste. Jetzt tut es ihnen leid, wenigstens Maryam, sie entschuldigt sich hundertmal am Tag. Kerim sagt nur, daß das, was sich zwischen Golgol und Ali abspielt, normal für junge Leute sei, und wir sollten nicht darüber reden. Was weiß er schon, auch wenn er mein älterer Bruder und sehr gebildet ist.

Es ist ihr Schicksal, aus welchen unbekannten Gründen auch immer. Ich bin sicher, sie hat es nicht verdient. Sie kennt ihre Religion genau. Sie ist vertraut mit den Schriften. Sie ist fromm. Sie betet, sie fastet sogar, obwohl sie in ihrem Beruf und auch noch für Ali schwer arbeiten muß. Sie war nie so eine Frau, die sich von anderen bedienen ließ. Es muß ihr Schicksal sein, wie sonst könnte man erklären, daß alles, was wir versuchen, um ihre Lage zu verbessern, erfolglos ist? Als wir mit der Hochzeit warten wollten, bis wir ein großes Fest für sie hätten arrangieren können, haben Begom und Ali uns beschuldigt, wir würden die Hochzeit hinausschieben, und so hat Golgol noch nicht einmal eine angemessene Hochzeitsfeier bekommen. Und sie hat sich so vernünftig verhalten: Es mache ihr gar nichts aus, Musik und Tanz seien von der Religion ohnehin verboten, sagte sie schon damals, als es noch Tanz und Musik bei jeder Hochzeit gab. Und als wir zustimmten – wenn auch sehr zögerlich –, daß Ali sie mit nach Deh Rud nimmt, haben wir das nur getan, um ihr etwas Ruhe vor Begom zu verschaffen. Aber dann erschien dieser verrückte Alte – ein Irrer, den sie frei in Deh Rud herumlaufen lassen – mit einer schweren Keule in der Hand an ihrer Haustür, und obwohl sie sagte, es wäre niemand zu Hause, und er solle fortgehen und später wiederkommen, kam er einfach herein, setzte sich hin und verlangte Zigaretten von ihr. Sie war so verängstigt, daß sie ohnmächtig wurde und schließlich ihr Kind verlor. Und als wir ihr eine Nähmaschine geschenkt haben, hat Alis faule Familie sich von ihr Kleider nähen lassen, weil sie so geschickt mit allem ist, was sie anpackt. Sie hat sogar Röcke für Huri genäht – was für eine Ungerechtigkeit! Und als Begom ihr nicht erlaubte, uns zu besuchen, weil sie Angst hatte, wir könnten uns gegen sie verschwören – das würden wir niemals tun, wir sind gute Moslems –, boten wir ihnen unseren Garten an, damit sie näher zu uns ziehen und ich Golgol etwas bei der Arbeit helfen könnte, weil ihr weder Begom noch Mehri helfen. Und wie schrecklich endete diese Geschichte dann für sie! Zu Anfang war Ali sehr dafür, weil es näher zur Bank war, er konnte sie so gut mit seinem Motorrad erreichen, und er sagte auch, er hoffe, seine Mutter sei unter Fremden etwas vernünftiger. Aber Vernunft ist ein Fremdwort für Begom. Sie sagte, sie würde lieber mit ihren Kühen und Schafen in einem Stall leben, als hierher zu ziehen. Akbar hätte sich hier wohl gefühlt. Er hat sogar eine Schwester, die gleich hinter der Kanalbiegung lebt. Aber das ist ein weiterer Charakterfehler in dieser Familie: Sie erweisen Akbar nicht die gebührende Ehre. Sie behandeln ihn wie ein Nichts, beide, seine Frau Begom und sein Sohn Ali. Schließlich hatte Begom die ganze Familie so bearbeitet, daß jeder Ali riet, das Haus zu verkaufen. Bruder Kerim sagte uns, wir sollten uns nicht in diese Angelegenheit mischen, und wir hielten uns daran. Aber ich weinte viel, da ich mit ansehen mußte, wohin das alles führte. Obwohl Golgol sich nicht beschwerte – sie wollte Alis Familie nicht in Verlegenheit bringen –, sahen wir deutlich, was da los war, und wir hörten es auch. Akbars Schwester, die so nahe bei ihnen wohnt, sagte sogar, daß Golgol immer mit der vielen Arbeit allein sei, und wieviel Arbeit sie hat! Tee, Abendessen, Mittagessen kochen, Limonade für die Arbeiter machen, und das alles zusätzlich zu ihrer Arbeit in der Schule. Akbars Schwester sagte, Golgol habe keine Hilfe beim Brotbacken, und Ali würde sie anschreien... Das bricht einer Mutter das Herz, wenn sie so etwas hört. Diese freche Mehri macht ihr auch eine Menge Ärger. Einmal bot sie Golgol an, die Teegläser am Becken im Hof abzuspülen, und dann hat sie sie versteckt, und Golgol, die überall nach ihnen suchte, mußte sich schließlich Gläser von uns und von anderen ausleihen, sie hätte sonst den Arbeitern keinen Tee servieren können. Und als Golgol sich am Nachmittag mit dem Tee verspätete, besaß Mehri sogar die Frechheit, Ali zu sagen, seine Frau hätte wohl genug studiert, um Gläser machen zu können, aber hätte nicht genug Verstand im Kopf, um sich zu erinnern, wohin sie die Gläser geräumt hätte.

Wir waren alle so froh, als Golgol zu uns zurückkam. Ali hat sie einfach wie eine Dienstmagd weggeschickt, weil Begom es ihm gesagt hatte. Und ich weiß auch warum: Diese armselige Frau dachte, Golgols Vater und ihre Brüder würden sie ausschimpfen, würden sie vielleicht sogar verprügeln und sie gleich wieder zurückschicken und ihr sagen, daß eine Frau alles zu tun hat, was ihr Mann befiehlt. Aber sie hat sich getäuscht. Wir haben ihr gesagt, sie solle sich scheiden lassen. Was könnte ihr schon passieren mit ihrem Gehalt? Sie könnte bei uns leben, bei ihrem Vater, und könnte ihr Geld behalten, anstatt einen unfreundlichen Mann erdulden zu müssen, der das ganze Geld an sich nimmt und es für seine gierige Mutter und Schwester ausgibt. Aber wenn sie zu ihm zurückkehren wollte, würden wir so lange wie möglich durchhalten und ›nein‹ sagen, ganz gleichgültig, wer als Vermittler geschickt würde, und zum Schluß würden wir nur nachgeben, wenn sie ganz ernsthaft vor einem Mullah versprechen würden, Golgol keine Schwierigkeiten mehr zu machen. Wir hatten alles fein ausgeklügelt. Wie sie sich anstrengten, einen Mittelsmann zu finden! Das ganze Dorf gingen sie durch, und jeder lehnte ab! Aber zu guter Letzt gingen diese verzweifelten armen Teufel zu Seyed Shansi und gaben ihr Gott weiß wieviel Geld, möge Gott sie strafen, diese alte Hexe mit ihren Amuletten und Koransprüchen und was nicht alles, und dann gab es für uns natürlich keine Möglichkeit mehr zu verhandeln; wir mußten sie einfach ziehen lassen, ohne zusätzliche Garantien. Golgol sagte selbst, es wäre eine Sünde, mit Seyed Shansi zu verhandeln oder sie unverrichteter Dinge wieder fortzuschicken. Also ging Golgol wieder, und ich sitze hier, gräme mich zu Tode und mache mir Sorgen.«

Golgols energische Kusine Leila, eine junge, lebenslustige Lehrerin und Mutter dreier Kinder, die allem auch eine heitere Seite abgewinnen kann, sagt dazu:

»Golgol ist klug und eine gute Frau, fromm und alles, aber ein wenig dunkelhäutig und untersetzt, nicht gerade das, was ich hübsch nennen würde. Ich dachte immer, was für ein Glück sie hat, einen so netten Mann zu bekommen. Ali ist ein gutaussehender junger Mann, eigentlich sollte ich so etwas nicht über einen fremden Mann sagen, und er ist viel besser als seine Mutter und seine Schwester. Es verging kein Tag ohne Krach, den Tante Maryam über drei Höfe hinweg hören konnte, als Huri und Sadrullah noch bei ihnen wohnten. Aber es hängt natürlich auch von der Schwiegertochter ab. Meine eigene Schwiegermutter ist auch eine alte boshafte Hexe, aber was nützt es, sich mit ihr zu streiten? Es ist viel besser, man ist ruhig und höflich – nicht, daß ich das je schaffe –, ah, so ist das Leben, und warum sollte es bei Golgol anders sein?

Tante Perijan sagte immer, in Golgols Ehevertrag solle festgesetzt werden, daß Alis Verwandte kein Recht hätten, ihr irgendwelche Schwierigkeiten zu machen und möglicherweise auch noch, daß sie getrennt von Akbar und Begom leben sollten. Alle anderen waren dagegen, weil solche Klauseln hier einfach nicht üblich sind; es hätte ein sehr schlechtes Licht auf uns geworfen, hätten wir auf so ungewöhnlichen Forderungen bestanden. Im Gegenteil, da sie so arm sind, meinte Onkel Kerim, wir sollten keinen hohen Brautpreis verlangen, und er zahlte selber noch drauf. Ich glaube, er hat mehr Geld für Golgol ausgegeben als für seine eigene Tochter. Es war vielleicht dumm, daß sie eine Verzichtserklärung im Falle einer Scheidung in den Ehevertrag aufgenommen haben. Wenn Ali sich von Golgol scheiden lassen würde, was Gott verhüten möge, bekäme sie von ihm nur einen Toman und einen Koran. Als der Vertrag aufgesetzt wurde, zeigten wir damit, wieviel wir von Alis Familie hielten, und Akbar war darüber hoch erfreut, von Begom, die wie ein junger Hahn herumstolzierte und die ganze Zeit krähte, ganz zu schweigen.

Ich versuchte, für Golgol hier eine Arbeit zu finden, aber beide, Ali und auch sie, wollten anderswo leben; das ist ungewöhnlich, aber sie hatten Angst vor Begom. Deshalb ging Golgol nach Deh Rud, wo ich nicht einmal begraben sein wollte, und Ali mußte auf seinem blitzenden Motorrad hin und her rasen. Und natürlich hatte er einen Unfall, von dem er die lange Narbe im Gesicht zurückbehalten hat. Er ist jetzt nur noch halb so hübsch wie vorher. Aber das Schlimmste war ja, daß Golgol eine Fehlgeburt hatte. Sie sagen, es sei passiert, weil ein Fremder sie erschreckt hätte – wir wissen alle, was fremde Männer wollen! Wie dem auch sei, es war sicherlich schlecht, daß sie soviel allein war. Nachts war Ali natürlich bei ihr, sonst wäre sie nicht dorthin gegangen – es wäre unerhört anstößig gewesen –, aber dennoch... Wenn jemand an diesem Tag bei ihr gewesen wäre, hätte sie das Kind nicht verloren. Es war auch noch ein Junge, was für ein Jammer! Ali versuchte die ganze Zeit über, seine Mutter zu bewegen, ihre Zustimmung zu einem Bauplatz für ein neues Haus zu geben, aber Begom blieb stur. Ali verstand sich mit Ahmad und Tante Perijan sehr gut, er verbrachte dort mehr Zeit als zu Hause. Das war komisch, weil sie Golgol dort gar nicht hingehen ließen, aber er immer dort war. Als Ali merkte, daß Begom nicht nachgeben wollte, sagte Ahmad ihm, er solle das Haus in seinem Obstgarten bauen. Das war wirklich großzügig. Mein eigener Vater hätte das für keine von uns Schwestern getan, ganz sicher nicht. Aber nun standen die Münder von Begom und Mehri und ihren Leuten nicht mehr still. Huri war die schlimmste. Sie sagte Begom, daß sie fremd in dieser Gegend des Dorfes sein werde und daß Akbar den halben Tag damit verbringen würde, um zu seinen Feldern zu gelangen, daß Golgol, ihre Mutter und ihre Brüder wie Pech und Schwefel zusammenhalten würden, daß sie als Tante Perijans und Golgols Dienstmagd enden würde, daß sie keine Weide für ihre Kühe finden würde, und was nicht noch alles, alles Lügen. Begom steigerte sich natürlich in die Sache hinein, und Ali und Golgol hatten keine ruhige Minute mehr. Aber hier hat Golgol einen Fehler gemacht. Sie hat sich schlecht benommen, weil sie Widerworte gegeben und sich mit Begom gezankt hat, was sie nicht hätte tun sollen. Sie war eigentlich nicht besser als die anderen, und mein Vater sagte Ahmad und Perijan, sie sollten sich da heraushalten, weil es eigentlich Golgols Fehler war. Es wirft ein schlechtes Licht auf die Familie, wenn eine junge Frau sich so verhält. Wenn Ali sie verprügelt hat, wie die Leute sagen, dann hatte sie es wahrscheinlich auch verdient. Jeden Tag hatte sie in der Schule eine neue Geschichte zu erzählen, ich habe da gar nicht mehr zugehört. Onkel Kerim hatte sehr richtig gesagt, ich solle mich nicht in diese Sache verwickeln lassen. Eins aber war klar: Ali und Golgol waren verrückt nach einander, ah, diese Jugend! Glückliche Golgol! Ich war erstaunt, als sie ihn wegen eines Streits mit Mehri sitzenließ. Mehri hatte nur gesagt, daß sie dort mit den Arbeitern nicht allein sein wolle, weil es anstößig für ein junges Mädchen sei, was es ja auch wirklich ist. Männer haben schmutzige Gedanken. Und was soll's, wenn Mehri auch eine echte Pest war, was sie wirklich ist, eine richtige Intrigantin. Anstatt sich mit ihr zu streiten und dann bei Ali über sie zu meckern, hätten Golgol und Tante Perijan versuchen sollen, einen Mann für sie zu finden; dann wäre Golgol sie losgeworden! Jetzt weiß das ganze Dorf, wie gierig sie ist, und sie findet vielleicht niemals mehr einen Mann. Hübsch ist sie auch nicht, das arme Mädchen, anders als ihr Bruder, und sie wird auch älter. Sie müßte schon neunzehn oder gar zwanzig sein.

Wer weiß, was passiert ist, jedenfalls ging Golgol wieder zu ihrem Vater, aber sie nahm alle Schlüssel vom Haus mit. Wenn Ali an einen Schrank oder eine Truhe wollte, oder in die Dusche oder nur in den Hof, mußte er zu Ahmads Haus gehen, im Hof stehen und zu ihnen hinaufschreien wie ein liebestrunkener Jüngling, der zu schüchtern ist, seine Braut anzuschauen! Ich war einmal dort, und es war so lustig, ich bin vor Lachen fast gestorben. Golgol machte eine große Szene daraus, sie behauptete, die Schlüssel nicht zu haben, und suchte überall, während Ali unten knöcheltief im Dreck stand und wartete. Er sah aus wie ein nasses Schaf. Ach, man konnte sehen, wie er sich nach ihr sehnte und wie Golgol ihn verliebt mit glänzenden Augen ansah, sie konnte mich nicht täuschen. Schwanger war sie auch noch – alle Anzeichen waren da, sosehr sie es auch abstritt –, so gab es also nicht den geringsten Zweifel, daß sie schließlich wieder zusammenfinden würden. Es kommt vor, zwar nicht sehr oft, aber es kommt ab und zu einmal vor, daß eine Frau ihren Mann verläßt, um ihm mit Nachdruck eins auszuwischen. Wenn der Mann Ärger genug damit hatte, jemanden zu finden, der die Tiere melkt, Joghurt macht und die Kinder füttert und ihn selbst auch, das Haus putzt, Wasser holt und all die anderen tausend Dinge, die eine Frau erledigt, dann weiß er seine Frau besser zu schätzen, und sie steigt im Wert. Als Golgol zu ihm zurückging – sie ging eher, als wir dachten, Ali brauchte nur einmal anstatt der traditionellen dreimal zu fragen –, wartete die zweite Brautkammer auf sie. Es war gut, daß sie zu der Zeit alleine wohnten. Ich erinnere mich, daß sie am nächsten Tag nicht einmal in die Schule kam. Wenn ich das sehe, möchte ich auch von meinem Mann weglaufen, nur um wiederzukommen und mit ihm eine schöne Zeit zu verbringen... Ach ja, die Freuden der Jugend!«

SECHSTES KAPITEL

Eine Verlobung, eine Vergewaltigung und eine Vermutung über Turans Schicksal

Lebhafte Diskussionen werden in Deh Koh mehrstimmig geführt. Alle Beteiligten sprechen mehr oder weniger gleichzeitig und oft in Selbstgesprächen, die kreuz und quer von Kommentaren, Antworten und Fragen durchzogen sind. Zwängt man ein solches Gespräch in eine schriftliche, zweidimensionale Form, ergibt sich eine Struktur und eine logische Abfolge, die der Realität nicht wirklich entspricht. Die schriftliche Form ebnet auch die Tonlagen und die Lautstärke ein – Mehris kreischender Sopran und Talas dröhnende Altstimme sind auf dem Papier gleich. Das ist zwar schade, aber schriftlich fixiert wird das Gesprochene viel deutlicher als es in dem ursprünglichen Stimmengewirr war, und außerdem kann das, was aufgeschrieben ist, nicht mehr wegdiskutiert werden.

Das meinte auch Banu an diesem warmen Mainachmittag auf ihrer engen, schattigen Veranda.

»Abbas' Steckbrief wird in der ganzen Gegend verteilt. Es ist ein großes Plakat, ich weiß es genau. Meine Mutter hat es gesehen, weil mein Bruder Rahmat eins hat. Sie hat es mir heute morgen selbst gesagt. Alle Revolutionsgarden haben es . . .«

»Auch sein Foto?« Leila lehnte sich gegen einen Holzpfosten und fächelte ihr breites, mit Sommersprossen übersätes Gesicht mit ihrem Schleier. »Ich wüßte gerne, wie er aussieht; ich glaube, ich habe Abbas noch nie gesehen.«

»Wozu auch?« sagte Mahin, »er ist ein Schurke.« Sie schnaubte laut.

Zu fünft hockten sie auf einem alten Teppich auf der Veranda des kleinen Hauses hinter Tamas' großem Hof. Seit Banu als Frau ihres Vetters dort lebte, war der staubige, ärmliche Platz, versteckt und abgeschieden wie er war, ein Treffpunkt für die jüngeren Frauen der Nachbarschaft geworden. Das Haus ihres

Onkels (der gleichzeitig ihr Schwiegervater war), war viel zu eng geworden. Es lag direkt neben dem Haus ihres eigenen Vaters und war von ihm seit dem Tod des Großvater nur durch eine Mauer getrennt. Noch enger wurde es, als ein weiterer Sohn ihres Onkels wenige Monate nach ihr heiratete. Nach der Geburt von Banus Kind hatte ihr Mann seine wenigen Ersparnisse in den Bau zweier Lehmräume investiert, die von einer Mauer umgeben waren und außerhalb des alten Hauses in einer Ecke lagen, die durch den schiefen Winkel der Hofmauern im alten Gehöft entstanden war.

Der Umzug dorthin war für sie überhaupt nur möglich geworden, da sie weiterhin ganz in der Nähe ihrer Eltern und Schwiegereltern lebte, denn ihr Mann war nur selten zu Hause. Nachts blieben oft eine Kusine, eine Schwester oder ihre Großmutter bei ihr, oder sie ging zum Schlafen nach Hause. Tagsüber kamen regelmäßig Nachbarinnen ohne ersichtlichen Grund vorbei. Niemand konnte eigentlich sagen, warum es so angenehm war, mit Banu auf ihrer kleinen Veranda zu sitzen und auf den einsamen, dürren Walnußbaum neben dem winzigen Wasserbecken, das kaum so groß wie ein Tablett war und auf den staubigen Hof mit den bedrückend nahen Mauern zu schauen, aber es war so. Es stimmte, daß ihre Wohnung ein sicherer Platz für unverheiratete Mädchen wie Mahin war, denn Banus Mann arbeitete in der Stadt, und kein anderer Mann lebte dort oder würde unerwartet auftauchen. Geschützt durch die massiven Mauern konnte sogar die allervorsichtigste Frau ihren Schleier gefahrlos ablegen, ohne eine peinliche Situation oder Tadel fürchten zu müssen. Es stimmte auch, daß Banu selbst einen angenehmen Anblick bot: Sie war zierlich und hellhäutig, hatte einen breiten Mund, der gern lächelte, ein zartes Gesicht, in dem ihre großen, hellbraunen Augen unter den geraden schwarzen Brauen besonders auffielen. Jeder mochte sie gern und respektierte sie. Sie war lebhaft, vernünftig und kannte viele Geschichten. Sie war acht Jahre zur Schule gegangen und wußte viel, ohne deshalb eingebildet zu sein. Aus welchem Grund auch immer, für sie gab es jedenfalls keine einsamen Nachmittage.

An diesem Tag hatte Mehri – steif, langsam und verkniffen wie immer – ihre Spindel und die geschorene Schafwolle mitgebracht. Sie war vor einem von Begoms Streitsuchtsanfällen geflohen. Leila schaute auf dem Nachhauseweg von der Schule vorbei. Mahin, das älteste, unverheiratete Mädchen in der Nachbarschaft, säuberte gerade auf einem Tablett Reis. Sie hielt sich sehr aufrecht und zog ständig ihre Augenbrauen hoch, was ihrem schmalen Gesicht den Ausdruck spöttischer Mißbilligung verlieh. Zwischen ihrem und Banus Haus lagen nur ein kleiner Aprikosengarten und eine Brombeerhecke, und sie war sehr oft auf Banus Terrasse zu Besuch. Tala war auf dem Weg zu einem ihrer ausgiebigen Besuche im Haus ihres Vaters, das nur zwei Höfe weiter den Berg hinauf lag; sie stickte gerade mit dicken, flinken Fingern eine riesige, rote Vase auf einen Kissenbezug, und Banu selbst stichelte ein Zick-Zack Muster in gewagten Farben auf einen Beutel, den sie aus einem Rest Sackleinen genäht hatte. In diesem Moment hörten alle auf zu arbeiten. Das Gesprächsthema war fesselnd.

»Turan muß etwas unternehmen, ganz sicher«, sagte Mahin und ließ geistesabwesend den Reis durch die Finger gleiten.

»Ja, aber was?« sagte Tala hitzig. Wenn sie sprach, bewegte sich alles an ihr: die Augen, der Kopf, die Arme; ihr ganzer Körper ging mit, und um sie herum stiegen die Duftwolken eines sehr süßen Parfums auf.

»Immerhin hat sie einen Verlobten, seit sie so klein ist«, sagte Banu und zeigte Turans damalige Zwergengröße an. »Sie hat es mir selbst in der Schule gesagt. Wir sind zusammen in die Schule gegangen, bis ich geheiratet habe.«

»Sie ist nicht mehr seine Verlobte«, sagte Leila. »Ihre Verwandten haben die Verlobung gelöst, als Abbas wegen Setara den Kopf verlor und sie an Stelle von Turan heiratete. Ein liebeskranker Mann...«

»Ein Schurke«, zischte Mahin und warf den Kopf zurück.

»...ein liebeskranker Mann ist schlimmer als ein Trinker«, beendete Leila ihren Satz und fuchtelte dabei mit beiden Armen. Ihr schwarzer Schleier glitt in den Staub unterhalb der Veranda.

»Setara war Schuld«, sagte Mehri. »Ich weiß es, weil Huri es uns erzählt hat, und Huri weiß es, weil sie Setaras Nachbarin ist. Setara hat ihm schöne Augen gemacht. Diese schamlosen Witwen! Er hat nie gesagt, daß er Turan nicht heiraten wollte. Er wollte beide haben.«

»So ein schmutziger Schuft! Aber ihre Leute haben nein gesagt, und Turan sagte nein, und das war gut für sie.« Mahin war sehr bewegt. Sie warf wieder den Kopf zurück und ließ das Reistablett klirrend hinter sich zu Boden fallen. »Sogar Setara hat sich von ihm scheiden lassen, als er vor einem Jahr ins Gefängnis kam, weil er in einer Diebesbande war, die Autos klaute.«

»Das war zu der Zeit, als er wieder hinter Turan her war, so hat sie es mir erzählt. Und das obwohl ihre Verwandten alle Geschenke zurückgegeben haben – stellt euch das vor, alles: die Kleider, den Schmuck, den Reis, das Butterschmalz, alles.« Banu schüttelte verwundert den Kopf. »Sie haben sich wirklich genau an die Vorschriften gehalten. In unserem Glaubensgesetz heißt es ...«

»Sogar Setara meinte, Turan hätte Glück gehabt, weil sie ihn nicht geheiratet hat«, sagte Mahin. »Sie ging zu Turans Leuten und hat es ihnen selbst erzählt und hat dabei geweint.«

»Sie haben sogar eine Wallfahrt nach Shiraz gemacht. Ich weiß es, weil meine Mutter im selben Bus saß«, sagte Tala.

»Er wollte sie trotz allem. Bandars Frau Aftab erzählte mir – ihr wißt ja, daß sie Abbas Kusine ist, deshalb weiß sie es – ›Mehri‹, sagte sie zu mir, ›sie schulden ihm noch einen Kühlschrank und einen Sack Reis‹. Darüber streiten sie noch. Aber Abbas wollte sie trotzdem, und als Setara sich von ihm getrennt hatte, hätten sie das gleich durchziehen sollen.«

Mehri warf mißbilligend ihre Lippen auf. Sie gab der Spindel einen energischen Drall, warf sie mit gekonntem Schwung auf den Boden unterhalb der niedrigen Veranda und drehte ein paar Längen Garn aus der geschorenen Wolle, die sie um den rechten Arm gewickelt hatte.

Mahin machte eine abfällige, ausladende Geste und schreckte

dadurch ein Huhn auf, das laut protestierend quer über das unbeaufsichtigte Reistablett rannte. »Ein Dieb, ein Verbrecher...«, rief sie.

»Es heißt, ihre Brüder hätten gesagt, sie dürfe nicht mehr in die Schule gehen«, sagte Mehri. »Es ist ein langer Schulweg, die ganze Strecke von Mahmudabad bis hierher. Gefährlich. Mindestens eine Stunde.«

»Man hätte ihn im Gefängnis lassen sollen«, sagte Mahin.

»Und sie hatten recht, sage ich, sie hätte nicht zu Fuß zur Schule gehen sollen. Wo er doch gerade aus dem Gefängnis kam. Sie hätte zu Hause bleiben sollen, dann wäre nichts passiert«, sagte Mehri mit Nachdruck. »Meine eigenen Brüder hätten mich niemals gehen lassen...«

»Sie war doch nicht allein, niemals. Es war seine Schuld«, rief Tala. »Er ist durch und durch niederträchtig...«

»Für gewöhnlich gehen vier oder fünf Mädchen von Mahmudabad hierher zur Schule. Sie gehen immer zusammen. Aber an dem Tag war die Abschlußprüfung, und Turan und dieses andere Mädchen hatten später Schulschluß. Das war einfach ihr Pech«, sagte Banu. Sie fächelte ihrem Baby, das neben ihr auf den vielen Falten ihrer Röcke schlief, Luft zu. Daneben lag auch der bestickte Reisebeutel, auf dem noch ›Louisiana‹ zu lesen war. »Und in unserem Glaubensgesetz heißt es...«

»Ein Mädchen sollte nicht zur Schule gehen, wenn der Weg so weit ist. Da sieht man's mal wieder«, sagte Mehri. »Meine Brüder...«

Mahin schnaubte zweimal.

»Es ist dennoch seine Schuld«, sagte Tala wieder. »Er ist ihnen gefolgt.«

»Aber sie sind doch sehr schnell durch diese einsame Wildnis dort gegangen«, sagte Leila. Sie sah versonnen in die Ferne.

»Er wartete an der Brücke auf sie«, sagte Mehri. »Vielleicht wollte er nur mit ihr sprechen. Sie war ja seine Verlobte. Vielleicht...«

»Aber wenn er nichts Böses im Schilde führte, warum hat er ihr dann mit einem Stein den Kopf eingeschlagen?« rief Tala.

»Ich bin sicher, daß er sie umbringen wollte«, sagte Mahin düster.

»Er muß ein starker Bursche sein«, sagte Leila mit verträumtem Blick. »Ich habe ihn aber noch nie gesehen.«

»Er hat ihr auch nicht den Kopf eingeschlagen. Er hat sie nur an Händen und Füßen mit einer Schnur gefesselt – und warum sollte er das tun, wenn er sie nicht haben wollte?« sagte Mehri. Die Angriffslust stand ihr ins Gesicht geschrieben, und sie stach mit ihrer Spindel auf den Teppich ein. »Er hätte sie töten können, aber er hat es nicht getan.«

»Wirklich stark, ein Teufel...«

»Dort gibt es nur Felsen und Bäume, keine Menschenseele weit und breit, und der Bach ist so laut, daß man sein eigenes Wort nicht versteht...«, sagte Banu traurig.

»Er sprang hinter einem Felsen hervor... ach du meine Güte, die arme Turan!« Tala schüttelte sich heftig, und eine weitere Parfumwolke breitete sich um sie aus.

»Die Leute sagen, daß das Mädchen, das bei ihr war – also, ich würde ja sterben vor Angst, wenn ich dort so alleine laufen müßte –, die Leute sagen, sie wäre vor Schreck in Ohnmacht gefallen«, sagte Leila.

»Nein, nein, sie lief weg...«

»Es war *ihr* Kopf, den er mit einem Stein einschlug...«

»Sie hat sich hinter einem Baum versteckt...«

»Feigling«, rief Mahin.

»Wie dem auch sei«, sagte Leila, »jedenfalls war sie nicht dabei, als er Turan gefesselt hat, oder was auch immer, versteht ihr? Er soll es ja mit einem Finger gemacht haben..., stellt euch das einmal vor!« Mahin zog die Augenbrauen noch höher und wandte ihr Gesicht ab, um den Walnußbaum zu betrachten. Mehri versteckte ihr Gesicht hinter dem Schleier und kicherte. Sie war rot geworden. Tala warf Leila einen nervösen Blick zu.

»Der Polizeiarzt sagt, daß sie in Ordnung ist. Sie ist noch Jungfrau«, sagte Banu.

Mahin schnaufte laut. »Und wie will er das wissen?«

»Es war eine Ärztin, die sie untersucht hat«, sagte Banu. Sie verscheuchte ein anderes Huhn von Mahins Reis und legte einen Zipfel von Mahins Schleier über das Tablett.

»Mit einem Finger... Sachen gibt's... und sie hat vielleicht die ganze Zeit über gebrüllt und geschrien«, sagte Leila mit glühenden Backen.

»Sie war geknebelt«, sagte Mehri.

»Woher weißt du denn das? Vielleicht ist sie auch ohnmächtig geworden. Ich bin ganz sicher. Ich würde bestimmt ohnmächtig werden«, sagte Tala.

»Die zwei Männer, die sie gefunden haben, hörten sie kreischen. Zwei Männer aus Mahmudabad. Ich weiß nicht, wer es war. Sonst hätte Abbas es geschafft, aber er hatte nicht genügend Zeit«, sagte Leila.

»Vielleicht hätte er sie getötet«, sagte Tala.

Banu schnalzte mit der Zunge, »ts, ts, ts«, und schüttelte den Kopf.

»Dieser Hundesohn«, sagte Mahin tief bewegt.

»Nun gut, das andere Mädchen war weggegangen, und er war mit ihr allein...« Leila füllte die Pause mit hintergründigem Schweigen.

»Männer sind Dreckskerle«, sagte Tala.

»Als Abbas die beiden Männer kommen sah, ist er in die Berge geflohen«, sagte Banu, »aber sie haben ihn erkannt. Er hatte auch ein Gewehr bei sich.«

»Ich habe ihn noch nie gesehen«, sagte Leila wieder. »Er muß schrecklich aussehen.«

»Die ganze Familie ist schlecht«, sagte Mehri, »genau wie diese Bettlerin Aftab und ihre Verwandten. Wirklich liederlich, kein Ehrgefühl.« Ihr langes Gesicht wirkte vor lauter beleidigter Rechtschaffenheit ganz verkniffen.

»Wenn er so wie sein Bruder aussieht, dann ist er dunkelhäutig, uh«, sagte Leila.

»Sie sind alle irgendwie schlecht in Mahmudabad. Zwei seiner Brüder sind im Gefängnis wegen der gestohlenen Autos«, fuhr Mehri fort.

»Nein, Yusuf sagt, sie sind in eine Bank oder in ein Geschäft oder so etwas eingebrochen«, sagte Tala. »Es waren nicht nur Autos.«

»Der Samen ist verflucht. Alle seine Kinder werden schlecht sein ... über sieben Generationen«, sagte Mahin.

»Im Koran...« versuchte Banu zu sagen.

»Manchmal geraten die Kinder von schlechten Vätern ganz gut. Wenn Turan ihn trotz allem heiraten würde und Kinder bekäme...« Talas laute Stimme verebbte. Sie schlug mit ihrer roten Vase nach ein paar Fliegen.

»Setara sagt, daß er irgendwo Geld von seinen Diebstählen gehortet hat«, meinte Mehri. »Es wurde nie gefunden.«

»Unrechtmäßig erworbenes Geld ist verfluchtes Geld«, warf Mahin ein.

In diesem Moment tauchte Leilas kleine Tochter in schmutzigen Baumwollhosen und einem viel zu großen rosa Hemd am engen Hoftor auf. Sie lief zu ihrer Mutter und verschwand fast ganz in den vielen Falten ihrer weiten Röcke und flüsterte, »Großmutter sagt – sie sagt, du sollst sofort nach Hause kommen, sie muß dir etwas sagen.«

Leila murmelte so etwas wie »der schwarze Tod soll die Alte holen.« Laut sagte sie jedoch, während sie das Kopftuch ihrer Tochter über den verfilzten Haaren in Ordnung brachte, »sofort, mein Herzblatt, gleich, und sag deiner Großmutter, ich bin schon auf dem Weg. Nun geh, beeil dich, lauf mein Schatz, mein Leben, lauf, lauf!« Zögernd schlenderte das kleine Mädchen wieder fort. »Diese Alte!« murmelte Leila trotzig. Mit gespreizten Fingern bewegte sie ihre Hand in einer schnellen verächtlichen Geste in Richtung ihres Hauses. »Hmpf«, sagte sie.

Aber die anderen hatten weitergeredet. »Abbas ist nicht arm«, sagte Mehri gerade, »und wenn es Turans Schicksal ist, dann wird sie ihn heiraten.«

»Sie muß etwas unternehmen«, sagte Mahin. Für einen Augenblick trat wieder Stille ein. Jemand seufzte. Banu sah unglücklich auf ihr schlafendes Baby unter dem Schleier. Die Sonne stand schon so tief, daß sie die Kochtöpfe beleuchtete, die unten am Becken im Hof aufgestapelt waren. Zwei Schaufeln tauchten über der Mauer auf und zogen schnell auf den Schultern unsichtbarer Männer auf der Gasse vorbei. Leila verfolgte sie mit den Augen und griff nach ihrem Schleier.

»Ich glaube«, sagte Banu schließlich, »sie wird sich wahrscheinlich umbringen müssen... obwohl der Glaube... es ist eine Sünde... aber dann wiederum...«

»Armes Ding«, sagte Mahin.

Es wurde wieder still. Spatzen zwitscherten um das glitzernde Wasser. Tala schüttelte ihren Kopf. »Nein, nein«, sagte sie schließlich, »nein, sie ist unschuldig. Sie werden ihn hinrichten, ganz sicher. Sie müssen es. Die Revolutionsgarden werden ihn erschießen. Er ist schuldig...«

»Sie haben ihn ja noch nicht einmal«, sagte Banu, »wie lange ist das jetzt her? Vier oder fünf Tage. Wer weiß, wo er ist? Er ist geflohen. Er hat sich in die Berge abgesetzt, vielleicht ist er inzwischen im Irak oder bei den Aufständischen in Kurdistan.«

»Stellt euch vor, er wäre noch hier in der Nähe, und ihr würdet zu Hause sitzen, so ganz allein, und er würde hereinkommen..., hu, ich würde auf der Stelle ohnmächtig umfallen«, sagte Leila mit weit aufgerissenen Augen.

»Du weißt ja noch nicht einmal, wie er aussieht, du würdest sehr freundlich zu ihm sein«, sagte Tala.

»Hu, hu!« rief Leila und schüttelte sich.

»Aftab sagt, daß Turans Brüder mit Gewehren hinter ihm her sind«, sagte Mehri.

»So? Das ist ja auch schon was, wo sie doch nur zwei hat, und einer davon ist nicht älter als zwölf oder so. Das ist wirklich eine große Hilfe!« sagte Banu. »Außerdem ist das eine Angelegenheit für den Richter, für das islamische Gericht...«

»Und sie sagt, seine Verwandten und ihre eigenen würden erbittert streiten, weil sie sich gegenseitig für diese verpfuschte Angelegenheit verantwortlich machen«, sagte Mehri.

Ein kleiner Junge von ungefähr drei Jahren, der nichts weiter trug als ein kurzes, schmutziges T-Shirt und große Plastiksandalen, kam durch das Tor geschlürft. Tala sah ihn zuerst. »Hamid,

Hamid«, rief sie zu ihm hinüber, »lauf schnell nach Hause, oder der Hahn holt deinen kleinen Du-weißt-schon-was!« Banu drehte sich um und lächelte. Es war ihr Neffe. »Sieh her, paß auf den Hahn auf, da kommt er schon!« Hamid sah den Hahn und dann die Frauen an, hob einen Kieselstein als Waffe auf, beschloß aber, daß es doch kein günstiger Zeitpunkt für einen Besuch bei Tante Banu war, und lief hinaus. Tala und Leila kicherten, Mahin stöhnte.

»Stellt euch vor«, sagte Leila, »stellt euch vor, wenn Hamid Abbas gewesen wäre... schrecklich!«

»Die Leute reden davon, daß ihn jemand in Shiraz gesehen hat...«

»Man soll ihn auf der anderen Seite des Berges ...«

»Nein, ich habe dir gesagt, alle Posten der Revolutionsgarden in der Gegend haben sein Bild und eine Beschreibung, so daß sie alle nach ihm Ausschau halten können«, sagte Banu. »Er ist verschwunden.«

»Aber wenn sie ihn fangen, dann richten sie ihn hin«, sagte Tala, »ganz sicher!«

»Wenn...«, sagte Mahin finster.

Banus Baby streckte sich. Fliegen summten. Leilas kleine Tochter tauchte wieder am Eingang auf. Sie lehnte sich gegen das Tor, und während sie gleichzeitig die Frauen und die Gasse beobachtete, machte sie dicke Kaugummiblasen.

»Wenn sie schwanger ist, wird sie sich umbringen, sie wird's müssen«, sagte Banu.

»Obwohl, nach den Gesetzen des Propheten...«, Mahin nickte nachdrücklich.

»Aber es war doch nur ein Finger – sie ist noch Jungfrau, sie kriegt noch einen Mann, ganz sicher«, sagte Leila. »Man kann doch nicht durch einen Finger schwanger werden... na gut, ich meine ...!«

»Auf gar keinen Fall, niemals«, rief Tala, »sie bekommt nach dieser Sache keinen Mann mehr. Ganz sicher werden sie ihn hinrichten, oder wenigstens fürchterlich verprügeln. Erinnert ihr euch noch, was sie mit Heidar dem Afghanen gemacht haben?«

»Sie peitschen ihn öffentlich aus, und dann lassen sie ihn wieder laufen. Und was dann?« fragte Leila.

»Turan sollte fliehen, irgendwo hingehen«, sagte Mahin, aber dieser Vorschlag wurde mit zweifelnden Geräuschen bedacht.

»Du bist verrückt«, sagte Mehri. »Wohin soll ein Mädchen wie sie schon gehen?«

»Aber was soll sie hier machen?« Mahin war leidenschaftlich bei der Sache. »Soll sie so tun, als ob nichts geschehen wäre? Die Leute lassen das nicht zu. Ihre Verwandten lassen sie nach dieser Geschichte nicht einmal die Schule zu Ende machen, da bin ich sicher.«

»Selbstmord«, murmelte Banu, »Gift, wie meine Stiefmutter... und im letzten Jahr die Frau des Müllers...«

»Was sagt sie denn selbst dazu?« fragte Tala.

»Sie sagt, sie wird ihn nicht heiraten, ganz egal, was auch passieren wird«, sagte Mehri.

»Ja, ich weiß«, fügte Banu hinzu. »Mein Bruder Rahmat meint, daß der Richter ihr gesagt hat, sie müsse Abbas heiraten, sobald sie ihn gefunden haben. Sie werden ihn auch dazu zwingen. Sie hat keine andere Wahl als...«

»Gewalt! Brutalität! Ungerechtigkeit!« rief Mahin. Banus Baby bewegte sich wieder und fing leise an zu wimmern. Banu tätschelte ihm den Rücken.

»Aftab hat erzählt, daß seine Leute sagen, sie wollten Turan nicht mehr«, sagte Mehri, »aber...«

»Rahmat sagt, der Richter...«

»... aber es ist ja auch egal. Wenn es ihr Schicksal ist zu heiraten, dann wird sie heiraten«, fuhr Mehri fort.

»Nebenbei gesagt, für sie wird es sich schon lohnen«, sagte Tala. »Sie geben ihr ein hübsches Geschenk und einen großen goldenen Anhänger, auf dem ›Allah‹ eingraviert ist, und eine nette Armbanduhr, und zu guter Letzt wird sie zustimmen, was soll sie auch sonst tun?«

»Wenn er sowieso so verrückt nach ihr ist...«, sagte Leila.

»Sie verprügeln sie zu Hause so lange, bis sie ja sagt, genauso wie meine Verwandten es mit mir versucht haben. Für einen goldenen Allah und tausend Toman sind sie bereit, ein Mädchen zu verkaufen!« Mahins Stimme klang bedrückt. Sie schnaubte wieder und nahm ihr Tablett auf.

»Laß das Schnauben«, sagte Mehri. »Noch war es nicht dein Schicksal zu heiraten, und meins war es auch nicht, und wir werden sehen, was Turans Schicksal sein wird.«

»Ach, Schicksal...«, sagte Tala. Ihr Seufzer klang wie ein Schluchzen.

»Schicksal, ha!« rief Mahin. »Wißt ihr, was ich mit meinem Schicksal mache? Ich scheiß drauf!« Alle lachten.

Banus Baby fing an zu brüllen, und Leilas Tochter am Tor wurde ungeduldig. »Mutter«, rief sie, »he, hör mal, Mutter, Großmutter sagt...«

Vorerst machte das Interesse für Turans Schicksal den Pflichten des ausklingenden Nachmittags Platz.

SIEBTES KAPITEL

Mamalus erzählt eine Geschichte

»Der Regen«, sagte Mamalus von der Küchentür aus, »der tropft durch die Decke im Vorratsraum.« Gholam knurrte. Er schob sich schnell noch eine letzte Handvoll Reis vom Tablett in den Mund, wischte sich seine Hand an einem fettigen, grauen Handtuch ab und stand langsam auf. Als er nach draußen humpelte, hielt er sich seinen Rücken. Es regnete in Strömen. Das Wasser klatschte laut auf das flache Erddach, und oben grollte der Donner. Mamalus schloß die Tür hinter ihm. Sie war eine untersetzte, etwas derbe Frau, mit geschickten Händen und kleinen Augen, und ihr Gesicht war voller Lachfältchen. »Eßt noch«, sagte sie zu den Leuten, die auf dem großen blauen Teppich um das Tablett mit Reis saßen. Ihre jüngere Schwester Mamanir, die ihr sehr ähnlich war, schüttelte den Kopf. Ihr Mann Mokhtar, der viel älter war, eine Glatze hatte und unrasiert war, machte eine zittrige, abwehrende Handbewegung. Die beiden waren vom Gewittersturm auf dem Nachhauseweg ins nächste Dorf überrascht worden und hatten bei der Schwester Unterschlupf gesucht. Auf der anderen Seite am Feuer saß Amene, eine junge Frau in schönen Kleidern. Sie war klein, hellhäutig, hatte eine lange Nase und kleine Augen. Ihre Bewegungen waren langsam und bedächtig. Dann war da noch die fremde Frau, ihre Nachbarin, die oft zu Besuch kam. Auch die zwei Frauen waren satt. Mamalus nahm das Tablett vom Plastiktuch am Boden und trug es in die Küche. Effat, Mamalus Tochter, die das runde Gesicht ihrer Mutter geerbt hatte, räumte das Plastiktuch mit den Krümeln und den übriggebliebenen Zwiebeln fort. Sie brachte die Teekanne, den Wasserkessel und die Teegläser auf einem blankgeputzten Blechtablett herein. Teekanne und Wasserkessel stellte sie auf die Feuerstelle, das Tablett stellte sie vor Mokhtar ab. Es war Amenes Tee, Amenes Zimmer, Amenes Teppich und Amenes Feuerstelle. Es war auch

Amenes Reis, aber Mamalus hatte ihn gekocht. Gholam und Mamalus gehörte das Haus. Amene kam aus einer der vornehmsten und reichsten Familien der Gegend, und sie war eine der wenigen Frauen mit Abitur. Ihr Mann war Lehrer in einem Dorf sehr viel weiter flußaufwärts und kam nur ab und zu nach Hause. Sie hatten von Gholam zwei Zimmer gemietet. Sein einziger Verdienst neben der Miete kam vom Hausieren mit Kochtöpfen und Aluminiumgeräten für den Haushalt und von zwei kleinen Gartenstücken, die ihm die Brüder seiner Frau großzügig abgetreten hatten. Was er dort anbauen konnte, wurde verkauft. Gholam war ein Fremder im Dorf. Er war dünn und ruhig, das krasse Gegenteil von seiner runden und geschwätzigen Frau. Von draußen hörte man ihn nach einem Schirm rufen. Effat nahm ihn vom Nagel an der Tür und reichte ihn nach draußen in die dunkle Nässe. Der Donner knatterte jetzt wie Maschinengewehrfeuer. Amene stand auf und holte sich den Plastikbeutel mit ihrer Handarbeit aus einer Nische in der Wand, wo sich allerhand Gerümpel angesammelt hatte. Mokhtar goß mit zittrigen Händen den Tee ein. Amenes fünfjährige Tochter und ihr Sohn, der drei Jahre alt sein mochte, zankten sich mit schmutzigen Fingern um den Zuckertopf. Amene nahm ihnen den Zucker weg, woraufhin das kleine Mädchen den Kopf zurückwarf und losheulte und der Junge seiner Mutter auf den Arm schlug. »Seid ihr wohl still«, sagte Amene, »oder die fremde Dame schneidet euch die Ohren ab.« Die Fremde versuchte so auszusehen, als ob sie es ernst meinte, aber die Kinder hatten diese Drohung schon zu oft gehört, um eingeschüchtert zu werden. Der kleine Junge kletterte auf den Rücken seiner Mutter und schlug sie auf den Kopf. »Ich will Zucker, ich will Zucker«, kreischte er so lange, bis Mamalus aus der Küche herüberrief: »Hört jetzt endlich auf mit dem Geschrei, oder der Bär nimmt euch mit. Horcht nur und schaut zur Tür!« Der Junge sah sie angewidert an. Amene nahm ihn auf den Schoß und gab ihm ein Stück Zucker, das er genüßlich ablutschte und in das er seine schmierigen Finger hineinbohrte. Die Mutter rollte ein anderes Stück zu ihrer Tochter hinüber, die schmollend in der

Ecke saß. Von oben hörte man durch die Decke aus Pappelbalken Trampeln und Kratzen, durch den Schornstein schallte lautes Rufen. Gholam rollte eine schwere Holzwalze über das Erddach, um das Wasser herauszupressen und die Erde wieder wasserdicht zu machen. Die Walze sah wie ein riesiges Nudelholz aus.

»Aha, da ist ja schon der Bär«, flüsterte Mohktar, »seid lieber ruhig.« Der Junge ließ den klebrigen Zuckerklumpen fallen und kroch tiefer in die üppigen Falten der vielen Röcke seiner Mutter. Er wimmerte leise. Auch die Tochter kam zu ihrer Mutter gelaufen. Mamalus lachte. Effat kam mit der Wasserpfeife herein, und Mohktar füllte den Kopf mit glühenden Kohlen aus der Feuerstelle. Das Stampfen und Kratzen auf dem Dach war jetzt sehr laut, und gleichzeitig ging ein ohrenbetäubender Donner krachend über dem Haus nieder.

»Kein Bär«, schrie der Kleine und stieß mit seinen strampelnden Beinen den Zuckertopf um.

»Aber nein«, beruhigte Amene ihn und versuchte, ihn zu küssen.

»Das erinnert mich an den Bär oben auf Khosrows Dach«, sagte Mamalus, die neben ihrer Schwester hockte und den Zucker auflas, »in der Geschichte von Gedulak und dem Bruder seiner Mutter.«

»Erzähl«, sagte die fremde Frau.

»Lügen«, sagte Mokhtar. Er blies in die Kohlen der Wasserpfeife und hustete. »Mach lieber das Fernsehen an.«

»Kaputt«, sagte Effat, »der kleine Teufel hat zwei Knöpfe abgebrochen.« Sie lehnte sich gegen die Fernsehtruhe, die fast ein Viertel des Zimmers einnahm.

»Im Fernsehen werden mehr Lügen erzählt als in den alten Geschichten«, sagte Mamanir.

»Erzähl schon«, sagte Amene. Sie liebte Geschichten. Sie kannte selber sehr viele und hatte sogar einige, die sie von anderen Leuten gehört hatte, in einem Schulheft aufgeschrieben.

Mamalus wiegte sich hin und her und klatschte in die Hände. »Ach ja, dieser Bär, das war vielleicht was. Ein Bär, der sich

rasierte, stellt euch das vor!« rief sie. »Bären sind uns recht
ähnlich«, sagte sie zu den Kindern auf Amenes Schoß. »Ihre
Kinder schreien so wie ihr. Weil nun dieser Khosrow in der
Geschichte, nicht unser Khosrow aus dem Dorf natürlich, ein
anderer, weil der nun gesehen hatte, daß sich der Bär rasierte,
bestach ihn der Bär mit einer Bergziegenkeule, damit er niemandem erzählte, was er gesehen hatte.«

»Ach ja, Wildbraten«, sagte Mokhtar und lehnte sich an die
vom Feuer gewärmte Wand. Seine Augen waren halb geschlossen. »Herrliches Fleisch, gesundes Fleisch, gibt's leider nicht
mehr, nichts mehr da im Gebirge, keine Ziegen, keine Vögel.
Wir gingen früher alle jagen, hab's seit Jahren nicht mehr gegessen...«

»Sie aßen das Fleisch«, erzählte Mamalus weiter, »aber Khosrows Frau, möge Gott sie bestrafen, lockte es aus ihm heraus,
und der Bär hörte alles, weil er oben auf dem Dach neben dem
Rauchabzug lauschte. Da brüllte er zu ihnen hinunter, daß er sie
am nächsten Tag besuchen käme. Naja, sie wußten natürlich,
was das zu bedeuten hat, wenn ein Bär zu Besuch kommen will.
Sie fürchteten sich sehr. Die Frau, möge Gott ihr Gesicht einschwärzen, sagte: ›Laßt uns die Äste absägen, so daß der Baum
wieder wachsen kann, bevor er mitsamt den Wurzeln und allem
abstirbt...‹ Aber die Kinder, ein Junge und ein Mädchen, hatten
auch oben am Rauchabzug gelauscht und wohl verstanden, daß
die Eltern sie dem Bären zum Fraß vorwerfen wollten, um sich
selbst zu retten. Da liefen sie mitten in der Nacht von zu Hause
fort.«

»Arme Kinder«, sagte Effat und verzog das Gesicht.

»Ja, ja, die hatten Grund wegzulaufen, nicht wie dieser Teufel
von Nachbarjungen, der den Esel seines Vaters gestohlen hat
und sich heimlich mit dem Sohn des Haji, der in der Satteltasche
versteckt war, über den Schneeberg-Paß davongemacht hat.«
Amene und die fremde Frau kicherten. »Da gibt's gar nichts zu
lachen. Gouhar ist bald verrückt geworden vor Sorgen, als der
Junge nicht mehr heimkam... Der Haji war nicht zu Hause, und
sie konnte ja wohl schlecht hinter dem Jungen her, oder?«

»Dabei war das schon das zweite Mal«, sagte Mamanir. »Beim ersten Mal hat einer von Tamas' Söhnen ihn halb erfroren zurückgeholt, und dieses Mal hat sein Onkel die Kinder gefunden. Das reinste Glück war das, sie waren ja schon auf der anderen Seite des Berges. Er erwischte sie gerade noch, bevor sie den Esel verkaufen konnten, um Geld für die Fahrt zur Stadt auf einem Lastwagen zu bekommen. Hätte sie jemand mitgenommen, wären sie in kürzester Zeit in der Stadt und auf Nimmerwiedersehen verschwunden gewesen. Man reist ja so schnell heutzutage!«

»Ich weiß noch«, sagte Amene, »in der sechsten Klasse brauchte ich ein Bewerbungsfoto für das Lehrerseminar. Mein Vater hat mich auf ein Pferd gesetzt, und wir sind für das Foto über den Paß zur Stadt geritten. Wir brauchten drei Tage für einen Weg. Und das ist ja noch gar nicht so lange her. Ich war damals so müde, daß ich einmal vom Pferd gefallen bin.«

»Die Geschwister in der Geschichte sind zu Fuß geflohen, weil es noch keine Autos gab, oder doch? Ist ja auch egal, jedenfalls in der Geschichte heißt es, daß sie zu Fuß gingen. Sie kamen an ein Haus, in dem ein reicher, geiziger alter Händler mitten in seinem Geschäft lebte.«

»Es gab damals offensichtlich schon so viele Diebe wie heute. Mashadi Yedulla schlief meistens in seinem Geschäft, obwohl er zwei Frauen zu Hause hatte«, sagte Amene. Mokhtar schüttelte den Kopf und kicherte. »Kennt ihr die Geschichte von diesem Herrn Sowieso, der zwei Frauen hatte und trotzdem jede Nacht in der Moschee schlief?«

»Nein«, sagte die fremde Frau und grinste erwartungsvoll. Es war ja so einfach, sie zu amüsieren.

»Weil, wenn der arme Kerl unter die Decke seiner ersten Frau kriechen wollte, scheuchte sie ihn weg und sagte, ›geh du zu deiner anderen Frau, stör mich nicht‹. Und wenn er dann zu seiner zweiten Frau kam, sagte die, ›stör mich nicht, geh zu der anderen‹. So kam es, daß er nur noch in der Moschee schlief.«

»Geschieht ihm ganz recht«, sagte Mamanir. »Warum mußte er sich auch eine zweite Frau nehmen?«

»Ich weiß nicht, wie viele Frauen der Händler hatte, auf jeden Fall war er geizig. Er gab seinen Kindern nur Eichelbrot zu essen, was die armen Leute früher immer aßen.«

»Gar nicht nur die Armen! Wir alle haben Eichelbrot gegessen«, sagte Mamanir.

»Es ist dunkel und schmeckt herb, liegt einem wie ein Stein im Magen, und, bei allem Respekt, es verstopft einen total, ihr wißt schon, was ich meine. Man ißt es bei Durchfall.«

»Hakime hat neulich Eichelbrot gebacken«, sagte Amene, »irgendwie mag ich es ab und zu mal ganz gerne.«

»Das sagst du jetzt, weil du es nicht essen mußt«, sagte Mamanir.

»Und die Arbeit, die man damit hatte! Erst mußten die Eicheln überall gesammelt werden, dann wurden sie gemahlen, und das Mehl mußte im Fluß eingeweicht werden und was nicht noch alles. Das dauerte Tage«, sagte Mamalus.

»Aber es war auch lustig, mit allen Frauen draußen zu sein, es waren immer viele draußen im Wald, den ganzen Tag. Und wir brauchten damals auch keine Angst zu haben, nicht wie heute, mit all den Fremden in der Gegend. Denkt nur an die arme Turan!«

»Wie dem auch sei.« Mamalus nahm die Geschichte wieder auf. Sie sprach etwas lauter: »Dieser Händler hätte sich Weizenbrot und Reis leisten können, aber er wollte nicht. Nachts legte er sich auf eine Matte und deckte sich statt mit einer Decke oder einem Teppich oder Mantel mit den Waagschalen seiner Waage zu. So geizig war er. Die Geschwister sprangen auf die Waagschalen und drückten so lange zu, bis der Alte erstickt war. Dann warfen sie ihn ins Wasser, und die Strömung trug ihn fort. Das wäre ja neulich auch fast mit Aftabs kleinem Sohn passiert, weil sie nicht auf ihn aufpaßt!«

»Hörst du«, sagte Amene zu ihrem Sohn, der gerade damit beschäftigt war, Zuckerbrei auf den Teppich zu schmieren, »geh nie nah ans Wasser!«

»Die Kinder blieben im Haus des Alten. Da kam eines Tages ein Derwisch ...«

»Aha, ein Derwisch«, rief Mokhtar voller Empörung. »Diese Halunken glauben, es wäre heilig, nicht zu arbeiten, und betteln statt dessen ehrliche Leute an, die für jeden Bissen Brot hart arbeiten müssen! Das hat unser Prophet...«

»Faule Landstreicher, die sich durchs Leben betteln, werden wie richtige Gauner, böse und hinterhältig, auch wenn sie den grünen Turban der Nachfolger des heiligen Propheten tragen. Dieser hier war kein Jota besser. Er sah das Mädchen an, als er um Essen bettelte, und wurde ganz wild nach ihr, und hinter dem Rücken des Bruders hat er sie auch bekommen. Und als sie schwanger wurde, hatte sie große Angst, denn sie wußte nicht, was ihr Bruder mit ihr machen würde, wenn er davon erfuhr.«

»Siehst du, das habe ich gleich gesagt«, sagte Mokhtar und schüttelte den Kopf auf seinem dürren Hals. »Der Bruder muß sie natürlich töten. Erinnert ihr euch noch, wie unser Grundbesitzer diese Frau samt ihrem äh... Bekannten, er war ein Fremder aus einem Dorf flußabwärts, verbrannte, weil sie Unzucht getrieben hatten? Das ist schon Jahre her...« Mokhtar wollte damit deutlich machen, daß damals die Welt noch in Ordnung war.

»Aber keiner hat Begoms Nichte umgebracht, als sie vor ein paar Jahren ledig schwanger wurde«, sagte Effat.

»Damals paßte die Polizei des Schah auf, daß niemand ihr etwas antat«, sagte Mokhtar, »aber heute würde sie das bestimmt nicht überleben.«

»Und ihre Mutter kämpfte wie eine Löwin, bis der Kindsvater sie heiratete. Auch wenn er sich gleich wieder hat scheiden lassen, aber immerhin.«

»Dieses Mädchen in der Geschichte hatte keinen Vater, keine Mutter und auch keine Onkel. Sie hatte nur ihren Bruder. Nun war sie schwanger, und schon nach einigen Tagen merkte sie, daß die Geburt bevorstand. Sie schickte den Derwisch zu ihrem Bruder, der die Schafe hütete. Sie sagte zu ihm: ›Töte meinen Bruder. Laß ihn für dich zum Mittagessen ein Schaf melken, und wenn er sich vorbeugt, erschlag ihn mit einer Keule.‹ Der Derwisch versuchte es, aber der Bruder war schlau und ließ den

Herst. u. Verlag Schöning & Co + Gebrüder Schmidt - Lübeck
da Luftaufn., gen. SH 1-43893 - Bestellnr. Maasho LK 7926

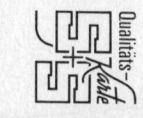

Herst. u. Verlag Schöning & Co + Gebrüder Schmidt - Lübeck
za Luftaufn., gen. SH 1-28795 - Bestellnr. Schlesw Luft 7866

Derwisch selber das Schaf melken und erschlug ihn mit seiner Keule.«

»Geschah ihm ganz recht«, sagte Mokhtar.

»In der Zwischenzeit hatte die Schwester einen Jungen geboren, und der Junge konnte gleich laufen und sprechen.«

»Du gütiger Gott, hab Erbarmen«, murmelte Mamanir hinter dem Rohr der Wasserpfeife hervor.

»Das ist doch nur eine Geschichte«, sagte Mamalus.

»Alles Lügen«, kommentierte Mokhtar im Halbschlaf.

»Da brauchte sie dann auch gar keine Windeln zu waschen«, sagte Amene. »Hört euch den Donner an«, sagte Effat. »Ich habe Angst. Was macht der Vater so lange da oben? Er muß inzwischen ganz durchnäßt sein.«

»Das Mädchen weinte sehr, als sie hörte, daß ihr Bruder den Derwisch ermordet hatte.«

Effat stöhnte. »So eine blöde Gans«, sagte Mokhtar.

»Ihr Sohn schimpfte sie aus. ›Der Derwisch war ein schlechter Mensch‹, sagte er, ›sieh doch, was er mit dir gemacht hat!‹ Die Frau hörte auf zu weinen. Sie sagte zu ihrem Bruder: ›Geh und hol mir etwas Fett vom Leichnam des Derwisch.‹ Der Bruder hatte ein weiches Herz und tat, wie sie ihm befohlen hatte. Als die Frau wieder einmal Reis gekocht hatte und ihn servieren wollte, mischte sie das geschmolzene Derwischfett unter den Reis auf dem Tablett, das vor den Männern stand, sich selber aber goß sie vom guten Butterschmalz über das Essen, das auf dem Tablett vor ihr war. Aber ihr Sohn, er hieß Gedulak, dieser Gedulak paßte auf wie ein Luchs und sah, was die Mutter tat. Er blies die Lampe aus und vertauschte in der Dunkelheit die Tabletts. So aßen er und sein Onkel vom guten Reis und die Mutter vom schlechten, und ihr Bauch schwoll an, bis sie platzte und tot war.«

»Gut, daß sie weg ist«, sagte Mokhtar. Wieder rollte der Donner über das Haus.

»So hörte sich das an, als sie platzte«, sagte Amene.

»Huh, huh«, heulte Effat. Amenes Kinder hatten entsetzt die Köpfe unter den Röcken der Mutter vergraben. Die Tür ging auf, und Gholam kam herein, triefend vor Nässe, den Mantel über dem Kopf. Effat sprang auf und hing den Mantel über den Nagel an der Wand. Mokhtar machte für Gholam am Feuer Platz. Mamanir stellte ein Glas Tee mit drei großen Zuckerstükken vor ihn hin. Beim nächsten Donner wackelte das ganze Haus.

»Schon wieder geplatzt«, sagte Amene. Sie schüttelte sich vor Lachen. Der kleine Junge brüllte. Mamanir murmelte ein Gebet.

»Hör dir diese Geschichte an«, sagte Mamalus zu Gholam. »Das ist die Geschichte von Gedulak, dem Schurken.« Gholam war nicht interessiert. Er fror und wollte noch ein Glas Tee.

»Erzähl weiter«, sagte Effat.

»Als ob du die Geschichte nicht kennen würdest«, sagte die Mutter. Aber trotz des Krachs draußen und trotz Gholams schlechter Nachricht, daß das Scheunendach am anderen Ende auch völlig undicht sei, erzählte sie weiter.

»Gedulak und sein Onkel waren nun allein. ›Was sollen wir tun?‹ fragte der Onkel.

›Ich bin doch nur ein Kind‹, sagte Gedulak, ›also mußt du in die Welt hinaus und dich bei einem Herrn verdingen, um Geld für uns beide zu verdienen.‹ Er gab ihm Geld für den Bus – es sieht so aus, als ob sie damals doch schon Autos gehabt hätten –, und er gab ihm noch ein Haar mit auf den Weg. Er sagte, er solle es auf die Kohlen seiner Wasserpfeife legen, wenn er in Schwierigkeiten gerate, und er würde gleich zur Hilfe eilen. Der Onkel war wirklich ein armer, dummer Tölpel und ging fort.

Er traf einen bartlosen Mann mit grünen Augen. Diese merkwürdige Gestalt suchte einen Diener, und der Onkel ging mit ihm. Schon ganz früh morgens gab ihm der Herr Weizenkörner, einen Pflug, eine Kuh, einen Esel und ein rundes Fladenbrot und sagte: ›Geh und säh den Weizen aus, schieße Wild, aber iß nichts von dem Fladenbrot, und komm abends mit einer Ladung Feuerholz zurück.‹

»So waren halt die Herren von früher«, sagte Gholam und schlürfte seinen Tee aus der Untertasse, »einige waren besser, andere waren schlechter.«

»Naja, die Geschichte, die ich zu diesem Thema erzählen könnte ...« sagte Mamanir zur fremden Frau, »als wir nichts besaßen, weder Land noch Kuh oder Schaf, und uns für den Grundbesitzer abschuften mußten...«

»Er war ganz in Ordnung«, sagte Mokhtar. »Seine beiden Brüder waren viel schlimmer. Weißt du noch, als der jüngere von ihnen mit drei Männern mit Gewehren in die Berge kam, wo wir die Schafe und Ziegen hüteten? Das war der Sommer, nachdem unsere zwei Kinder an den Masern gestorben waren. Ich war nicht da, und du hattest Fieber. Sie kamen und nahmen uns unseren einzigen Teppich weg, sie haben ihn buchstäblich unter deinem kranken Körper hervorgezogen. Möge Gott ihn in seinem Grab strafen.«

»Es war ein Glück, daß ich so krank und häßlich aussah«, sagte Mamanir, »sonst...«

»Und als dein Großvater starb, möge seine Seele in Frieden ruhen«, sagte Mokhtar zu Amene, »kam der Vetter des Grundbesitzers mit seinen Gefolgsleuten und trieb den Ochsen deines Vaters fort und sagte: ›Warum ist mir dein Vater einfach so weggestorben? Er war so ein guter Jäger! Dafür müßt ihr bezahlen.‹« Amene nickte. Sie hatte diese Geschichte schon oft gehört.

»Der Schah sei dafür gesegnet, daß er diese Grundbesitzer abgeschafft hat«, murmelte Gholam, und sofort versuchten alle gleichzeitig, ihn zum Schweigen zu bringen.

»Dieses bartlose Grünauge war schlimmer«, sagte Mamalus. »Unsere Herren haben uns wenigstens ernährt. Je enger man sich an sie hielt, um so mehr bekam man zu essen, zumindest die Männer, die direkt an ihrem Tischtuch saßen. Die Frauen zu Hause mußten Eichelbrot essen. Aber dieser dumme Onkel wußte nicht, was er tun sollte.

Er kam vor Hunger dort auf dem Feld fast um. Er säte den Weizen, schlug etwas Feuerholz, und dann aß er aus lauter Hunger das Brot auf. Als er bei Sonnenuntergang nach Hause kam, sagte der Herr: ›Du bringst kein Wildbret? Du hast das Brot gegessen? Dafür mußt du sterben‹, und er legte ihn auf die Erde und wollte ihm den Kopf abhacken.«

»Das muß in der Zeit gewesen sein, als man noch keine Gewehre hatte«, sagt Mokthar, »der Bruder des Grundbesitzers hat Tamas Onkel wegen der Weizenzahlungen erschossen.«

»Na gut, vielleicht wollte er ihn auch erschießen«, sagte Mamalus, »es ist nicht so wichtig. Der bartlose Geselle wollte den Onkel töten, um an sein Fett zu kommen.«

»Wofür wollte er das haben?« fragte Effat. Amene ließ ihre Stickerei in den Schoß sinken und sah Mamalus scharf an. Mamalus wußte sehr viel über die Heilmethoden vergangener Zeiten.

»Wie soll ich das wissen?« sagte Mamalus. »Bärenfett ist gut gegen Rheuma, und das Fett von Wildschweinebern ist gut gegen tausend Sachen, warum sollte dann nicht auch Menschenfett für irgend etwas gut sein? Er wollte jedenfalls sein Fett, ich sag's euch. Da erinnerte sich der Onkel an Gedulaks Haar, und er fragte nach einer Wasserpfeife. Das sei sein letzter Wunsch. Er verbrannte das Haar, und siehe da, Gedulak erschien, einfach so«, und sie schnippste mit den Fingern.

»Alles gelogen«, sagte Gholam, und das Wasser gluckste in seiner Pfeife.

»Die Wesen, die besser sind als wir, können so etwas«, sagte Effat. Amene stimmte ihr zu. Sie glaubte auch, daß die Djenn und Feen zu solchen Dingen in der Lage wären und daß man das ernst nehmen sollte. »Ich habe gehört, daß Hakimes Bruder schwer krank ist«, sagte sie und machte eine vielsagende Pause.

»Er hat eine Erkältung, heißt es«, sagte Mamanir und zuckte die Schultern. »Man redet besser nicht darüber.« Worüber man nicht reden sollte, war die schaurige Geschichte eines Mannes, der nachts am Waschhaus für die Toten eine fremde Frau getroffen hatte. Das war vor ungefähr einer Woche nach einer Abendbeerdigung gewesen. Er hatte der Frau gesagt, sie solle nicht dort herumlungern, denn das Waschhaus für die Toten sei ein schlechter und gefährlicher Ort. Die Frau war aufgestanden, hatte gelacht (das war auch schon sehr merkwürdig), war zum Waschhaus gegangen und war plötzlich verschwunden. Als er nach Hause kam, schlotterte er am ganzen Körper. Er legte sich hin und stand nicht wieder auf, denn ihn hatte ein unerklärliches Fieber gepackt.

»Wer weiß«, sagte Mokthar. Er war wieder mit der Wasserpfeife an der Reihe.

Wieder grollte der Donner, und ein Platzregen ging auf das Haus nieder. Die nackte Glühbirne an der Decke, die mit einer Plastikfolie abgedeckt war, flackerte. Gholam murmelte etwas Unverständliches über die Scheune und das Heu und ging wieder hinaus. Amenes Kinder waren eingeschlafen. Effat zog sie nacheinander am Arm auf ein Kissen in der Zimmerecke und deckte sie zu. Amene nahm sich noch etwas Tee. Mamalus und ihre Schwester stritten sich über die Krankheit des Mannes.

Amene setzte sich wieder und versank in ihren weiten Röcken. »Also, was war mit Gedulak und seinem Onkel? Tante Mamalus, erzähl weiter«, sagte sie.

»Gedulak erschien und sagte dem Bartlosen, daß er selbst am nächsten Tag sein Diener sein werde. Er würde alles für ihn tun, wenn er nur den Onkel verschonte. Der grünäugige Mann stimmte zu. Am nächsten Morgen gab er Gedulak eine Kuh, den Pflug, Weizen, eine Schale Joghurt und einen Esel für das Feuerholz. ›Geh und sorge dafür, daß alles grünt auf dem Feld‹, sagte er, ›aber löffle nicht das Joghurt aus! Besorg Wildbret und bring eine Ladung Holz auf dem Esel mit.‹ Gedulak zog aufs Feld. Er pflügte es kreuz und quer und rauf und runter und warf das Saatgut in alle Himmelsrichtungen. Dann zerbrach er den Pflug und lud ihn auf den Esel, tötete die Kuh und lud sie dem Esel auch noch auf. Dann machte er vorsichtig ein Loch in den Boden der Joghurtschale und saugte das Joghurt von unten aus, so daß oben die Haut nicht verletzt wurde, und dann fand er Kinder, die am Kanalrand Gras schnitten, und sagte zu ihnen: ›Kinder, wißt ihr noch nicht das Neueste? Eure Mutter ist gestorben, euer Vater ist tot, und die Trauergäste essen schaufelweise Süßigkeiten.‹ Die Kinder ließen ihre Säcke mit dem Gras fallen und rannten nach Hause. Gedulak nahm das Gras und verteilte es auf dem Feld, so daß es wünderschön grün aussah, und dann ging er heim.«

Amene lachte hinter ihrem Kopftuch. »Das geschah dem bartlosen Herrn recht«, sagte Effat.

Amene steckte Mamalus mit ihrem Gelächter an. »Es wird ja noch besser!« rief sie. »Dem Bartlosen hatte es die Sprache verschlagen, als er sah, was Gedulak angerichtet hatte. ›Ich flehe dich an‹, rief er zu guter Letzt, ›hau ab! Ich werde dir tausend Toman geben, wenn du nur gleich verschwindest.‹ Und so ging Gedulak.«

»Nein, das stimmt nicht«, sagte Mamanir.

»Natürlich ging er«, sagte Mamalus. »Er ging weg und kam dann zum Haus eines anderen Herrn, stellte sich vor die Tür und schniefte. Der Herr kam heraus...«

»Das war derselbe, der ohne Bart! Gedulak ließ ihn nicht in Ruhe. Er wollte nicht nur das Geld, sondern auch das Haus und alles, was der Mann besaß.«

»Es ist doch egal!« sagte Mamalus. »Er war also bei diesem Herrn. Der hatte das Haus voller Töchter...«

»... wie Agha«, sagte Effat. »Seine Frau hat heute Morgen schon wieder eine Tochter bekommen, die siebte!«

»Du meine Güte!« sagte Mamanir. »Gott sei gepriesen.«

»Im Dorf meines Mannes lebt ein Mann, der hat zehn Töchter, ein anderer hat dafür neun Söhne«, sagte Amene, und sie fand das auch noch komisch.

»Gottes Wege sind unergründlich«, sagte Mamalus. »Gedulak führte etwas im Schilde, hört zu!«

»Es heißt, daß Agha seiner Frau gesagt hat, sie soll das Baby nicht stillen; wißt ihr, wie Tamas damals, als Hakime schon vier oder fünf davon hatte, eins nach dem anderen, und sie hatten doch selber nichts zu beißen«, sagte Effat.

»Woher willst du denn das wissen?« sagte Mamalus. »Du warst ja noch gar nicht auf der Welt!«

»Hakime hat es mir selbst erzählt«, sagte Effat.

»Damals sind viele Kinder gestorben«, sagte Amene und warf einen verstohlenen Blick zur fremden Frau hinüber.

»Es gibt sowieso zu viele Frauen!« sagte Mokhtar.

»Maryam und Begom und ich haben neulich die Witwen im

Dorf gezählt. Wir kamen auf elf«, sagte Mamalus. »Elf Witwen, stellt euch das vor. Arme, reiche, junge und alte!«

»Ich glaube nicht, daß Agha das gesagt hat«, sagte Mamanir. »Er hat seine Töchter gerne. Ich habe ihn vor ein paar Tagen mit einer beim Doktor gesehen, sie hatte sich die Hand verbrannt, und er war sehr besorgt.«

»Was hat denn Gedulaks Herr mit seinen Töchtern gemacht?« fragte Amene.

»Nichts, er mochte sie auch gern. Aber Gedulak sagte zu dem jüngsten Mädchen: ›Geh und sag deinem Vater, daß deine älteste Schwester gestorben ist.‹ Sie war in der Stadt verheiratet. ›Ich traue mich nicht, ihm die schreckliche Nachricht selber zu bringen.‹ Der Herr glaubte es und machte sich reisefertig. Er sprach zu Gedulak: ›Solange ich fort bin, sieh du nach dem Rechten. Feg den Hof so sauber, daß man Butterschmalz und Sirup darauf schütten kann. Wasch die Beine des Ochsen, bis sie rosa und glänzend sind. Die sechs Mädchen sollen sich mit den Spindeln hinsetzen, und wenn sie nicht gehorchen, töte sie.‹ Der Herr und seine Frau gingen fort. Gedulak ließ die Mädchen spinnen. Dann holte er den Sack mit dem Butterschmalz und dem Sirup. Das war in der Zeit, als man diese Dinge noch in Ledersäcken aufbewahrte...«

»Lebensmittel hielten sich damals viel besser«, sagte Mamanir.

»...er holte die Ledersäcke und schüttete sie im Hof aus. Als die Mädchen das sahen, hörten sie auf zu spinnen und sprangen auf. Gedulak tötete sie und setzte sie wieder hin, stützte sie irgendwie ab und steckte Rosinen in ihre Mundwinkel. Es sollte so aussehen, als ob sie lächelten. Dann tötete er auch den Ochsen und hackte ihm die Beine mit einer Axt ab. Er steckte sie in kochendes Wasser, und dann briet er sie so lange, bis sie rotbraun und glänzend waren. So weit hat dieser Gedulak es getrieben!«

»Schwarzer Tod«, fluchte Effat.

»Das geschah dem Bartlosen recht!« sagte Mokhtar aus seiner warmen Ecke.

Gholam kam wieder herein. Er stellte die triefend nassen Überschuhe auf den schmutzigen Gipsboden an der Tür. »Es will nicht aufhören«, sagte er.

»Wir sollten das Dach teeren lassen«, sagte Mamalus.

»Piralis Frau ist auf ihrem Dach. Es ist undicht, obwohl es geteert ist, sagte sie. Ich habe ihr geholfen.«

»Diese Frau hat wirklich Pech«, sagte Mamanir. »Pirali hat wieder geschrieben, daß er nicht kommen kann. Er ist jetzt schon über zwei Jahre in Kuwait. Sie muß alles allein machen.«

»Sie will ihre Kuh verkaufen, weil sie niemanden findet, der Heu für sie macht und die Kuh auf die Weide führt«, sagte Amene.

»Er wird so viel Geld mitbringen, daß sie wie eine Fürstin leben kann«, sagte Effat.

»Das mag sein, aber im Augenblick hat sie nichts als Schulden und drei kleine Kinder. Sein Bruder hilft auch nicht.« Gholam saß wieder am Feuer, er zuckte die Achseln. »Der hat genug zu tun«, sagte er.

»Ganz richtig«, sagte Mamanir, »er ist damit beschäftigt, ihr Piralis Land unter der Nase wegzuklauen, während Pirali fort ist. Wenn Pirali zurückkommt, gibt es einen fürchterlichen Krach. Und in der Zwischenzeit muß der alte Mann ihrer Tante, der mit dem lahmen Bein, das bist nämlich du, helfen, das Dach zu walzen. Was ist das nur für eine Gerechtigkeit!«

»Wie auch immer«, sagte Mamanir in die Pause, »als Gedulaks Herr nun nach Hause kam, sah er seine grinsenden Töchter faul in der Ecke sitzen. Gedulak sagte: ›Oh, ehrenwerter Herr, deine Töchter machen sich über dich lustig.‹ Der Herr hatte schon schlechte Laune, weil er umsonst in die Stadt gefahren war. und verfluchte sie: ›Daß sie doch tot umfallen mögen!‹ sagte er. Gedulak stieß eines der Mädchen an, sie fiel auf ihre Schwester, und dann fiel eine nach der anderen tot um. Da sah der Herr, was geschehen war, und daß Gedulak alles wörtlich genommen und so dieses Unheil über sein Haus gebracht hatte.«

»Das ist ja schlimm!« sagte Amene. Sie konnte das Lachen kaum verbeißen.

»Ja«, sagte Mamalus, »aber ihr erinnert euch doch, der Herr hatte noch eine Tochter. So sagte er ganz erschöpft zu Gedulak, ›geh und bring mir meine älteste Tochter, tot oder lebendig, je eher desto besser, zur Beerdigung‹. Gedulak ging in die Stadt und sagte zur Tochter: ›Ich soll dich so schnell wie möglich nach Hause bringen. Das geht am besten an einer Leine.‹ Er legte ihr ein Seil um den Hals und zog sie wie eine Kuh hinter sich her. Als sie ankamen, war sie tot.«

»O je«, sagte Amene, »was man früher alles mit den Mädchen gemacht hat!«

»Man kann sich freuen, daß man heute lebt«, sagte Effat.

»Lügen, nichts als Lügen«, sagte Mokhtar.

»Gedulaks Herr war jetzt am Ende. Er sagte: ›Gedulak, ich will dir tausend Toman, zweitausend Toman geben‹ – damals war das ein Vermögen –, ›wenn du nur endlich verschwindest.‹ Gedulak nahm das Geld und ging. Er...«

»Nein, er ging nicht fort«, sagte Mamanir. »Er hat alles dem Bartlosen angetan.«

»Nein«, sagte Mamalus, »du irrst dich. Er ging weg und kam zu einem anderen Herrn... oder war es doch der Grünäugige? Es spielt eigentlich keine Rolle, ich hab's vergessen. Die alte Binas hat uns die Geschichte erzählt, vor langer Zeit. Das war eine tolle Frau, wo wir doch gerade von Witwen gesprochen haben. Sie hatte neun Ehemänner und hat sie alle überlebt.«

Gholam grunzte verschlafen. Mokhtar sagte: »Das stimmt nicht.«

»Es ist doch wahr«, sagte Mamalus, »und sie kannte die besten Geschichten. Sie konnte auch den Koran lesen. Wir Mädchen haben sie oft besucht. Damals machte man ja noch viel mehr Besuche.«

»Das stimmt«, sagte Gholam. »Heute ist jeder zu hochnäsig, um sich in anderer Leute Haus aufzuhalten.«

»Wie dem auch sei, Gedulak ist nun bei diesen Leuten, die einen kleinen Sohn haben. Nachts sagte der Junge: ›Ich muß mal.‹ Die Frau sagte: ›Gedulak, geh du mit ihm raus zum Pinkeln!‹ Gedulak nahm ihn mit hinaus und sagte: ›Wenn du pinkelst, stecke ich dir eine Nadel in die Eier, und wenn du ein großes Geschäft machst, dann steche ich mit einer Mistgabel in deinen Hintern!‹ Das Kind hatte Angst und pinkelte nicht. Nun, da gibt es gar nichts zu lachen, Effat!«

Amene und Effat schüttelten sich hinter ihren Schleiern vor Lachen. »Also, bei allem Respekt, ich erzähle es euch so, wie die alte Binas es uns erzählt hat. Stellt euch vor, jemand würde so etwas zu deinem kleinen Jungen sagen!«

»Dreimal muß er nachts raus«, sprudelte es aus Amene hervor, »und ich habe keinen Gedulak, ich muß selbst gehen!«

»Dieser Junge in der Geschichte fing natürlich nach kurzer Zeit wieder an zu jammern, daß er pinkeln müsse, und seine Mutter schickte Gedulak mit ihm hinaus, und Gedulak drohte ihm wieder mit der Nadel und...«

»... mit der Mistgabel...«, Effat rang nach Luft.

»Halt den Mund«, sagte Mokhtar, »laß deine Mutter erzählen.«

»Wenn eine Frau lacht, gibt sie sich dem Teufel hin«, sagte Mamanir, aber sie konnte auch dabei kein ernstes Gesicht machen.

»Beim dritten Mal wurde die Frau ungeduldig. Sie sagte: ›Bring ihn raus, Gedulak, und halt ihm die Beine auseinander.‹ Natürlich meinte sie nur...«

Alle lachten jetzt, Amenes kleiner Junge setzte sich auf, er jammerte und rieb sich die Augen. Er sah um sich und jammerte noch lauter, dann krabbelte er zu seiner Mutter. Amene unterdrückte ihr Kichern und beruhigte ihn liebevoll. »Ich muß pinkeln«, sagte der Junge weinerlich. Da brüllten alle los, sogar Mokhtar!

»Effat«, rief Amene, »bring ihn raus, und wenn er nicht pinkelt, stech ihm mit der Mistgabel...« Sie erstickte fast vor Lachen. Der Junge warf sich auf die Erde, strampelte und schrie. »Nein, nein«, sagte Amene, während sie sich die Tränen aus den Augen wischte, »niemand tut dir weh. Geh nur mit Effat.«

Aber der Junge schrie: »Lügen, Lügen, Lügen, Lügen«, und riß an Amenes Kopftuch und an ihren Zöpfen. Effat versuchte, ihn an den Beinen wegzuziehen, aber sein Schreien steigerte sich zu einem haarsträubenden Gebrüll. Amene stand auf. Halb zerrend, halb tragend, schaffte sie ihn zur Tür.

»Nimm den Schirm mit«, sagte Gholam. Sie konnten das Weinen des Jungen von draußen hören; es war etwas leiser und kam durch die offene Tür von irgendwoher.

»Gedulak war mit dem Jungen draußen. Er nahm seine Beine und riß ihn auseinander. Genau in der Mitte, in zwei Hälften. Und dann warf er die beiden Hälften fort.«

»Warte«, rief Amene von draußen, »ich will es auch hören.« Sie kam mit dem Jungen auf dem Arm zurück, setzte sich und legte ihn auf ihrem Schoß zum Schlafen.

»Gedulak riß das Kind auseinander«, sagte Mamalus wieder. Der Junge stieß einen Schrei aus. Amene lachte und tätschelte ihm den Rücken. »Dich doch nicht«, sagte sie, »jemand anderen, einen bösen, ungezogenen Jungen.«

»Lügen, Lügen, Lügen!« schrie der kleine Junge.

»Pscht, bist du wohl still«, sagte Mokhtar. Der Junge jammerte weiter.

»Der Junge war tot«, sagte Mamalus, »und Vater und Mutter wußten nicht, was sie tun sollten. Sie waren traurig und weinten. Nachts sprachen sie leise miteinander, damit Gedulak sie nicht hören konnte. Die Frau sagte: ›Alter, laß uns schnell verschwinden.‹ Sie standen auf und luden all ihre Habe auf ihre Esel. Aber Gedulak wußte, was sie vorhatten, und nahm einen Sack mit Traubensirup aus der Satteltasche, um Platz zu machen, dann kroch er hinein. Der Mann und die Frau zogen nun mit Gedulak in der Satteltasche los.

Unterwegs mußte Gedulak, ich meine, bei allem Respekt, er mußte pinkeln. Der Alte – also, wenn ihr so weitermacht, kann ich die Geschichte nicht erzählen –, seid doch still! Der Alte sah, daß etwas aus der Satteltasche tropfte und sagte: ›Sieh mal, der Sack hat ein Loch, der Traubensirup läuft aus.‹ Er fing einen Tropfen mit dem Finger auf und leckte daran...«

Mamalus konnte nicht mehr sprechen. Amene wischte sich die Tränen mit ihrer Stickerei ab. Mokhtar keuchte. »Der

Alte…, er sagte… ›das ist ja salzig… du bist… du bist vielleicht eine Schlampe… du hast noch nicht einmal den Sack ausgewaschen, bevor du den Sirup eingefüllt hast!‹«

Es dauerte ziemlich lange, bis sich die Gesellschaft wieder gefangen hatte. Mamalus nutzte die Unterbrechung, um an der Wasserpfeife zu ziehen und zu rauchen. Das blubbernde Wasser in dem Glasbehälter nahm eine bräunliche Farbe an. »Oh, dieser Gedulak!« rief sie, und atmete den Rauch aus. »Er hat sie wirklich reingelegt! Sie gingen und gingen, und Gedulak ritt gemütlich in der Satteltasche mit. Sie kamen zu einem verlassenen Lagerplatz an einem Fluß, und der Mann fing an, die Esel zu entladen. ›He, du‹, rief Gedulak, ›sei vorsichtig, tu mir nicht weh!‹«

»O je, hab Erbarmen!« rief Effat.

»Das sagten der alte Mann und die Frau auch! ›Oh, Unglück, o Strafe, Erbarmen!‹ riefen sie. Die Frau nahm den Alten zur Seite und flüsterte ihm zu: ›Laß uns Gedulak nachts zwischen uns nehmen. Wenn er tief schläft, wollen wir aufstehen, und du nimmst seine Hände, und ich nehme die Füße, und wir werfen ihn ins Wasser, dann sind wir ihn los!‹«

»Wenn das Wasser in so einem Zustand war, wie der Bewässerungskanal es jetzt ist, dann würde ihnen das gelingen. Er ist bis zum Überlaufen voll«, sagte Gholam.

»Ganz recht, damals war der Fluß auch voll, weil, hört zu: Gedulak, dieser Teufel, hatte wieder gelauscht. Nachts sagte die alte Frau mit zuckersüßer Stimme: ›Gedulak, es wird heute Nacht kalt, komm, schlaf zwischen uns!‹ Aber als der Mann und die Frau schliefen, legte sich Gedulak auf die andere Seite des Alten und wartete. Bald darauf wachte die alte Frau auf und sagte: ›Wie viele Beine?‹ und Gedulak sagte: ›Zwei Füße, zwei Beine‹, und sprang auf, er ergriff die Hände des alten Mannes, und die Frau packte die Beine, und sie warfen ihn ins Wasser – platsch! –, und das Wasser trug ihn fort. Die Alte war sehr froh und sagte: ›Er ist weg, er ist weg!‹

›Sicher‹, sagte Gedulak, ›er kommt bestimmt nicht mehr wieder, genau wie du gesagt hast.‹ Und da begriff die alte Frau, daß

Gedulak lebte und der alte Mann tot war. ›Asche auf mein Haupt!‹ rief sie, ›Gott erbarme, Gedulak, bist du es? Jetzt weiß ich nicht mehr aus noch ein, was soll ich nur tun? Ich muß dich als Sohn annehmen, damit ich nicht ganz allein bin!‹

›Das ist mir ganz recht‹, sagte Gedulak. Aber dann hat er der Alten auch etwas angetan, und sie ist auch gestorben.«

»Gedulak hat sie nicht getötet«, sagte Mamanir, »sie ist sofort aus lauter Kummer gestorben.«

»Wie Huris Vater«, sagte Effat. »Er ist zehn Tage nach dem Tod seiner Frau gestorben, obwohl er nie vorher krank gewesen ist.«

»Oder wie die alte Qeta«, sagte Mokhtar. »Sie ist fast gestorben, als ihr Mann und einer ihrer Söhne getötet wurden, und dann starb der andere Sohn ein paar Tage später. Sie hat den Verstand verloren. Das war in dem Sommer, als unser Sohn geboren wurde und als so viel gekämpft und gemordet wurde.«

»Sie war heute morgen hier und hat um Tabak gebettelt«, sagte Amene. »Als sie ging, tanzte sie auf der Veranda und sang, als ob sie auf einer Hochzeit wäre.«

Mamanir nickte. »Das ist peinlich für ihren Bruder. Seine Frau sagt, daß sie alles tun, aber sie will nicht im Haus bleiben. Nachts zieht sie los und schläft in der Moschee.«

»Die alte Frau in der Geschichte starb jedenfalls, ob sie nun verrückt war oder nicht. Vielleicht war sie verrückt. Binas hat es nicht gesagt. Sie starb, und Gedulak band sie mit einer Schnur um Schultern und Füßen auf einem Esel fest.

Dann führte er den Esel in ein grünes Weizenfeld, und der Esel fraß natürlich den süßen jungen Weizen, so schnell er konnte. Der Besitzer des Feldes war ziemlich weit weg auf der anderen Seite der Hecke. Er sah den Esel und rief laut über das Feld: ›He du, Frau auf dem Esel, hol das Vieh aus dem Feld!‹ Die Frau antwortete natürlich nicht. Nur ihr Kopf nickte, etwa so«: Mamalus ließ den Kopf auf ihren ausladenden Busen auf und nieder wippen. Effat hatte die Hand auf den Mund gepreßt und rollte sich auf dem Teppich hinter Amene hin und her. Amene schüttelte sich vor Lachen, und die fremde Frau auch. »Der Mann wurde wütend. Er rief noch lauter: ›Alte, beim schwarzen Tod, nimm den Esel aus dem Feld!‹ Der Esel fraß einfach noch schneller. Der Mann war nun außer sich vor Wut. Er hob einen Stein auf und schrie: ›Verschwinde aus dem Feld, du Miststück!‹ Also, er sagte das, und ich bitte für den Ausdruck um Entschuldigung. Und er warf den Stein, ein großer, schwerer war das, und er traf den Kopf der Frau, und die fiel vom Esel herunter. Gedulak hatte sich derweil hinter einem großen Stein versteckt. Nun sprang er auf und rief: ›Du Hundes...‹, ich meine, er hat ihn beschimpft und gesagt: ›Du hast meine Mutter wegen ein paar Maulvoll Gras getötet. Ich werde deine Mutter umbringen und dich auch, und ich nehme dich mit zum Schah, zur Polizei!‹ Damals gab es noch keine Revolutionsgarden, sonst hätte er ihm damit auch noch gedroht! ›Was willst du von mir, damit du mir nichts antust?‹ fragte der Mann. Er schlotterte am ganzen Leib vor Angst. Gedulak sagte: ›Ich will meinen Hut voll mit Goldmünzen.‹ Der Mann ging fort. Gedulak machte ein Loch in seinen Filzhut und grub eins in die Erde und legte den Hut über das Loch in der Erde. Der Mann brachte einen Beutel voller Goldmünzen und schüttete sie in den Hut, aber sie fielen natürlich unten durch. ›Er ist nicht voll‹, sagte Gedulak. Der Mann ging zu seinen Leuten zurück und brachte noch mehr Goldmünzen. Der Hut war immer noch nicht voll. Schwitzend vor Angst ging er also noch einmal fort und holte alle Goldmünzen, die seine Verwandten besaßen – er nahm sie von den Kappen der Frauen und von ihren Halsketten, er nahm alles, was er nur finden konnte; keine Braut behielt auch nur eine Goldmünze, aber der Hut war immer noch nicht voll, und Gedulak wollte mehr. Zum Schluß versammelte der Mann seine Familie um sich, und sie flohen, und Gedulak übernahm ihr Haus, ihren Besitz und ihre Felder, und dann holte er seinen Onkel, und sie ließen sich in dem Haus nieder, und das war's.«

»Ach«, seufzte Effat.

»Meine Geschichte ist gut und wunderschön, wirf eine Handvoll Rosenblätter darüber«, sagte Mamalus. »So hat Binas immer ihre Geschichten beendet.«

»Sehr gut«, sagte Amene, »und dann?«

»Der Onkel braucht eine Frau, und Gedulak braucht eine Frau«, sagte Effat. »Wer wird sonst das Brot für sie backen und ihre Wäsche waschen?«

»Sie leben wie die Afghanen«, sagte Gholam.

Mokhtar kicherte. »Wenn es dort so viele Witwen gibt wie hier, kann sich jeder zwei oder drei Frauen nehmen – Gedulak ist reich, und Witwen sind billig… je älter, desto billiger.«

»Wir wollen hoffen, daß Gedulak besser auf sein Gold aufgepaßt hat als der Haji«, sagte Mamalus.

»Es ist besser, arm zu sein. Wenn man nichts hat, kann man auch nichts verlieren«, sagte Mamanir.

Es wurde laut an die Tür geklopft. Effat ging und schob den Riegel zurück. Eine verschrumpelte alte Frau mit knallig hennaroten Haaren, die unter ihrem nassen, dunklen Kopftuch hervorsahen, stieg über die hohe Schwelle. Sie hielt ihre knochigen Arme in den dünnen Hemdsärmeln ausgestreckt vor sich und zitterte. »Seht«, sagte sie mit leiser Stimme, »kalt«. Sie trat näher ins Licht und beugte sich vor. Mit den Fingern zog sie die Lippen lang, um ihren fast zahnlosen Mund zu zeigen. »Seht her«, murmelte sie wieder, »leer«. Dann ließ sie ihre Lippen los und umfaßte ihre schlaffen Brüste unter dem schäbigen Hemd. »Leer«, sagte sie, »ganz leer«.

»Ja, Qeta«, sagte Mamalus beruhigend, »wir werden alle alt. Warum gehst du nicht nach Hause?«

»Das Moscheedach ist undicht«, sagte Qeta. Mamalus seufzte und schüttelte den Kopf.

»Das ist die alte Moschee«, sagte Mokhtar. »Die neue hat ein Blechdach. Du solltest dorthin gehen.«

»Nein«, sagte Qeta, »sie lassen mich dort nicht meinen Reis kochen.« Mamalus seufzte wieder. Qeta setzte sich hinter Amene.

Mokhtar goß Tee in ein Glas, und Amene reichte es auf einer kleinen Untertasse mit einem Stück Zucker an Qeta weiter. »Hast du Hunger?« fragte sie. Qeta schüttelte den Kopf und schlürfte den heißen Tee von der Untertasse.

»Hattest du keine Angst vor dem Donner?« fragte Effat. Qeta schüttelte wieder ganz langsam den Kopf. »Das Feuer ist eine schwache Stimme, der Donner ist eine starke Stimme«, sagte sie. »Er ist in Gottes Hand. Die fremde Frau hat mir Streichhölzer gegeben.«

»Mamalus hat gerade die Geschichte von Gedulak erzählt«, sagte Amene. »Kennst du sie? Er hat alle reingelegt.«

Qeta hielt den Kopf schief und lauschte. »Die Trommel und die Oboe sind auch Stimmen«, sagte sie und fing an zu summen.

»Jetzt gibt es keine Musik mehr«, sagte Mokhtar, »und keine Grundbesitzer. Wir haben davon gesprochen, wie es früher war, als die Leute Eichelbrot aßen und es noch keine Autos und keine Radios gab, und jeder ein Gewehr hatte und zur Jagd ging...«

Qeta griff nach einer Zigarette in der Innentasche ihrer uralten, abgetragenen Samtjacke und suchte nach den Streichhölzern. Sie zündete die Zigarette an und steckte sie in ihren zahnlosen Mund. Sie richtete sich gerade auf, während sie mit verschleierten, rotgeränderten Augen um sich sah. »Tata, ta, ta«, summte sie, schnippte mit den Fingern der linken Hand über ihren Kopf hinweg und wiegte sich zu ihrem eigenen Rhythmus. »Ta, tata, ta..., keine Herren, kein Gedulak, kein Eichelbrot, kein Blut, kein Regen, alles Lügen. Die reinsten Lügen.« Sie lehnte sich zur fremden Frau hinüber und blinzelte durch den Rauch. »Leben und Tod«, murmelte sie, »Geschichten... nur Geräusche, alles Lügen.«

Der Sturm hatte sich gelegt, der Regen hatte aufgehört. Ein kalter Luftzug öffnete leicht die Tür. Die Nacht draußen war erfüllt vom Gurgeln der Regenbäche. Eine Weile saßen sie nur da und lauschten.

ACHTES KAPITEL

Die Welt um Sarahs Webstuhl

Wie viele andere Dinge in Deh Koh, die den Widrigkeiten des Lebens erfolgreich getrotzt haben, sind auch die Webstühle einfach und unempfindlich; auch schlechte Behandlung kann ihnen nichts anhaben. Wenn sie zusammengelegt und so auf ihre wesentlichen Bestandteile reduziert sind – nämlich auf ein Bündel Holzstangen –, werden sie, wenn es sein muß, sogar zu robusten Reisenden. Ein Webstuhl ist billig, man kann ihn zu Hause herstellen. Er ist keine komplizierte Konstruktion, denn er besteht nur aus zwei 1,50 Meter langen Stangen, die hinter zwei kurzen, harten, in den Boden getriebenen Holzpflöcken, deren Abstand voneinander die geplante Breite des Stoffs etwas überschreitet, auf zwei Steinen aufliegen. Man braucht noch drei daumendicke, gerade Stöcke (zwei sind für die Lenkung der Kettfäden, und ein weiterer, der an einem Ende gegabelt sein muß, hält die Webfäden auseinander); dann braucht man noch ein paar flache, leicht gebogene, kurze Holzstücke, die sich über dem Querbalken eines Dreifußes (er wird sonst zum Buttern genutzt) hin und her bewegen, um die Kettfäden abwechselnd anzuheben. Alle Teile sind straff gespannt und mit doppelt gesponnenem, starken Garn zusammengebunden. Das Garn ist entweder aus Wolle oder Baumwolle, oder es ist ein grobes Seil aus Wolle und schwarzen Ziegenhaaren, das so rauh und kratzig ist, daß sogar die lederne Haut einer Weberinnenhand davon Blasen bekommt. Kein Nagel, keine Kerbe, kein gehobeltes oder poliertes Teil ist an diesem Werkzeug zu finden. Wenn der Webstuhl abgebaut ist, wirkt er wie ein Stapel alten Holzes, der einfach so an der Wand abgelegt wurde. Aufgebaut nimmt er eine kleine Fläche ein – vielleicht eine Ecke im Hof, die man oberflächlich begradigt und gefegt hat –, und die Weberin arbeitet sich von einem Ende zum anderen durch und hockt dabei auf dem schon fertig gewebten Teil. Während der Pausen (alle Weberinnen haben noch andere Pflichten als den Webstuhl) wird ein Badetuch oder ein alter Schleier über Kett-und Webfäden gelegt. So kann man sie vor dem ständig in der Luft hängenden Staub, den Hühnern und den kleinen Kindern, die am Garn ziehen wollen, schützen. Auch die Schere und der schwere Webkamm bleiben gleich dort liegen, wo sie bald wieder gebraucht werden. Muß man einen Webstuhl an einen anderen Ort bringen (früher wurden die Webstühle mit ins Sommerlager genommen), wird der Dreifuß von den Helfen getrennt, hochgehoben und zusammengelegt, die Holzpflöcke werden herausgezogen, und die Stangen werden von beiden Seiten aus mitsamt der Kett- und Webfäden aufeinander zugerollt und auf einem Esel festgebunden. Es ist aber eine Kunst für sich und ein Geduldsspiel, die Spannung der Kettfäden später am neuen Standplatz wieder anzupassen, und manchmal wird das Gewebe ein wenig schief, weil die Kettfäden an einigen Stellen durchhingen, aber mehr kann auch nicht passieren. Sarah, die schon von klein auf webt, ist der Meinung, daß dieses Nomadenwerkzeug in seiner Einfachheit und in seiner funktionalen Perfektion nicht mehr verbessert werden kann. Manchesmal hat sie sich schon gefragt, wer die Frau war, die als erste an einem Webstuhl gesessen hat. Sie muß ziemlich klug gewesen sein, und sie muß Schafe gehabt haben, denkt sie; sie hat wohl in der Nähe von Bäumen gewohnt, und ihr Vater oder ihr Mann müssen bereit gewesen sein, zwei gute Holzstücke herzugeben.

Aber gerade weil der Webstuhl so einfach ist, finden die Dorfbewohner ihn altmodisch, und die Teppichhändler in der Stadt halten die Teile, die darauf gewebt werden – geknüpfte Teppiche, einfachere, flachgewebte Bodenbeläge, Brottücher und Taschen in vielen Größen für alle nur erdenklichen Zwekke –, für unwichtige Überbleibsel aus vergangen Zeiten. (Wenn es nach den Teppichhändlern ginge, würden alle jungen Frauen im Iran an kommerziellen, senkrechten Webstühlen sitzen und für den Export ganz schnell vor sich hin knüpfen. Sie würden die Farben und Muster benutzen, die sich in Europa gut verkaufen lassen, und würden Produkte erzeugen, die sie sich zum eigenen

Gebrauch nicht leisten könnten. Der Verwalter der staatlichen Werkstatt in Deh Koh weiß das ganz genau; auch Golperi und fast alle anderen Frauen wissen es. Aber die Arbeit am Webstuhl in der Stadt ist modern, und wer will schon als zurückgeblieben gelten?)

Im Dorf gibt es noch ungefähr ein halbes Dutzend traditionelle Weberinnen. Sie haben mehr Aufträge, als sie bewältigen können, und verdienen viermal soviel Geld wie die Mädchen, die an den staatlichen Webstühlen arbeiten. Außer diesen Weberinnen wissen aber noch viel mehr Frauen, wie man einen Webstuhl aufbaut, und können noch zumindest die einfachen Stoffe weben, die für Vorratshaltung und Satteltaschen gebraucht werden. Maryam, zum Beispiel, sitzt auf ihrer Veranda auf einem der vielen Flickenteppiche, die sie und die Frau ihres Neffen über die Jahre hinweg gewebt haben. Kurz vor dem Umzug des Neffen hatten die Frauen zusammen eine große Satteltasche für den Misttransport fertiggestellt. Mamalus webt für Verwandte, als Gegenleistung für ihre unauffällige wirtschaftliche Unterstützung. (Wenn niemand zuschaut, hilft ihr Effat manchmal. In der Öffentlichkeit behauptet sie aber, daß sie noch nicht einmal weiß, wie man mit einem Schwert umgeht.) Tamas Mutter hatte früher einen Webstuhl und lehrte Hakime das Weben. Aber schon damals haben diese Frauen nur für den Eigenbedarf gewebt, und heute würden sie selbst dies nur tun, wenn sie es unbedingt müßten. Begom kann sich nicht einmal mehr daran erinnern, wohin sie ihre Schwerter geräumt hat; da Ali jetzt ein regelmäßiges Gehalt mit nach Hause bringt, braucht sie sie auch nicht mehr. Mehris Aussteuer hat Sarah gewebt.

Sarahs Transportsäcke sind fester, die Muster auf ihren Brottüchern sind gleichmäßiger, die Farben auf ihren Rucksäcken sind gefälliger als die der anderen im Dorf. Alle stimmen darin überein, sogar die Kunden anderer Weberinnen. Ihre Kundschaft kommt von nah und fern, und manchmal warten sie geduldig monatelang, bis Sarah dazu kommt, ihren Auftrag auszuführen. Im Winter, wenn die meisten Weberinnen ganz mit der Arbeit aufhören, baut Sarah ihren Webstuhl unter dem schützenden Dach ihrer Veranda auf. Aber sie mag diesen Arbeitsplatz nicht, weil trotz der Feuerstelle im Rücken ihre Finger steif vor Kälte werden und das Licht, das über die niedrige Mauer einfällt, schwach und düster ist. Auch leisten ihr im Winter weniger Frauen Gesellschaft. Wenn aber der Frühling kommt, wird der Webstuhl herausgestellt, sobald die Regenfälle aufhören. Im alten Hof hatte man entlang der Mauer, auf die die Morgensonne fiel, einen Sonnenschutz aus Pappelzweigen und Lumpen gebaut. (Er krachte mehrere Male während einer Saison auf Weberin und Webstuhl herunter und wurde dann mit frischen Zweigen wieder aufgerichtet.) Er schützte ihren Kopf und ihre Augen vor der Sonne. Als aber ihr Sohn ein Jahr vor der Revolution eine Reihe neuer Räume hinter dem alten Haus gebaut hatte, stellte Sarah den Webstuhl daneben auf dem freien Grundstück ihres Nachbarn (ihres Vetters) unter einen riesigen Walnußbaum. Das war bei weitem der beste Platz, den sie jemals gehabt hatte: Er war hell, luftig, den größten Teil des Tages schattig und nicht nur für sie angenehm, sondern auch für jeden, der zu Besuch kam. Der Walnußbaum, sagte Sarahs Nichte Mahin einmal, war ein großzügiger und nimmermüder Gastgeber.

Von diesem Aussichtspunkt unter dem Walnußbaum aus hatte Sarah einen Panoramablick auf ein längeres Wegstück, das an einem kleineren Bewässerungskanal entlangführte. Der Weg kam aus einem Brombeerdickicht unter Pappeln hervor ins grelle Sonnenlicht des freien Grundstückes. Er verlief in sicherer Entfernung an Sarahs Webstuhl vorbei und verschwand hinter dem Haus ihres Sohnes. Ein paar Häuser weiter stieß er dann auf eine größere Gasse. Jenseits des Weges konnte Sarah in einen vernachlässigten Obstgarten sehen. Die Hecke war in einem so schlechten Zustand, daß sie nichts mehr von dem verbergen konnte, was dahinter war: Die Hühner der Nachbarschaft hatten das feste, trockene Gelände erobert; die jüngeren Kinder benutzten es ziemlich regelmäßig als Toilette; Buben schossen dort Spatzen mit der Schleuder; Hunde, die an anderen Stellen verjagt und mit Steinen beworfen wurden, fanden hier Schatten und Ruhe vor Verfolgungen. Und nach der Schule saßen die Mädchen oft unter den verdorrten Aprikosenbäumen; eingehüllt in ihre Schleier, bildeten sie einen Kreis, die schwarzen Rücken der Außenwelt zugewandt, und redeten über Gott weiß was. Zur Linken war Sarahs Aussicht durch die Mauer vom Haus des Sohnes ihres Neffen begrenzt. Es lag jenseits eines unordentlichen Pappelholzstoßes, den ein Nachbar aus Platzmangel achtlos dort hingeworfen hatte. Dann war da noch eine Fläche mit Müll, der sich überall anzusammeln scheint: Papier, Blechdosen, Plastikfetzen, alte Batterien, alte Schuhe und noch mehr Plastik, das durch den trockenen, staubigen Wind aufgewirbelt wurde. Zur Rechten konnte sie ohne Anstrengungen verfolgen, was sich vor dem Haus ihres Sohnes abspielte. Er hatte noch keine Mauer um seinen Hof gebaut, und seine Apfelbäume waren noch zu jung, um die Sicht zu versperren. Hinter ihr führte eine breite Erdtreppe zu ihrem alten Haus – es waren zwei Räume, in denen sie und ihr Mann lebten, aber sie blieb immer öfter über Nacht im Haus ihres Sohnes. Reckte sie ihren Hals ein wenig, konnte sie, wenn sie es wollte, sehen, wer auf der Veranda des Hauses von Leilas Ehemann war. Das Haus lag weiter zurück am Hang oberhalb des Hauses ihres Sohnes. Vom nächsten Haus konnte sie nicht viel sehen, aber sie hörte, wenn Nargez, die junge, schlampige und aufbrausende Hausfrau ihre Kinder ausschimpfte (das tat sie sehr laut und oft). Sie konnte also ohne weiteres die Streitereien in sieben Häusern um den Walnußbaum herum verfolgen, und dann hatte sie ihr eigenes noch nicht mitgezählt! Und, obwohl Sarah weniger in der Welt herumgekommen war als viele andere Frauen in Deh Koh, sie verbrachte ja den größten Teil des Tages am Webstuhl, kam doch einiges aus der Welt über den steinigen Weg zu ihr gewandert, sagte sie.

In der Regel waren es nicht viele Fremde, die zu ihr fanden. Das war auch gut so, wenn sie daran dachte, was sie über Fremde gehört hatte! »Es gibt bestimmt auch anständige Menschen unter ihnen, aber sie sind merkwürdig«, sagte sie, wenn ihre schwangere Schwiegertochter Mahrokh und die schwangere Nachbarin Nargez, die mit der durchdringenden Stimme, versuchten, die Fremden im Dorf zu zählen und nicht damit fertig wurden. Sarah kauerte hinter dem oberen Kettbaum und legte die Kettfäden, die ihre jüngste Enkelin, die zwischen den beiden Stangen hin- und herlief, von einem dicken Knäuel mit dünnem, weißem Wollgarn abspulte. Das Mädchen führte das Knäuel abwechselnd unter Sarahs Stange und der anderen, die ihre Mutter beaufsichtigte, hindurch. Zur Bespannung eines Webstuhles benötigt man idealerweise drei Personen. Die Kettfäden müssen in bestimmten Abständen gespannt und stramm gehalten werden. Diese Aufgabe muß ganz präzise durchgeführt werden, und das kann man nicht gut allein oder mit nur einer Hilfsperson. Sarah prüfte das gespannte Garn. »Fester, Mahrokh«, sagte sie, »es ist ein festes Garn, das reißt nicht.« Macht man zu diesem Zeitpunkt Fehler, bekommt man später viel Ärger, und man braucht viel Geduld, bis man die richtige Spannung der Fäden wieder erreicht hat.

»Komische Leute, diese Fremden«, murmelte sie wieder und schüttelte den Kopf. Sie war schon fast eine alte Frau. Ihr Haar unter dem dunkelblauen Kopftuch nahm immer mehr die hellrote Farbe von hennagefärbtem Weiß an. Sie konnte die Leute schon von weitem abschätzen, obwohl ihr breites, sonnengegerbtes Gesicht und ihre abgearbeiteten, blaugefärbten Hände (die modernen Farben färben leicht ab, sagt sie) nie weit vom Webstuhl unter ihr entfernt waren. Es gab immer genügend Augenzeugenberichte. Etwas früher am selben Nachmittag hatten die beiden älteren Enkelinnen, die beide zur Mittelschule gingen, ihrer Geschichtslehrerin ein paar Bücher gebracht. Sie war eine junge Frau aus Teheran, die schicke schwarze Schuhe mit hohen Absätzen trug und während des Unterrichts einen teuren Schleier tief ins Gesicht gezogen hatte. (Man behauptete sogar, sie habe mehrere Schleier.) Zu Hause, wenn man überhaupt ein gemietetes Zimmer ein »Zuhause« nennen kann, fanden sie die Lehrerin ohne Schleier vor. Sie trug noch nicht einmal ein Kopftuch, und ihr enger Rock bedeckte nur die Hälfte ihrer nackten Beine. Und das alles vor den Augen ihrer Gastgeber und deren zwei Söhnen! Auch draußen im Hof lief sie halbnackt herum. Die beiden Mädchen fühlten sich in ihrer Gegenwart und in diesem fremden Haus unwohl, und es wurde ihnen heiß. Ob das an der Lehrerin oder an ihnen selber lag, weil sie unter ihrer Kleidung und dem dicken schwarzen Schleier schwitzten, hätten sie nicht sagen können. Die Lehrerin lud sie zum Tee ein, aber sie gingen überstürzt fort. »Wenn die von einem Revolutionsgardisten gesehen wird, uh... uh...«, sagte Nargez. Sie saß mit der Spindel im Schoß auf einem Holzstamm und zupfte an einem langen Riß in ihrem rosa Hemd. Es entspann sich eine Diskussion darüber, ob die Leute wohl über ihre losen Sitten klatschen würden (die allgemeine Meinung war, wahrscheinlich doch). Dann folgte eine Ermahnung an Sarahs Enkelinnen, sie sollten den Mund halten, und Vermutungen darüber, was wohl passieren würde, wenn wirklich jemand darüber reden würde (bestimmt nichts Gutes). Mahin, die eine Nachricht von ihrer Mutter, Sarahs Schwester, überbringen sollte, war geblieben, um, falls nötig, behilflich zu sein. Sie gab zu bedenken, daß eine Frau nach den Regeln der Religion zu Hause ohne Kopfbedeckung sein könne, aber auch sie mußte zugeben, daß Fräulein Salimi nicht bei sich zu Hause war, sondern bei Fremden wohnte und vorsichtiger sein sollte. Und dann wollten Nargez, Mahin und Sarah wissen, wie Fräulein Salimis Rock und ihre Bluse aussähen, und ob sie einen BH und einen Slip darunter trage. (Die Mädchen wußten es nicht, und ihre kleine Schwester, die das Garn reichte, vergaß fast ihre Arbeit und mußte ermahnt werden, achtzugeben und sich zu beeilen.) Dann wurde darüber spekuliert, woher sie ihre Kleider hätte, und ob sie nähen könne, oder ob ihre Mutter...? Teheranerinnen, so wurde entschieden, hätten viel mehr Geld als die armen Dorffrauen, und ihre Lebensgewohnheiten wären anders, wenn nicht gar schlecht. Das kleine Mädchen wurde vom Bücken müde. Sie ließ das Knäuel zweimal in den Staub fallen und versuchte ihre ältere Schwester zu beschwatzen, sie abzulösen. Sarah maß die Weite der Kettfäden mit den Händen ab: Für ein Brottuch brauchte man fünf Handspannen und vier Finger. Eine Handspanne fehlte noch.

»Merkwürdig, auf jeden Fall, sehr merkwürdig, diese Fremden«, sagte sie wieder. »Es ist schon gut, daß die Schule sowieso bald vorbei ist. Sie geht sicherlich den Sommer über nach Hause.«

Am nächsten Nachmittag hatte Sarah die Kettfäden versetzt, an den beiden Helfen befestigt und sie an die zwei kurzen, leicht konvexen Holzstücke, die vom vielen Gebrauch dunkel und poliert waren, gebunden. Sie lagen auf dem Kreuzteil des Dreifußes. Wenn sie die Holzstücke über dem Kreuzteil hin- und herbewegte, öffneten sich abwechselnd die Kettfädenreihen.

Aber die Spannung der Kettfäden war nicht in Ordnung; die linke Hälfte hatte sich gelockert. Mahrokh und Sarahs Schwester (sie war gekommen, um etwas Henna für einen Hennawikkel gegen Kopfschmerzen auszuleihen) und Banu (sie war gerade mit ihrem Baby auf dem Rückweg von einem Arztbesuch) zogen fest am Stock an der losen Seite, damit Sarah einen flachen Stein zwischen Stock und Pfosten schieben konnte. »Oh, Ali!« rief Mahrokh. Aber nun waren ein paar Kettfäden auf der anderen Seite nicht mehr stramm genug, und eine Enkelin, die gerade aus der Schule kam, mußte ein Stück Papier aus ihrem Schulheft reißen, und Sarah faltete es und steckte es zwischen die Fäden und den Stock.

Sie ließ die Finger über die gespannten Fäden laufen und murmelte in sich hinein; sie war noch nicht ganz zufrieden. Da kam Leila auf dem Nachhauseweg von der Schule vorbei. Sie berichtete, zwei junge Frauen aus Isfahan und Teheran oder gar aus der heiligen Stadt Qum seien im Dorf angekommen. Sie sollten den Sommer über Mädchen und Frauen im Koran und in Religion unterrichten, ohne Bezahlung, nur für Gott... »Beim heiligen Abbas, es gibt wirklich gute Menschen auf dieser Welt«, sagte sie. Sie würden ganz allein in einem der kleineren Klassenzimmer der Mädchenschule wohnen, und sie hatten alles Notwendige, das man im Haushalt braucht, mitgebracht; einen Kerosinofen zum Kochen und eine Teekanne und ähnliches, aber niemandem war es bis jetzt gelungen, sich die beiden einmal näher anzuschauen. Sie waren ganz in Schwarz gehüllt, und man sah nichts außer einem Auge: Leila demonstrierte dies zur allgemeinen Belustigung. Sogar sie, eine praktizierende Schleierträgerin nach der neuen, strengen Methode, schaffte es nicht, ihren Schleier an Ort und Stelle zu halten, wenn sie den Kopf bewegte. Eine der beiden Frauen, sagte Leila, trage eine Brille, und beide hätten Blue jeans und staubige Turnschuhe an; wenn man Glück hatte, konnte man das sehen. Sie würden mit leisen Kleinmädchenstimmen sprechen wie die Ansagerin des Kinderprogramms im Fernsehen, aber wenn sich ein Mann näherte, sei es der Hausmeister, ein Lehrer oder auch nur ein kleiner Junge, so ein kleiner, sagte Leila, der noch denkt, sein Schwänzchen wäre nur zum Pinkeln da, würden die Frauen sich ganz abwenden und überhaupt nichts mehr sagen. Die Enkelinnen sagten, das sei alles wahr; sie hätten gesehen, wie sie sich durch den Bazar bewegten, zwei Gestalten ganz in Schwarz. Sie trugen sogar Handschuhe, hatte ihnen ein Mädchen, dessen Vater einen Laden besaß, gesagt. So konnten Männer nicht einmal ihre Hände sehen. Sarah war so verblüfft, daß sie die Weberei vergaß.

Mahrokh grinste, bis ihre Augen über ihren hohen Pausbakken nur noch Schlitze waren. »Wenn sie mich sehen würden«, sagte sie, »würden sie mich eine Heidin nennen. Weißes Kopftuch«, zählte sie auf, während sie daran zog, »Haare gucken vorne heraus, Haare schauen an der Seite heraus« (sie trug die gedrehten Seitenlocken einer verheirateten Frau), »und, wenn man will, kann man sogar die Zöpfe sehen, hier und hier.«

»Und den Nacken, wenn du den Kopf so zurückwirfst«, sagte ihre ältere Tochter. »Mach das nicht.« Sie war böse auf ihre Mutter, weil sie sich über die neue Kleiderordnung lustig machte. Sogar Fräulein Salimi hatte ihren Schülerinnen gesagt, daß sie wahrhaftige Krieger des Islam sein müßten und darauf zu achten hätten, daß ihre Mütter und Großmütter zu Hause die Befehle Gottes befolgten. Aber ihre Mutter war unbelehrbar. Und Großmutter erst! Aber die trug zumindest dunkle Kleider, wie es sich für alte Frauen gehörte.

»Man fragt sich, wer recht hat«, sagte Leila, »die zwei Religionslehrerinnen oder Fräulein Salimi, die im Dorf herumläuft und ihre Schülerinnen besucht. Neulich kam sie zum Haus meines Bruders, einfach so, und am vergangenen Wochenende hat sie mit zwei anderen Lehrerinnen von der Schule und ihren Männern einen Ausflug zu den Weißen Quellen gemacht!«

»Das werden wir im Jenseits herausfinden«, sagte Sarahs Schwester und drückte ihre schmerzenden Schläfen. »Bis dahin werden noch alle möglichen Männer versuchen, uns zum Narren zu halten!«

»Nun«, sagte Leila, »Fräulein Salimi kann ich wenigstens im Jenseits wiedererkennen. Die beiden Religionslehrerinnen werde ich nicht erkennen können, es sei denn, sie behalten ihre Schleier!« Alle in der Runde nickten und grinsten.

Sarahs Schwester stand auf. »Au, au«, stöhnte sie. Sie rollte mit den Augen und hielt sich den schmerzenden Kopf, als sie die Treppe hochstieg und verschwand.

Sarah hockte hinter der Hauptstange und wühlte in einem Jutesack voller Knäuel aus weißer Baumwolle und farbigen Wollgarnen. »Orange!« sagte sie. »Seht euch das an, ein Brottuch hat doch kein Orange, als ob Abi das nicht wüßte!« Sie wickelte weißes Baumwollgarn mehrere Male über den Ellenbogen und um die Handfläche, schlang es dann ein paarmal um eines der Stangenenden, kontrollierte noch einmal die Kettfäden und die Helfen, suchte nach dem Schwert (sie saß darauf), murmelte ein »im Namen Gottes, des Barmherzigen« als Gebet, und schob den ersten Schußfaden durch. Dabei hielt sie mit der freien Hand immer ungefähr zwei Handspannen breit die Kettfäden auseinander. Ein neues Brottuch war im Entstehen.

Ihre Besucher hatten sie dabei schon oft beobachtet, ohne daß ihnen langweilig wurde. »Man könnte endlos lange zusehen«, sagte Banu mit Bedauern in der Stimme, als sie ihr weinendes Baby aufnahm und nach Hause ging. Leila stand auch auf, um sie zu begleiten. Als sie gerade hinter dem Haus von Sarahs Sohn verschwunden waren, tauchten zwei schwarze Gestalten aus dem Schatten des Dickichts unter den Pappeln auf und gingen langsam den Weg entlang. Sarah konnte sie gleich erkennen. Wie Leila und ihre Enkelinnen gesagt hatten, man sah nur

Schwarz. Einen Augenblick lang schienen sie zu zögern, und Sarah dachte, sie kämen vielleicht zu ihr herüber, wie das schon viele Passanten getan hatten, aber sie wendeten sich plötzlich ab und gingen wieder schneller. Sarahs Bruder kam gerade hinter ihr die Treppe herunter. »Arme Mädchen«, sagte Sarah, »daß sie vor einem alten Mann weglaufen!« Ihre Schleier schleiften über den Boden. Jeder Schritt wirbelte eine kleine Staubwolke hinter ihnen auf.

So plötzlich allein, fühlte Sarah sich schutzlos, und sie fand es auf einmal unschicklich, wie sie selber für alle sichtbar dasaß, sozusagen nackt, ohne Schleier.

»Die sollten zu Hause bei ihren Männern und Kindern sein«, sagte ihr Bruder. Sarah fand, daß er recht hatte. Es wurden so viele junge Männer im Krieg getötet. Was wird nur aus diesem Land, wenn junge Frauen wie diese beiden und Fräulein Salimi gezwungen werden, sich bei Fremden aufzuhalten, allein, im Namen der Religion? Sie sah zum vertrockneten Obstgarten hinüber, wohin ihre Enkelinnen mit ihrem Stickzeug gegangen waren. »Wer weiß«, dachte sie, »vielleicht sind sie eines Tages auch so wie die.« Sarah fand, es stimme einiges nicht mehr auf dieser Welt.

Später, gegen Abend, als Sarah beschlossen hatte, Schluß zu machen, band Mahrokh eine blaue Perle gegen den bösen Blick auf dem Dreifuß fest. Man mußte sich vor den Fremden schützen, die nicht mit gefährlichem Lob und Bewunderung sparten.

Es ist nicht besonders schwer, ein Brottuch ohne fremde Hilfe zu weben, weil es nur ein paar Handbreit mißt, und bis auf die zwei Enden ist das Gewebe einfach, weiß und wird nur von einigen Reihen farbiger Gitter und diamantförmiger Muster unterbrochen. (Man nennt sie »Kuhmagen« und »Blume«.) Am nächsten Tag, nach einem langen Morgen im Bad, hatte Sarah gegen Mitte des Nachmittags das Anfangsteil des Tuches, ein Leinengewebe aus roten und grünen Streifen und ein Damaststück in Blau und Weiß beendet. Sie arbeitete schon an der ersten Reihe der gitterartigen Rechtecke (in Blau, Lila, Grün und Rosa), als Nargez, die gewaschene Schurwolle auf der Hecke zum Trocknen ausgelegt hatte, ihr einen kurzen Besuch abstattete. Es galt als religiöser Verdienst, wenn man jemandem, der allein mit seiner Arbeit beschäftigt war, Gesellschaft leistete. »Ich habe gestern mit den beiden Koranlehrerinnen gesprochen, als sie vorbeigingen«, erzählte sie Sarah. »Sie sagten, sie gingen spazieren.« Sarah und Nargez sahen sich an. Sarah zuckte mit den Schultern, und Nargez hob spöttisch eine schmale Augenbraue.

Die Enkelinnen kamen aus der Schule und steuerten geradewegs auf die Teekanne in ihrem Wohnzimmer, das auch gleichzeitig Werksraum und Küche war, zu. Ein wenig später konnte Sarah Fräulein Salimi ausmachen, die mit elegant fließendem, schwarz glänzendem Schleier den Weg herunterkam. Sie hatte ganz richtig vermutet, daß die Dame gekommen war, um ihre Enkelinnen zu besuchen. Fräulein Salimi bestand aber darauf, draußen bei Sarah zu sitzen, um ihr beim Weben zuzuschauen. (»Noch niemals im Leben habe ich so etwas gesehen, ich schwöre es«, sagte sie, »bitte lassen Sie mich zuschauen, ich bitte Sie, und vergeben Sie mir die Umstände, die ich Ihnen mache.«) Und deshalb wurde eiligst ein Teppich als Sitzgelegenheit für sie vom Haus herübergeschleppt. Mahrokh holte die guten Teegläser und das Edelstahltablett hervor und schickte die jüngere Tochter zum Geschäft, um Plätzchen zu holen, und die ältere, um frischen Tee aufzubrühen. In kürzester Zeit hatten sich ungefähr ein Dutzend Kinder und vier weitere Frauen versammelt, und Fräulein Salimi wurde ausgefragt, höflich aber gezielt. Sie sprach in dem schwer verständlichen, melodischen Singsang des Nordens, aber sie war so höflich, so freundlich und vornehm, und sie äußerte sich so nett über die Mädchen und über Sarahs Arbeit (die sich während dieser Angelegenheit wesentlich verlangsamte), daß alle von ihr hingerissen waren.

»Sind Sie nicht einsam?« fragte sie Mahrokh, als sie hörte, daß ihr Mann in Kuwait arbeitete. Als Sarahs Schwester mit einem Sprichwort antwortete (»Ein glückliches Leben: keine Frau, die das Essen für dich auswählt. Ein glückliches Leben: kein Mann, dem man gehorchen muß«), lachte sie ihr glockenklares Lachen, das Sarahs kleine Enkelin noch tagelang nachzumachen versuchte. Es gab Äußerungen des Mitleids und der Trauer, als sie sagte, sie habe nur einen Bruder und eine Schwester, und es machte sich einige Unruhe und Bestürzung breit, als sie verkündete – als Antwort auf eine sehr direkte Frage von Leilas Schwiegermutter –, daß sie noch nicht verlobt sei. Städter waren wirklich merkwürdig.

Die zwei älteren Enkelinnen – der eigentliche Grund für den Besuch – blieben im Hintergrund und brachten kein Wort heraus. Ihre kleine Schwester aber quetschte sich zwischen ihre Großmutter und den Garnsack und starrte die Dame ungeniert an. Abends gab sie eine von allen begeistert aufgenommene Vorstellung von der komischen Art, wie Fräulein Salimi ihren Mund beim Sprechen in alle Richtungen bewegte und wie sie die Lippen spitzte, wenn sie zuhörte, und sie imitierte ihre kleinen Schritte und den wackeligen Hoppelgang auf den Stöckelschuhen.

Als die Party vorbei war und Fräulein Salimi nach vielen Segenswünschen und Versicherungen gegenseitiger Hochachtung gegangen war, äußerte Sarah eine vernünftige Meinung: »Die Dame spaziert hier im Dorf herum, weil sie auf der Suche nach einem Mann ist«, sagte sie.

Noch bevor Sarah ihr Brottuch halb fertig hatte, war das Schuljahr zu Ende gegangen, die Koranschule hatte begonnen, und es war Fastenmonat. Die beiden Koranlehrerinnen fasteten natürlich, trotz der besonderen Mühsal, die das Fasten im Sommer bedeutete: kein Essen, kein Trinken, nicht einmal ein Tropfen auf der Zunge von vor Sonnenaufgang bis nach Sonnenuntergang. Sarahs Enkelinnen fasteten, sogar die jüngste, die gerade zehn Jahre alt war. Als sie versuchten, ihren vierzehnjährigen Bruder zum Fasten zu bewegen, zuckte er nur die Achseln. Er müsse arbeiten, sagte er. Fasten sei etwas für müßige Frauen, die den ganzen Tag nichts zu tun hätten. Das war natürlich eine falsche, heidnische Einstellung: Ein wahrhaft gläubiger Mensch, hatte die Religionslehrerin gesagt, würde die Kraft für jede Arbeit zu jeder Zeit von Gott bekommen. Die Mädchen aber schliefen nach der ausgiebigen Mahlzeit am frühen Morgen bis spät in den Tag hinein und lungerten dann teilnahmslos, schwach, mit aufgeplatzen Lippen und üblem Mundgeruch herum. Mahrokh und Sarah machten sich über sie lustig und schimpften sie aus. Das ältere Mädchen sagte, sie traue sich nicht, das Fasten zu unterbrechen, weil sie Schwierigkeiten in der Schule befürchtete, wenn sie jemand verpetzen würde. Sie wollte aber aufs Lehrerseminar, und nicht zu fasten, würde als moralische Schwäche ausgelegt werden. Als jedoch die zweite ohnmächtig wurde, weigerte sich Mahrokh, ihre Töchter weiterhin zu wecken. Sie sagte, sie würde sich lieber dieser Sünde schuldig machen, als der Gesundheit ihrer Kinder zu schaden. Die jüngste war in der Sommerschule bei der Religionslehrerin mit der Brille. Sie war froh darüber, nicht mehr fasten zu müssen, aber sie schämte sich auch. Sarah sagte, wenn die Lehrerin sie fragen würde, sollte sie sagen, ihre Eltern hätten sie nicht aufgeweckt, und es wäre deren Schuld, nicht ihre. Aber sie zog es vor zu lügen und tat so, als faste sie immer noch. Zu dieser Zeit war Fräulein Salimi schon nach Hause in die Ferien gefahren, und niemand wußte, ob sie fastete oder nicht. »Aber wahrscheinlich nicht«, sagte Mahrokh.

Nargez saß am Ende des Webstuhls und zupfte Schurwolle. Sie stimmte zu. »Die Leute in der Stadt fasten weniger«, sagte sie. »Sie tun so, als würden sie fasten, aber sie fasten nicht. In dem Haus, in dem wir im letzten Jahr wohnten, war ich die einzige, und die anderen machten sich über mich lustig. Ich war fast froh, als ich das Magengeschwür bekam und der Doktor mir das Fasten verbot.« Nargez hatte ein halbes Jahr lang in Shiraz gelebt, als ihr Mann auf dem Bau arbeitete. Nun galt sie im Dorf als Autorität, wenn es um das Stadtleben ging.

»Die zwei neuen Ärzte aus Mashhad fasten auch nicht«, sagte Mahin, die nierenkrank war und sich oft im Krankenhaus aufhielt. »Sie haben Abi gesagt, daß sie wegen des Fastens die Fehlgeburt hatte.«

»Ts, ts, ts«, schnalzte Sarah. Das Brottuch, an dem sie gerade arbeitete, war für Abis älteste Tochter.

»Sie haben mir auch gesagt, ich soll nicht fasten, aber ich richte mich schon von klein auf nach den Gesetzen des Propheten, und ich beachte sie immer noch, egal, was der Doktor sagt«, sagte Mahin trotzig. Sie war in Kampfesstimmung, weil sie, nachdem sie ein Paar Männerschuhe vor Banus Tür hatte stehen sehen, sich nicht getraut hatte, ihren geplanten Besuch bei Banu zu machen. (Später stellte sich heraus, daß es Qetas Schuhe waren. Sie war in Banus Küche eingeschlafen.) Der Kurzbesuch bei Tante Sarah war ihre zweite Wahl gewesen.

»Wenn es schlecht für deine Gesundheit ist«, verteidigte Nargez ihren Standpunkt, »solltest du nicht fasten – es ist sogar eine Sünde. Das sagen die Mullahs in Shiraz.«

»Richtig, richtig«, rief Mahrokh. Sie war kerngesund, aber während des Fastenmonats wurden die peinigenden Schmerzen in Armen und Beinen so schlimm, daß Fasten für sie nicht in Frage kam. »Einer muß hier ja arbeiten!« sagte sie und sah ihre Töchter vielsagend an.

Die Mädchen verhielten sich still. Irgendwie paßten die Argumente, die sie in der Religionsstunde lernten (sie mußten sie aus einem Buch auswendig lernen) nicht zu dem, worüber die Leute zu Hause redeten. »Wenn das Nichtfasten eine so große Sünde ist«, sagte Nargez, »dann kommen viel mehr Männer als Frauen in die Hölle. In der Stadt haben die Männer sogar weiter geraucht – sie haben ihre Zigarettenschachteln in die Socken unter der Hose gesteckt, damit sie niemand sah. Ein Mann aus unserem Haus ist auf der Straße von einem Revolutionsgardisten durchsucht worden und wurde gleich mit auf die Wache genommen. Seine Frau ist hinter ihm her, hat die Gardisten angefleht und ihn schließlich wieder rausgeholt.«

»Geschieht ihm ganz recht«, rief Mahin.

»Und was ist mit ihr?« sagte Mahrokh, »und mit seinen Kindern?«

»Richtig«, sagte Sarah und schlug energisch einen Schußfaden fest. Sie benutzte dazu ein schweres, eisenverkleidetes Schwert mit Eisenzähnen. Sarah hatte nicht das Bedürfnis, in die Stadt zu reisen, außer nach Mashhad. Es war ihr innigster Wunsch, die

Pilgerreise zu machen und die Herrlichkeiten des Schreins von Imam Reza zu sehen. Da aber ihr Sohn in Kuwait war und ihr Mann kein Interesse hatte, waren ihre Chancen, dorthin begleitet zu werden, äußerst gering... es sei denn, sie würde allein hinfahren. »Ich bin froh, daß ich im Dorf wohne«, sagte sie.

»Du sagst es«, meinte Nargez aufgeregt. »Ich habe meinem Mann gesagt, ich würde zu meinem Vater zurückgehen, wenn wir nicht wieder nach Hause gingen. Hier habe ich zumindest mein eigenes Haus und nicht nur ein winziges, schmutziges Zimmer in einem schmutzigen Haus voller schmutziger Fremder, und ich habe Hühner, und ich kann, wenn er jemals den Stall fertig kriegt, eine Ziege halten, und meine Kinder können draußen auf der Straße sein, ohne daß ich nervös werde. In Shiraz habe ich, nur um morgens Brot zu holen, eine Stunde Schlange gestanden, und dann gab der Bäcker mir nur vier Fladen, und ich mußte nachmittags noch einmal wiederkommen. Meine Nachbarin hatte zwei große Buben, und die gaben vor, nicht zusammenzugehören, so daß jeder von ihnen drei oder vier Fladen bekam, und damit hatten sie genug für den ganzen Tag. Und das Brot war so schlecht – salzig, innen nicht gar und außen verbrannt. Ich glaube, daß ich die Magengeschwüre von dem Brot bekommen habe.«

»Wie das Brot vom Bäcker aus Isfahan in Hassanabad?« meinte Mehri. Sie war im neuen Haus ihres Bruders gewesen und hatte den längeren, aber weniger überlaufenen Weg am Walnußbaum vorbei genommen. Sie fand, sie hätte noch Zeit, um Tante Sarah, eine Verwandte väterlicherseits, zu besuchen. Sarah hatte noch nie Brot von diesem Bäcker gegessen, aber die Mädchen sagten, es sei nicht schlecht; er tat Sesam darauf. Aber neulich war ein Gesundheitsinspektor dort gewesen und hatte die Bäckerei wieder geschlossen, weil es dort zu viele Fliegen gab.

»Dann soll er besser das ganze Dorf schließen«, rief Mahrokh, »wenn's wegen der Fliegen ist.«

»Ja, ja, Tante Sarah, paß auf, wenn der Inspektor hier überall die Fliegen sieht, schließt er deinen Webstuhl«, sagte Nargez und fächelte sich mit der Wolle Luft zu.

Sarah schlug weiter das Gewebe. »Niemand muß das essen, was ich mache«, sagte sie. »Der Gesundheitsinspektor, also bei allem Respekt...«

»Der Gesundheitsinspektor sollte nach Shiraz gehen und sich dort einmal umsehen, was los ist!« sagte Nargez. »Die Hälfte der Zeit hatten wir kein Wasser, und die andere Hälfte war das Licht weg und der Kühlschrank aus. Hier habe ich keinen, und ich brauche auch keinen, wir haben hier kühles Wasser. In Shiraz hatten wir einen, aber wozu soll er gut sein, wenn er ständig aus ist? Es gab so wenig Wasser, daß wir um Mitternacht aufstehen mußten, um ein paar Flaschen abzufüllen, denn, sobald es Morgen war, tröpfelte es nur noch, und mittags war es ganz weg. Da wir gerade von Fliegen sprechen! Die Kinder hatten immer Durchfall, und der Doktor sagte, es käme von den Fliegen und dem Dreck, und wir sollten ihnen öfter die Hände waschen. ›Womit?‹ fragte ich ihn, ›mit Limonade aus der Flasche?‹ Aber was hätte er schon tun können?«

»Der Krieg«, sagte Mahin, aber niemand wollte darüber sprechen.

»Setara macht dem Bäcker aus Isfahan schöne Augen«, sagte Mehri. »Ich habe sie selbst gesehen. Sie ist immer dort unten; als ob sie nicht ihr eigenes Brot backen könnte!«

»Und was hattest du bei dem Bäcker zu suchen?« fragte Mahrokh in scharfem Ton.

»Ali hat mich geschickt, weil Golgol keine Zeit zum Brotbakken hatte!« Mehris ausdrucksloser Gesichtsausdruck paßte nicht zu ihrem Grinsen.

»Diese jungen Witwen«, murmelte Sarah.

»Lügen«, sagte Mahin.

»Der Bäcker hat Frau und Kinder in Isfahan«, sagte Sarahs Enkelin, »Bibi hat uns das in der Schule erzählt. Er hat ein Zimmer bei ihnen. Seine Frau will nicht auf dem Dorf wohnen, aber er verdient hier mehr Geld als in Isfahan. Er hat Bibis Bruder angestellt.«

»Vielleicht sucht er hier eine zweite Frau«, meinte Mehri. »Es ist heutzutage für einen Mann einfach, eine andere Frau zu nehmen.« Darauf reagierten die Frauen mit Schweigen. Sarahs Mann sah sich gerade nach einer zweiten Frau um, und alle wußten es. Mehri war taktlos.

Die Geschichte war kurz und alltäglich. Sarahs erster Mann war in einer Schlacht gefallen, kurz nachdem ihr zweites Kind, Mahrokhs Mann, zur Welt gekommen war. Nach der guten und vernünftigen Sitte, die früher galt, nahm der Bruder Jomhur, der noch unverheiratet und viel jünger war als Sarah, sie zur Frau und zog ihre gemeinsamen Kinder und die seines Bruders zusammen auf. Sie hatten noch fünf Kinder, aber die beiden Söhne starben. In letzter Zeit war er unruhig geworden. Sarah hätte ihn immer vernachlässigt, beklagte er sich, obwohl er sie gut versorgt habe, und nun behandle sie ihn noch schlechter. (Jeder begriff, daß dies bedeutete, sie wollte nicht mit ihm schlafen.) Sarah sagte, sie müsse ihn mit ihren Einkünften vom Weben unterstützen, weil er faul sei und die meiste Zeit nur im Haus herumlungern würde; und außerdem sei sie jetzt eine alte Frau. Schließlich hatte er sein Radio und seine Kleider und sein Bettzeug ins größere der beiden Zimmer eingeschlossen und verkündet, daß er Sarah nicht mehr wolle und eine bessere Frau finden würde. Sarah, ihre Töchter und ihr Sohn waren gekränkt. Die Kinder sprachen mit beiden Elternteilen und drängten auf Versöhnung, aber ohne Erfolg. Inzwischen war die Familie geteilt in die, die dafür waren, daß er sich eine andere Frau nahm, und die anderen, die dagegen waren, und die Pro-Fraktion wuchs ständig. Nachdem ihre jüngste Tochter eines Tages gesehen hatte, wie er sich seinen Reis zum Abendessen selbst kochte (seine eigene Entscheidung, sagte Sarah; er lehnte es ab, mit ihr zu essen), kritisierte sie ihre Mutter heftig und ging ziemlich offen auf die Suche nach einer Frau für ihren Vater. Da aber niemand im Dorf ihm eine Frau geben wollte – aus Respekt vor Sarah, sagten ihre Anhänger –, ging er anderswo auf Brautschau. Gerüchte besagten, daß Amenes Bruder, sein Schwiegersohn, versuchte, ihm in dem Dorf, in dem er unterrichtete, eine Frau zu finden. Amene, die früher häufig zu Gast an Sarahs Webstuhl gewesen war, traute sich im Moment nicht, dorthin zu gehen.

Mehri war sich entweder nicht darüber im klaren, wie bedrückend die Auswirkungen ihres groben Schnitzers waren, oder sie versuchte, ihren Fehler zu vertuschen, als sie mit einer Geschichte aufwartete, die alles noch viel schlimmer machte. »Zumindest stehst du finanziell gut da«, sagte sie zu Sarah, die mit versteinertem Gesicht hinter dem Dreifuß saß. »Du hast deinen Sohn und Mahrokh, und du verdienst dein eigenes Geld. Gestern hat uns Setara beim Doktor von der Verwandten der Frau des Polizisten erzählt. Sie hat ein Zimmer in ihrem Haus gemietet – sie ist von irgendwoher östlich von Shiraz, und der Mann ihrer Kusine wollte eine zweite Frau, aber sie war nicht einverstanden. Dann wollte er sich von ihr scheiden lassen, aber das Trennungsgeld nicht bezahlen. Da hat er sie verprügelt, und nachts hat er sie mit Nadeln gestochen und mit einem Feuerhaken verbrannt, bis sie endlich einer Scheidung ohne Trennungsgeld zustimmte. Jetzt hat sie absolut gar nichts mehr und geht betteln.« Das Schweigen nach dieser Geschichte war noch tiefer. Mehri zog ihren Schleier über ihr schamrotes Gesicht.

Nargez, der immer etwas einfiel und der es nie an Gesprächsstoff mangelte, rettete die Situation. »Die Zigeunerschmiede sind hier, Tante Sarah«, rief sie und gestikulierte dabei mit den Händen voller Wolle in Richtung Hassanabad. »Ich habe ihre Zelte gesehen und ihr ›Bum-Bum‹ gehört, als ich gestern mit meiner kleinen Maryam beim Doktor war; sieh mal, wie schlimm das Ekzem auf ihren Wangen ist, es gibt kein Medikament dagegen, sagt der Doktor. Ich muß sie zu Mortesa bringen – sein Speichel hilft wirklich. Du solltest dir beim Schmied ein neues Schwert kaufen; dieses hier ist ja krumm und schief.«

»Ich brauche noch Kamille«, sagte Mahrokh hastig und stand auf. »Ich bin froh, daß die Schmiede hier sind – bestimmt gehen ihre Frauen wieder durchs Dorf und verkaufen ihr Zeug.«

»Es sind afghanische Schmiede«, sagte die Enkelin düster.

»Nein, nein«, rief Nargez entsetzt, »das wäre schlecht. Das stimmt sicherlich nicht. Wenn Afghanen dabei sind, lasse ich meine Kinder nicht aus dem Haus. Damals hatte ich eine Nachbarin in Shiraz, und sie schwor, daß es eine wahre Geschichte ist;

sie sagte, sie ist einmal mit einem Bus gefahren, und da hat eine vermummte Frau gesessen und ihr Baby an sich gedrückt. Meine Nachbarin hat sich gewundert, warum das Kind so still war und sich nicht bewegte, und schließlich hat sie etwas zu dieser Frau gesagt, aber die hat nur die Schultern gezuckt und den Kopf geschüttelt, als ob sie nichts verstehen würde. Meine Nachbarin ist mißtrauisch geworden und hat es dem Busfahrer gesagt, und zu guter Letzt, jetzt kommt was, beim Leben meines Sohnes Hassan schwöre ich, es ist genau das, was sie erzählt hat, und es ist wahr – schließlich stellte sich heraus, daß es ein totes Kind war, das sie gestohlen und getötet hatten. Sie hatten sämtliche Eingeweide herausgeholt, wie bei einem Huhn, und dann hatten sie es mit Heroin vollgestopft, um es irgendwo hinzubringen und zu verkaufen. Afghanen sind schrecklich; sie sind schmutzige Heiden. Sie brechen überall in Häuser ein...«

Aber das zog nicht – das Ende der Geschichte wurde von lautem Jammern, Schnalzen und Rufen übertönt. Man erinnerte sich an das Ereignis mit Heidar Khan dem Afghanen und Aftab, und es erschien ihnen nun in einem anderen, viel düstererem Licht.

Da Mehri eine Nachbarin der afghanischen Arbeiter gewesen war, versorgte sie nun die Gesellschaft mit so vielen merkwürdigen Einzelheiten ihrer Lebensgewohnheiten, daß die Frauen sich fragten, wie in aller Welt Mehri das hätte erfahren können. Wie schon so oft, hielten die Frauen sie auch jetzt für eine Lügnerin.

Sarah, die während der ganzen Zeit emsig gearbeitet hatte, machte jetzt eine Pause und murmelte einen Fluch. Sie hatte einen Fehler gemacht: Auf der linken Seite hatte sie vor ein paar Reihen den Anfang des Diamantenmusters verpaßt. Die Stelle wirkte für sie gähnend leer. »Mach dir nichts draus«, sagte Mahrokh, während sie auf Sarah heruntersah. »Fang jetzt eins an, ein kleines; niemand wird den Unterschied sehen.«

»Ganz bestimmt nicht«, sagte Mahin und nahm ihren Schleier auf, weil sie gehen wollte. »Groß oder klein, rot oder grün, das ganze wird mit Mehl verkleistert sein, bevor sie es merken. Und dem Teig ist es egal.«

Sarah war von diesen Argumenten nicht überzeugt, aber sie hatte keine andere Wahl. Sie war entmutigt und müde. »Für's erste reicht's«, sagte sie und stand auf, wobei sie sich auf den Wollsack stützte.

In diesem Moment schallte ein schreckliches Geschrei aus der Richtung von Nargez Haus herüber. Nargez sprang auf und zerriß dabei ihren Rock. »Um Gottes willen!« rief sie. »Die Teufel bringen sich gegenseitig um!« Laut drohend und fluchend eilte sie davon und schleifte die kleine Maryam mit.

Sarah streckte ihren krummen Rücken und die steifen Knie. »Ach du meine Güte, aua, aua«, stöhnte sie, aber es war keiner mehr da, um sie zu bemitleiden.

Am nächsten Tag schaffte Sarah nicht viel. Als sie früh am Morgen erfuhr, daß ihre zweite Tochter in den Wehen lag, ging sie gleich nach dem Aufstehen dorthin. Aber das Baby war schon geboren – das siebte Kind ihrer Tochter, ein kleines Mädchen. Sarah beklagte sich sehr bei den angeheirateten Verwandten ihrer Tochter, weil man sie nicht früher geholt hatte, aber sie sagten, ihre Tochter habe selbst gesagt, sie sollten Sarah nicht zu früh wecken. Sie hätte ohnehin nichts für sie tun können, betonten sie; ihre Tochter würde von der Hebamme und den Frauen im Haus gut versorgt werden. Sarah blieb noch bis zum Mittag, lehnte aber das Mittagessen ab, weil Fastenmonat war, und ging nach Hause, als sie hungrig wurde. So kam es, daß sie ein Drama verpaßte, das das ganze Dorf zutiefst erschütterte.

Vor einigen Wochen war ein Streit ausgebrochen, als ein gewisser Khorshid anfing, ein neues Haus zu bauen, und dabei feststellen mußte, daß Ata, ein Nachbar, dessen Besitz zwischen seinem Haus und der Straße lag, ihm die Zufahrt verweigerte. Argumente wurden ausgetauscht, Unterlagen des Kaufvertrages für das Grundstück hervorgeholt und Zeugen hinzugezogen. Man reichte den Fall von einer Dienststelle zur anderen – vom neu eingerichteten Bürgerrat im Ort zur Polizei, zur Bezirksverwaltung, zum Richter und zum Büro des Gouverneurs –, und jede widersprach der vorhergehenden. An diesem besagten Nachmittag also hatten sich Anhänger der Ata-Fraktion auf

Khorshid gestürzt und ihn blutig geschlagen. Nachdem er zum Arzt gebracht worden war, ging die Prügelei zwischen den Zuschauern, die sich inzwischen auf der Straße versammelt hatten, weiter.

Nach einem Mittagessen, das aus Brot, Frühlingszwiebeln und Tee bestand, nahm Sarah ihre Position am Webstuhl wieder ein. Sie hatte Geräusche, die von dem Aufruhr stammten, in der Ferne gehört. Da sie aber nicht wußte, was passiert war, rührte sie sich nicht von der Stelle, besonders dann nicht, als sie merkte, daß die ganze Nachbarschaft wie ausgestorben war. Noch nicht einmal ein Kind, das man hätte fragen können, war geblieben. Der erste, der wieder vom Ort des Geschehens zurückkam, war Bandar. Er trug seinen Sohn und scheuchte die schluchzende Aftab vor sich her. »Halt den Mund, sei ruhig, hör mit dem Getue auf«, zischte er. »Hast du vielleicht zu Hause nichts zu tun, daß du bei anderen Leuten herumläufst? Du solltest dich schämen... kein Ehrgefühl...«

Sehr bald nach den beiden kam in etwas schnellerem Tempo eine ältere Frau, Leilas Nachbarin, vorbei; sie trieb ihren humpelnden Mann mit den gleichen Worten voran. »Der Alte hat wohl nichts Besseres zu tun... Asche auf mein Haupt, daß ich mich mit einem Nichtsnutz als Mann abgeben muß... geschieht dir ganz recht, wenn du umgebracht wirst...«

Das machte Sarah sehr neugierig. Sie lief ins Haus, um ihren Schleier zu holen. Sie wollte selbst sehen, was los war, aber da kam ihr Enkel zur Tür herein gehumpelt und hielt sich stöhnend die Seiten. Nargez sechsjähriger Sohn begleitete ihn. Ein Stein habe ihn, einen unschuldigen Zuschauer, aus Versehen in die Rippen getroffen, brachte er undeutlich heraus. Er verlangte Wasser und Tee und eine kalte Kompresse und legte sich hin, unterstützt von seiner Großmutter, die ihn ununterbrochen fragte, was, wie und warum. Er schaffte es, ihr zu berichten, was vorgefallen war, während sie einen großen Klebeverband (aus Kuwait) über seine Rippen legte; der Kampf sei schon fast vorbei, weil die Raufbolde endlich von vernünftigen, neutralen Zuschauern getrennt worden seien. Nargez Sohn steuerte noch

Einzelheiten bei: »Ata«, sagte er voll Genugtuung, weil er eine Wut auf Khorshids Sohn hatte, »Ata hat Khorshid den Kopf eingeschlagen und dann seine Arme und Beine gebrochen, und dann hat er ihm den Bauch aufgeschlitzt, und Blut floß vom Kopf bis zu den Füßen an ihm herunter, und dann haben sie ihn zum Doktor geschleppt.«

Sarah war entgeistert. Sie traute sich nicht, ihren Enkel allein zu lassen, aber sie wollte unbedingt mehr wissen. Und als Nargez, Effat und Banu vorbeigingen, rief Sarah sie zu sich. Effat, die durch ihre Mutter Mamalus, die Geschichtenerzählerin, mit Ata verwandt war, sagte ihr, daß am Tag zuvor Khorshid selbst, und was noch empörender war, seine im siebten Monat schwangere Frau – sie waren beide Heiden – mit Schaufel und Spitzhacke über die umstrittene Mauer hergefallen seien, die Ata zum Schutz seines Eigentums hochgezogen hatte. Aber niemand stellte sich ihnen in den Weg. So sei Khorshid enttäuscht wieder abgezogen, um am heutigen Nachmittag wiederzukommen. Er war überzeugt, diesmal jemanden zu finden, mit dem er sich streiten konnte. In der Zwischenzeit habe Ata zwei seiner Söhne und seinen Bruder kommen lassen, um ihm bei der Reparatur der Mauer zu helfen. Als Khorshid angefangen habe, sie zu beleidigen, von seiner Frau, die das loseste Maul in der ganzen Umgebung habe, schamlos unterstützt, hätten sie ihn zurückgestoßen. Dabei sei er von seiner eigenen Mauer gefallen und habe sich den Schädel gebrochen. Während dieser Schilderung rief Nargez immer wieder: »Lügen, alles Lügen, das ist nicht wahr.« Sie schrie immer lauter, denn sie war eine ferne Verwandte von Khorshids Mutter und hatte eine ganz andere Geschichte gehört: Vergangene Nacht, sagte sie, hätten Ata und seine Söhne sämtliche Verwandten der Reihe nach aufgesucht und sie um Unterstützung für den Entscheidungskampf mit Khorshid gebeten. Damit wollte man ein für allemal einen Schlußstrich unter diese Sache ziehen, weil die zuständigen Behörden sich als völlig nutzlos erwiesen hätten. Als nun Khorshid heute auf dem Weg zum Minibus gewesen sei, um seine Beschwerde wie jeder gute Moslem in der Stadt weiterzuverfolgen, hätte Ata ihm gesagt, er wolle sich mit ihm aussöhnen, und er solle mit ihm zu seinem neuen Haus kommen. Dort aber warteten Atas Verwandte und verprügelten ihn. Ata würde ganz sicher dafür ins Gefängnis kommen. Effat ihrerseits machte während dieser Geschichte deutlich, daß sie nicht damit einverstanden war, und nun begannen sie und Nargez einen Streit darüber, wer recht habe, und Banu und Sarah mußten bitten und betteln, sie beschimpfen und ihnen gut zureden, damit sie voneinander abließen. Schließlich rannte Nargez wutentbrannt fort, als ihr ein wohlbekanntes Geschrei aus ihrem Haus zu verstehen gab, daß sie sich besser um ihren eigenen häuslichen Frieden kümmern sollte.

Bei diesem Kampf gab es keine Gewinner, sondern nur Verlierer. Einige wurden bedauert, andere hatten den Schaden und brauchten für den Spott nicht zu sorgen. Effats älteste Schwester hatte bei diesem Schauspiel ihre Meinung so laut sie nur konnte herausgeschrien, und sie wurde deswegen nicht nur von Khorshids Frau geknufft und mit Fäusten bearbeitet, sondern mußte sich von Khorshids Kusine Tala gefallen lassen, daß sie an den Haaren gezogen und ihr Schleier zerrissen wurde. Anstatt daheim Trost zu finden, wurde sie von ihrer Schwiegermutter ausgeschimpft und vom Bruder ihres Mannes geohrfeigt, weil sie sich in eine Angelegenheit gemischt hatte, die sie nichts anging. Die ganze Nachbarschaft fand das lustig.

Sarah hatte immer gesagt, der Webstuhl sei für sie ein Ort der Ruhe und des Friedens, wo sie ihre Sorgen vergaß. Aber jetzt fand sie keinen Trost in ihrer Arbeit. Mechanisch umwickelte sie die Webkante mit einem rot-blauen Zopfmuster, aber dann wurde sie unruhig. Sie rückte den Breithalter zurecht; er verlief unterhalb des Gewebes und war an einer Seite mit einem glattgewetzten Hühnerknochen und an der anderen mit einer langen Eisennadel befestigt. Dann stieß Sarah den Dreifuß zurück. »Wie kann man nur über ein Fleckchen Erde streiten?« murmelte sie. »So etwas Unwürdiges hat es doch noch nie gegeben!«

»Der Bürgerrat hätte sich darum kümmern sollen, bevor es zu einem regelrechten Kampf kommen konnte«, sagte Banu. Sarah schnalzte mißbilligend mit der Zunge. Ihre älteste Enkelin war in diesem Rat. Kein Wunder, daß er zu nichts taugte, wenn sie Kinder zu Richtern machten, sagte sie. Sie war niedergeschlagen und besorgt und spielte unentschlossen mit dem rosa Garn; sie war nicht zufrieden mit der Schere und kritisierte, wie sich die Helfen bewegten, prüfte wieder die Spannung und zerriß dabei prompt zwei Kettfäden. Sie gab auf und ging ihre Tochter mit dem neugeborenen Baby besuchen.

Am nächsten Tag, es war Donnerstag, blieb der Webstuhl verwaist, weil Sarah sich einer Gruppe von Frauen zur wöchentlichen Trauerstunde auf dem Friedhof anschloß. Laut singend und weinend betrauerte man die drei »Märtyrer« des Dorfes. Die Frauen gedachten nicht nur ihrer eigenen toten Verwandten, sondern bedauerten auch sich selbst und einander und beweinten die Mühsal des Lebens. Es war ein zeitaufwendiger und anstrengender Ausflug, der Sarah jede Energie zum Arbeiten nahm.

Aber am Freitag saß Sarah wieder voller Tatendrang am Webstuhl. Da kam Setara vorbei, die junge, muntere Witwe eines angesehenen Mannes aus Teheran, der sich am Ort niedergelassen hatte und vor nicht allzu langer Zeit gestorben war (die Ex-Frau von Abbas, dem Frauenschänder, war sie auch); schon von weitem war sie an ihrer Größe und an ihrem flotten Schritt zu erkennen. »Möge Gott dir Kraft verleihen«, rief sie zum Gruß. Sie war etwas außer Atem, nachdem sie von ihrem Haus, das ganz unten jenseits der Hauptstraße lag, heraufgestiegen war. Wenn sie sich so am Ende des Webstuhles niederließ und ihre vielen Röcke um sich herum ausbreitete und ihren Körper, den Kopf und die Hände beim Sprechen bewegte, erschien alles um sie herum viel kleiner. Unter ihrem abgetragenen und leicht verblaßten Schleier holte sie einen alten Reissack hervor. Er enthielt Garn in den verschiedensten Farben: Orange, Rot, Grün und Blau; Begoms Bruder hatte die Garne eingefärbt. Er besserte sein geringes Einkommen von den Feldern und Ziegen mit dieser Arbeit auf. Das Garn wäre für einen neuen Rucksack, sagte Setara, weil ihre Tochter – schwarzer Tod – ein großes Loch in den alten gebrannt habe, unachtsam, ach so unachtsam, die

Kinder heutzutage! Und Tante Sarah könne daran arbeiten, wann immer sie wolle, je früher, desto besser, aber es eile nicht. Als nächstes kam ein kleiner Plastikbeutel mit Zucker unter ihrem Schleier zum Vorschein. Der Zucker war schon gebrauchsfertig zugeschnitten. Und dann holte sie einen noch kleineren Beutel mit Tee hervor (in bar bezahlt wurde die Arbeit immer erst bei Auslieferung). Sarah gab vor, nichts davon zu sehen, und murmelte, Setara hätte sich für Sarahs wertlose Arbeit nicht diese Mühe zu machen brauchen. Setara brachte auch das Neueste über Khorshid mit: Er war aus dem Krankenhaus in der Stadt entlassen und wieder zu Hause. Er habe keine ernsten Verletzungen, hatte ihr seine Mutter erzählt, aber seine Frau hatte geschworen, so lange nicht zu ruhen, bis die ganze Atafamilie im Gefängnis säße. Sie sei ziemlich wütend, berichtete Setara. Das wäre für sie sehr ungesund, das Kind würde sicherlich einen Geburtsfehler haben – schlechte Eltern, noch schlechtere Kinder.

»Die ganze Familie ist schlecht«, sagte Leila. Sie hatte Setara zielstrebig in Richtung von Sarahs rhythmischem, laut schallendem Schlagen gehen sehen, hatte ihren Schleier und ihre Kleine genommen und war ihr gefolgt. Sarahs Webstuhl war neutraler Boden, und sie hatte Setara lange nicht gesehen. »Meine Schwiegermutter sagt, daß gestern Atas Bruder bei dem Kampf seine Hose runtergelassen und gerufen hätte, er würde etwas ganz bestimmtes mit Khorshids Frau machen, wenn sie nicht den Mund halten würde.« Setara stieß einen unterdrückten Pfeifton aus.

Sarah legte ihren Webkamm hin, ihr freundliches Gesicht drückte Heiterkeit und Bestürzung zugleich aus. Sie kicherte leise und rief: »Unerhört! Unverschämt! Schändlich!«

Aber Leila sagte, es täte ihr leid, daß sie das verpaßt hätte, und Setara meinte, ihr täte es auch leid, und nach allem, was sie über die Männer in Atas Familie wüßte, glaube sie die Geschichte auch. »Sie sind vulgär, wie Abbas«, sagte Leila.

Da erinnerte sich Setara daran, daß sie auch Neuigkeiten von Abbas und Turan hatte. Sie waren brandneu und stammten von ihrer Untermieterin, der Frau des Polizisten. Abbas war festgenommen worden, als er einen Verwandten, der in einem Dorf an der Straße nach Isfahan lebte, besuchte (oder sich bei ihm versteckte). Allem Anschein nach hatte jemand ihn dort gesehen und denunziert, und Abbas war dann mit dem Trick aus seinem Versteck gelockt worden, daß seine Mutter schwer krank sei. Natürlich hatten ihn die Polizisten sofort verhaftet. Nun säße er im Gefängnis und warte auf die Gerichtsverhandlung. »Ich hoffe nur, sie zwingen Turan nicht dazu, ihn zu heiraten«, sagte sie. »Er ist von Grund auf schlecht. Und ich hoffe, ich bekomme jetzt mein Scheidungsgeld...«

»Die meisten jungen Männer sind schlecht«, seufzte Leila.

»Aber einige sind schlechter«, sagte Setara. Ihre Augen funkelten unter ihren wohlgeformten, berühmten Brauen. »Dieses Fräulein Salimi, nun, ich sage euch – Khalils ältester Sohn, ihr wißt schon, der, der im Krankenhaus arbeitet...«

»O ja, natürlich«, rief Leila. »Er ist das hübscheste von Khalils Kindern...«

»Er ist hinter Fräulein Salimi her. Wirklich, Tante Sarah, du kannst es mir glauben; ich habe es mit eigenen Augen gesehen, hört zu: Er lungert ständig vor ihrem Fenster herum, um wenigstens einen kurzen Blick auf sie werfen zu können...«

Leila lachte. »Das Fenster ist zu klein und zu hoch«, kicherte sie. »Er kann nichts sehen, aber das Klirren ihrer Teegläser allein läßt ihn vor Liebesschmerz sterben.« Sarah setzte sich wieder an den Webstuhl und zog grünes Garn für die letzte Reihe Diamanten ein. Sie war nicht überrascht – sie hatte ja selbst gesagt, daß Fräulein Salimi nach einem Ehemann Ausschau halte.

»Hu, hu«, flüsterte Setara und beugte sich so weit vor, daß sie fast auf dem Webstuhl lag. »Und er stieg in denselben Minibus ein, mit dem sie wegfuhr. Also ich glaube...«

»Pssst«, sagte Sarah, die ihre jüngste Enkelin vom Haus hatte herüberkommen sehen. Sie trug ein Tablett mit Reis (sie mußte zum Reissäubern für ihre Mutter einspringen, die zur Linsenernte fort war).

Setara konnte mitten im Satz das Thema wechseln. Sie richtete sich auf und sah das Mädchen an. »Die wird eine gute Braut!« rief sie und schlug ihr so stark aufs Knie, daß der Reis auf dem Tablett hüpfte. Das Mädchen errötete und versteckte ihr Gesicht in ihrem großen, dunklen Kopftuch und murmelte vor sich hin. »Mach dir nichts draus«, rief Setara. Sie kicherte und gab ihr noch einen Klaps. »Du kommst noch schnell genug dran!« Das Mädchen ließ das Tablett stehen und lief zum Haus.

»Sie ist empfindlich«, erklärte Sarah, »weil sie wieder fastet. Ihre schwarze Koranlehrerin hat ihr einen neuen schwarzen Schleier versprochen, weil sie eine so gute Schülerin ist... was soll ich sagen...«

»Sie machen Witwen aus den jungen Mädchen«, sagte Setara. Sie nahm das Tablett auf und begann trotz Sarahs Protest den Reis zu säubern. Leilas kleine Tochter spielte erst mit den Zöpfen ihrer Mutter, dann versuchte sie es mit den Kieselsteinen, dem Reis und dem Garn in Sarahs Sack, aber sie wurde von allem weggescheucht und tapste schließlich Richtung Weg davon, wo die zwei Söhne von Nargez und noch drei andere Kinder sich laut um einen Spatzen, den sie an den Beinen mit einer Schnur festgebunden hatten, zankten. »Mashhadi Fatima«, rief Setara hinter ihr her, »hallo, Mashhadi, ich tue alles, was du willst, aber lauf nicht fort...!«

»Das ist wirklich eine Mashhadi«, sagte Leila. Sie hatte vor einem Jahr mit ihrem Mann, allen Kindern und ihrer Schwiegermutter die Pilgerreise gemacht, weil die lästige Alte darauf bestanden hatte. Es hatte ein Vermögen gekostet – den Gegenwert eines Jahreseinkommens, wie sie verärgert ausgerechnet hatte. »Avdal und Tamas sind heute morgen mit Hakime und Golperi und Simin nach Mashhad aufgebrochen«, sagte sie. »Simin hat Avdal überredet – er ist total verrückt nach ihr. Nun müssen wir diese vorlaute Simin ›Mashhadi‹ nennen.«

»Das Schicksal meint es gut mit ihnen«, sagte Setara. »Ich wünschte, ich hätte jemanden, der mich mitnimmt. Wie steht's denn mit dir, Tante Sarah? Wann gehst du? Deine Tochter sagte mir, daß sie die Wallfahrt machen wollen, und ihr Mann kann dich gut genug leiden, er nimmt dich bestimmt mit.«

Sarah schwang zuversichtlich das Webschwert. »Ich gehe, sobald ich den Alten los bin«, sagte sie. »Du wirst schon sehen.« Und sie fertigte den Alten mit einer abfälligen Geste ab.

Den Alten sollte sie eher los sein, als sie gedacht hatte. Sie hatte gerade die letzte Reihe bunter Gitter in das Brottuch gewebt und arbeitete am letzten Randstreifen des Brottuches, als Amenes Mann von seinem Bruder, Sarahs Schwiegersohn, durch einen fahrenden Teppichhändler aus ihrem Dorf Nachricht bekam, sie hätten eine Frau für Jomhur gefunden und würden sie bald bringen. Es wäre ein sehr ordentliches Mädchen, warf der Fremde noch unaufgefordert ein – etwas älter und ganz und gar nicht leichtfertig (das hieß mit anderen Worten, häßlich oder sonst irgendwie behindert), und ihre Verwandten forderten keinen hohen Brautpreis für sie (was wiederum bedeutete, sie waren arm und nicht in der Lage, wählerisch zu sein), und sie würde ihn ganz sicherlich gut versorgen. Amene erzählte es Mamalus und Effat weiter; die wiederum sagten es Banu und Mahin. Bis zu dem Zeitpunkt, zu dem Mahrokh und Sarahs Töchter Sarah die Nachricht taktvoll beibrachten, hatte sie schon genügend Gerüchte gehört, um es gelassener aufzunehmen als andere Familienmitglieder, die weiterhin geteilter Meinung waren und hitzig debattierten.

Mitten in diesem Chaos von Kommen und Gehen, von Diskussionen, Anschuldigungen und Ärger halfen die Enkelinnen Sarah, ihre Habe am Webstuhl vorbei zu ihrem Haus zu tragen: ein Kleiderbündel, ein paar Säcke, Töpfe und Pfannen; sie waren alt und schon recht abgenutzt (die neue Braut würde ihre eigenen mitbringen; ihr Vater hatte sie mit dem Geld, das Jomhur ihm als Brautpeis gegeben hatte, gekauft. Sarah aber fragte sich, woher er das Geld hatte). Sie trugen auch ihr Bettzeug und ihr Hühnerhaus mit den drei Hühnern hinüber. Sarah ließ der neuen Frau den Gaskocher, weil sie ihr leid tat. Sie war ja nur ein armes Mädchen von so weit her, und sie selbst brauchte ihn im Haus ihres Sohnes nicht.

Sarah wurde keine Sekunde allein gelassen. Es kamen Leute, um sie zu bemitleiden und um sie aufzuheitern, um ihren Mann zu beschimpfen und um sie daran zu erinnern, daß man sie gern mochte und daß sie von einer großen Familie respektiert wurde. Sie bräuchte sich vor nichts zu fürchten. Ihre älteste Tochter bat sie eindringlich, mit ihnen nach Mashhad zu kommen – sobald das Alfalfa Heu eingefahren war, wollten sie aufbrechen. Eine Enkelin probierte eine Predigt, die ihre Religionslehrerin zu diesem Thema gehalten hatte, daheim aus: »Wenn ein Mann eine zweite Frau begehrt, und wenn er sich um zwei Frauen angemessen kümmern kann, und wenn er beide gleich gut versorgt, und wenn er sie gleich behandelt, und wenn er seine Zeit und Aufmerksamkeit gleichermaßen zwischen ihnen teilt, und wenn er die eine der anderen nicht vorzieht, dann begeht die erste Frau eine Sünde, wenn sie es übelnimmt.« Aber die Reaktion darauf war nicht so, wie die Religionslehrerin es ihr hatte weismachen wollen. Mahin schnaubte geringschätzig; Sarahs Schwester sagte, daß kein Mann das jemals getan hätte, und Nargez sagte, es liefe auf einen ganz schön schweren Sack voller »wenn und aber« hinaus. Dann zitierte Sarahs Schwester ein Sprichwort über das unvorhersehbare Schicksal einer Braut: »Das Schicksal einer Braut hat Gott auf ihre Stirn geschrieben. Warte nur ab«, sagte sie.

In die letzten Reihen des Brottuchs wurde die oft geäußerte Meinung verwoben, daß es ein grausames Schicksal für eine ältere Frau sei, eine junge Nebenfrau aufgehalst zu bekommen. Und es sei ebenso grausam für eine junge Frau, als zweite Frau eines älteren Mannes in ein fremdes Dorf verpflanzt zu werden.

»Es ist nicht ihre Schuld«, sagten alle, »sie hat nur Pech.«

Nach vielen Verzögerungen war das Brottuch endlich fertig, und Sarah schnitt es mit ihrer stumpfen Schere vom Webstuhl. Sie schüttelte es gründlich aus, faltete es zusammen, warf es auf einen Haufen Weizensäcke in eine Ecke der Veranda ihres Sohnes und gab Abi Nachricht, daß es zum Abholen bereitliege. Sie baute den Webstuhl ab und lagerte die Stöcke mit Nargez und Mahrokhs Hilfe an der Verandawand des Hauses ihres Sohnes. Der Platz unter dem Walnußbaum sah nun seltsam leer und sauber aus; nur ein paar bunte Wollreste bewegten sich zwischen den herumliegenden Steinen und dem Müll im Wind. Als ein alter, verbeulter Lieferwagen mit Jomhur, seiner Braut und ihrer spärlichen Habe ankam und von seinen Töchtern und seinen Schwestern mit gedämpfter Begeisterung willkommen geheißen wurde (sie hatten sogar ein gutes Essen für sie gekocht), hatte das schattige Plätzchen unter dem Walnußbaum alle Spuren seiner Besonderheit verloren.

Sarah wollte ihrer neuen Nebenfrau nicht im Wege sein und beschloß daher, den Webstuhl im Garten ihres Sohnes unter dem kleinen Apfelbaum aufzustellen. Dorthin würden zwar weniger Besucher kommen, aber sie wäre auch ungestörter.

Aber vorher wollte sie noch mit ihrem Schwiegersohn und ihrer Tochter nach Mashhad reisen, von ihrem eigenen Geld, das sie am Webstuhl verdient hatte und in ihrem Kleiderbündel versteckt hielt.

Erst einmal würde sie ihre Pilgerreise machen; die Sorgen konnten warten bis nachher.

NEUNTES KAPITEL

Wie Setara um sechs Heiratsanträge, vier Verlobungen und drei Ehemänner klüger wurde

Was war ich nur für ein schwächliches und spindeldürres Mädchen! Man kann es sich kaum noch vorstellen, aber ich erinnere mich gut daran, wie sehr ich gelitten habe, wenn ich den schweren Wassersack zwei-, dreimal am Tag vom Brunnen nach Hause schleppte. Obwohl ich ihn nicht ganz füllte, drückte er so schwer auf meine Hüfte, daß ich ganz krumm zu Hause ankam.

Doch auch schon damals war ich zäh. Einen ganzen Sommer lang habe ich für meinen Vater, meinen Onkel und meine Vettern den Haushalt geführt. Ich habe Brot gebacken, am Bewässerungskanal gewaschen, Wasser geschleppt, Reis gekocht, den Boden gefegt, mich um alles gekümmert, während meine Mutter und die Frau meines Onkels mit den kleinen Kindern die Schafe und Ziegen in den Bergen hüteten. Ich kann damals nicht viel älter als acht oder neun Jahre alt gewesen sein, so dünn, daß der Wind mich einmal fast von unserem Dach geweht hat. Bestimmt sah ich auch nicht besonders hübsch aus, dünn, müde, die Zöpfe total verfilzt, Läuse auf dem Kopf, Lumpen am dürren Knochengerüst. Aber die älteste Schwester meines Vaters beobachtete mich bei der Arbeit, sie schaute zu, geholfen hat sie mir nicht. Sie sah, wie fleißig ich war und wie tüchtig, und sie beschloß, daß sie mich als Braut für einen ihrer Söhne haben wollte. Eines Tages gab mir meine Mutter ein neues rotes Hemd, einen neuen Rock und einen neuen Schleier, und ich freute mich darüber, so wie es dumme Kinder nun einmal tun. Die Kleider waren von meinem Verlobten, aber meine Mutter sagte nur, sie seien ein Geschenk der Schwester meines Vaters. Ich konnte meine Tante nicht besonders gut leiden, aber ich gab gerne mit meinen neuen Kleidern an. Als Huri, die nebenan wohnte, mich mit meinem Verlobten aufzog, habe ich sie verprügelt.

Viele Jahre später hat mir meine Mutter erzählt, daß meine Tante mich sofort zu sich nehmen wollte, aber meine Mutter konnte nicht auf mich verzichten, und so haben meine Eltern es hinausgezögert. Sie sagten »nach der Ernte« und »wenn der Traubensirup gekocht ist« (tagelang rührten wir in den riesigen Töpfen) und »nach der Trauerzeit für diesen alten Mann oder jene alte Frau« und ähnliches. Meine Tante wurde immer ungeduldiger, aber inzwischen war einer ihrer Söhne zum Studieren weggegangen, er wollte Lehrer werden, und eine ihrer Töchter heiratete in die Grundbesitzerfamilie ein – das war vor der Landreform, als die Herren noch reich und mächtig waren. Sie waren sogar weitläufig mit dem Grundbesitzer verwandt (was sie nicht davor bewahrt hatte, genauso arm wie wir zu sein), aber nun erinnerten sie sich plötzlich an ihre Stellung und fingen an, sich so zu benehmen, als seien sie etwas Besonderes: Zum Beispiel standen die Kinder zum Gruß auf, wenn meine Tante oder ihr Mann, besonders aber meine Tante, den Raum betrat. Das bedeutete, man hatte großen Respekt, und wenn sie aufstanden, mußte jeder, der zufällig da war, aus Höflichkeit mit aufstehen, ob er wollte oder nicht. Und sie fingen damit an, sie mit »gnädige Frau« anzureden, sogar, wenn sie unter sich waren, und sie lungerten im Haus des Grundbesitzers herum und nannten ihn »Khan«. Ich war noch zu klein, um das zu merken, aber die Leute haben es mir erzählt. Meine Tante läßt sich noch heute »gnädige Frau« nennen. »Gnädigste Mahvash«, alles was recht ist, dieses zahnlose Ungeheuer!

Der Vetter, den ich heiraten sollte, ging in der Stadt zur höheren Schule. Das war sehr teuer und für die damalige Zeit ungewöhnlich. Die Jungen mußten in der Stadt in irgendeinem Elendsquartier hausen, für das sie ungeheuer viel Miete bezahlten, und sich alleine durchschlagen. Weil sie ja plötzlich so viel besser waren als wir und mit noch mehr Reichtum und Ehre rechneten, beschloß meine Tante, ich wäre nicht mehr gut genug für meinen Verlobten. Sie hatte sich die Tochter eines der Söhne des Grundbesitzers ausgeguckt, und die hat mein ehemaliger Verlobter dann auch wirklich geheiratet. Sie ließen mich fallen.

Meine Mutter war wütend, aber ich war froh. Meine Mutter sagt, daß sie sogar versucht hätten, die Geschenke, die sie mir gemacht hatten, zurückzubekommen... so was von geizig... auch wenn es die Schwester meines Vaters ist. Als das passierte, hatte ich fast noch keinen Verstand im Kopf, keine Ahnung von der Welt, wußte gerade, wie man Reis kocht und Wasser holt und solche Dinge. Wenn wir es schafften, unseren Müttern mit ihren endlosen Pflichten zu entwischen, spielten wir. Wir, das waren fünf oder sechs Mädchen. Leila war dabei und Mahins Schwester und Huri und ihre Schwestern. Wir gingen in der Nachbarschaft von Haus zu Haus und sangen »ein trockenes Haus ist voller Mäusedreck«, bis die Leute im Haus uns eine Handvoll Mehl gaben. Wenn wir genug zusammenhatten, versteckten wir uns in einem Garten, machten einen Teig und mischten einen Kieselstein darunter. Dann backten wir einen dicken, weichen Pfannkuchen über dem Feuer. Das schwierigste dabei war, Steichhölzer für das Feuer zu ergattern. Meistens mußten wir bei irgend jemandem ein paar glühende Kohlen aus der Feuerstelle stehlen. Das Brot teilten wir in Stücke, eines für jede von uns. Diejenige, die auf den Kieselstein biß, bekam Ärger: Wir packten sie an Händen und Füßen und schlugen ihren Hintern gegen einen Baum oder eine Wand. Deshalb hieß das Spiel »Hintern gegen Hintern«. Leila weinte immer, wenn sie dran war. Einmal hat sie den Kieselstein sogar verschluckt, so sehr fürchtete sie sich!

Damals lebten wir in unserem alten Hof: Oben waren sieben oder acht Räume, die Scheunen lagen darunter. Wohin man auch sah, überall war Dreck von den vielen Tieren, die im Hof herum liefen. Am äußeren Ende des Halbkreises lebte der Vetter meines Vaters. Er hatte eine Frau, die ihm sieben Jahre lang ständig fortlief. Sie lief weg, und dann brachten sie sie wieder zurück, und nach ein paar Tagen rannte sie wieder ohne ersichtlichen Grund fort. Sie wollte ihn ganz einfach nicht. Schließlich brachte sie sich dann um. Sie erhängte sich in der Scheune mit einem Kälberstrick. Meine Mutter hat sie gefunden. Sie ist so erschrocken, daß sie sogar heute noch nicht alleine in die

Scheune geht. Seitdem haben wir ein gutes Mittel gegen Erschrecken im Haus. Mashhadi Janjan hat uns das Rezept gegeben: Safran, Gelbwurz, Kümmelkörner, Galgantwurzel und die getrockneten Hoden eines wilden Ziegenbocks; man vermischt alles gut und gibt noch den Ruß von einem Eisenkessel dazu und zerstößt alles in einem Mörser. Man trinkt es mit Wasser, das man mit einem heißen Eisen erwärmt hat. Leila hat den Rest geholt, als das Herz ihrer Schwiegermutter aussetzte, weil Leilas kleine Tochter von der Veranda gefallen war. Vielleicht kann man die Hoden der wilden Ziegenböcke ja bei den Frauen der Schmiede kaufen, jedenfalls hier in der Gegend gibt es keine wilden Ziegen mehr.

Ein paar Wochen nach dem Selbstmord seiner Frau fragte der Vetter meines Vaters nach mir. Mein Vater sagte nein, und meine Mutter sagte nein. Aber er war hartnäckig und kam immer wieder. Er half meinem Vater beim Holzhacken und lieh ihm einen Esel, um das Heu schneller einholen zu können, er bot ihm an, beim Weizendreschen zu helfen ... Zum Schluß machte er es meinen Eltern praktisch unmöglich, nein zu sagen. Ich war damals ungefähr zehn oder elf Jahre alt, noch vor meiner ersten Periode, aber ich war ganz schön gewachsen und war auch nicht mehr schwach und dünn. Ich tobte und schrie, strampelte und kratzte und biß wie eine Katze, die man in die Enge getrieben hat, aber meine Mutter und mein Vater haben mich einfach verprügelt. Meine Schwester weinte mit mir. Als der Heiratsvertrag unterschrieben werden sollte, hat mich der Bruder meines Vaters sogar so lange mit dem Gewehrkolben geschlagen, bis ich ja gesagt habe. Mashhadi Yedulla lebte im nächsten Hof, er ist der frömmste und in Glaubensfragen gelehrteste Mann. Er hörte mich schreien und sagte meinem Vater, daß es eine Sünde sei, mich zu verheiraten, wenn ich nicht einverstanden wäre. Aber meine Verwandten und alle anderen sagten, daß ein Mädchen da nichts zu sagen habe. Was weiß ein Mädchen schon? Kann ein unwissendes Kind einen Mann beurteilen? Jetzt denke ich mir, daß sie tatsächlich recht hatten. Leila ist nicht zur Ehe gezwungen worden, und dennoch zanken sie sich oft. Und Amenes

Schwester, die Lehrerin, hat spät geheiratet, niemand hat sie gezwungen, aber sie haben sich schrecklich gezankt, meistens wegen ihres Gehaltes, so daß er sich hat scheiden lassen.

Was mich betrifft, ich wollte einfach nicht. Ich meine, ich wußte ja nicht einmal, was es heißt, Mann und Frau zu sein. Ich dachte, es würde bedeuten, daß man neue Kleider bekommt, daß einem der Pony geschnitten wird und die Musikanten zum Tanz trommeln und daß man auf einem Esel in ein anderes Haus gebracht wird und irgendwie Kinder bekommt. Ich wußte über nichts Bescheid, nur wie man im Haus arbeitet und wie man spielt. Ich konnte auch spinnen, aber nicht sehr gut. Ich habe es nie so gut wie meine Mutter gelernt.

Der Mann war viel älter als ich. Ich nannte ihn »Onkel« wie seine eigenen Neffen und Nichten, die dort wohnten. Und seine Mutter mochte ich auch nicht. Sie und meine Mutter kamen nicht gut miteinander aus. An dem Tag, als sie mich holten, gab es ein Fest, und die Frauen saßen beisammen, und die kleinen Mädchen tanzten. Wir waren zu arm, um Musikanten zu mieten. Man brachte mich zum Baden, und es wurde ein Riesentheater um die neuen Kleider gemacht. Die Frau des Barbiers schmierte meine Handflächen mit Hennapaste ein, um sie rot zu färben, und malte meine Augen mit Ruß und Fett an. Wenn man hinlangte, verschmierte man alles. Ich saß zu Hause und traute mich nicht, mich zu bewegen. Die Hände preßte ich zusammen, damit das Henna nicht riß und abblätterte, bevor es endlich abgewaschen wurde. Die Frau des Barbiers, die mir den Pony und die Seitenlocken schnitt, mich badete und ankleidete, hing mir eine Glasperlenkette um den Hals und dann noch eine Kette aus Gewürznelken und rot, grün und blau gefärbten Wildkirschenkernen. Sie duftete noch jahrelang. Sie setzte mir auch eine rote Samtkappe mit winzigen Glasperlen und ein paar kleinen Goldmünzen auf. Diese Kappen gibt es nicht mehr – niemand trägt heute noch so etwas –, und die Goldmünzen gibt es auch nicht mehr. Eine habe ich noch für meine Tochter verwahrt, wenn sie einmal heiratet, falls ich sie noch so lange behalten kann.

Die Frauen sangen und trillerten. Ach ja, auf wie vielen Hochzeiten bin ich seither gewesen! Ich war die beste Tänzerin im Dorf! Und ich kenne mehr Lieder und kann länger und lauter trillern als jede andere. Heute gibt es keine Verwendung mehr für solche Fähigkeiten. Ruhig wie auf einem Friedhof geht es bei den Hochzeiten zu, aber nicht einmal das stimmt: Heute ist auf dem Friedhof mehr los als im Dorf. Die Welt steht auf dem Kopf.

Sie mußten die Brautkammer hinter mir verriegeln, sonst wäre ich mitsamt den neuen Kleidern und allem weggelaufen. Ich schrie und tobte und zerriß das Bettzeug. Das war aber unnötig, weil sich dann herausstellte, daß er gar nichts machen konnte.

Ich war damals noch zu jung und zu dumm, um zu verstehen, was geschah, oder besser, was nicht geschah. Alles, was ich noch weiß, ist, daß ich am nächsten Morgen nach Hause ging. Sie schleppten mich am nächsten Abend wieder zurück, und morgens ging ich wieder nach Hause. So ging das eine Zeitlang. Und dann fingen seine und meine Verwandten einen Streit an, und alle ließen mich in Ruhe. Seine Leute beschuldigten meine Mutter, sie hätte seinen Penis mit Schwarzer Magie verhext. Es ist eine große Sünde, so etwas zu tun, und niemand in Deh Koh wendet heutzutage Schwarze Magie an, aber es gibt eine ganze Reihe böser Leute in Deh Rud. Wenn ein noch sehr junges Mädchen verheiratet wird, kommt es ab und zu vor, daß ihre Mutter jemanden bittet, das zu tun, weil sie Mitleid mit ihr hat. Meine Verwandten sagten, sie hätten ihn nicht verhext, die Mutter seiner toten Frau hätte mich verhext, weil sie wollte, daß er noch eine von ihren Töchtern heiratete. Sie mochte ihn nämlich gern. Nun weitete sich der Streit bis auf die Verwandten seiner toten Frau aus. So ging das zwei Jahre lang. Und wir hatten recht, denn schließlich ließ er mich in Ruhe, wir gaben sämtliche Geschenke zurück (mein Hochzeitsgewand hatte meine Mutter schlauerweise weggeräumt, damit ich es nicht ruinierte), und er heiratete die Schwester seiner toten Frau und hatte mit ihr gleich sechs Kinder. Als er mich in Ruhe ließ, hatte mich seine Schwiegermutter offensichtlich aus dem Hexenbann gelöst, und alles war wieder in Ordnung. Nur die Person, die so etwas Böses tut wie jemanden verhexen, kann den Bann auch wieder lösen.

Er ließ sich von mir scheiden, aber das war keine größere Sache; wir hatten keine Kinder, ich war noch Jungfrau, und meine Eltern bestanden nicht auf der Zahlung des Trennungsgeldes. Ich weiß noch nicht einmal, wie hoch die Summe war, die sie im Ehevertrag festgelegt hatten, oder ob es überhaupt eine gab. Damals gab es nicht viele Scheidungen, und besonders arme Leute wie wir achteten nicht so sehr auf das Trennungsgeld. In jedem Fall, das gilt heute ebenso wie früher, wird der Mann kurz nach der Hochzeit sagen, »erlaß mir das Trennungsgeld.« Tut die Frau es nicht und er stirbt, wird es ihm im Jenseits wie ein Strick um den Hals hängen. Das ist schlecht. Es zeugt davon, daß eine Frau ihrem Mann mißtraute, oder, daß er sie vielleicht nicht gut behandelt hat. Deshalb bittet er sie, es ihm zu erlassen. Sie sagt »was gibst du mir dafür, daß ich es dir erlasse?« Und dann kann sie mit ihm handeln: eine Goldmünze, eine Kuh oder so etwas. Das tut sie, wenn sie schlau ist. Ist sie eine bescheidene, fromme und stille Frau, sagt sie: »Einen heiligen Koran.« Oder sie verlangt überhaupt nichts. Einige Frauen erlassen es ihren Männern erst am Sterbebett. Das ist zwar besser, als es überhaupt nicht zu erlassen, aber es ist immer noch nicht gut für den toten Ehemann. Eine Frau begeht eine Sünde, wenn sie es nicht erläßt, sagen die Leute. Ich weiß es nicht, aber ich werde es noch schnell genug herausfinden, weil ich meinem Mann das Trennungsgeld erst am Sterbebett erlassen habe.

Heutzutage schreiben Frauen, die für besonders fromm gehalten werden wollen, überhaupt kein Trennungsgeld im Ehevertrag fest. Mehri sagte, daß Golgols Trennungsgeld ein Kilogramm Fliegenbeine ist. Das bedeutet, daß ihre Verwandten sich bei seiner Familie einschmeicheln wollen, sie erweisen ihnen damit eine große Ehre. Ich weiß aber nicht, ob das wahr ist. Leila sagt, es wäre nicht wahr, und Mehri lügt oft. Aber in der Stadt legen sie jetzt Trennungsgelder von Hunderttausenden von Toman im Vertrag fest. Natürlich finden Männer dann irgendwelche Auswege, um ihre Frauen davon abzuhalten, es einzuklagen, wenn sie sich von ihnen scheiden lassen wollen. Nargez kennt da ziemlich viele Beispiele. Wenn sich eine Frau um eine Scheidung bemüht und sie hat das Glück, überhaupt einen wohlwollenden Richter zu finden, der ihren Standpunkt versteht und sich auch dafür einsetzt, dann büßt sie ihr Trennungsgeld ein. Amenes Schwester hat nie auch nur einen Toman von dem Trennungsgeld, das in ihrem Heiratsvertrag festgelegt war, bekommen. Das steht alles nur auf dem Papier. Da er ihr aber das Leben so zur Hölle gemacht hat, hat sie dann wirklich die Scheidung verlangt. Und sie mußte dreimal vors Gericht, alles von ihrem eigenen Geld. Was wäre wohl gewesen, wenn sie nicht ihr Gehalt gehabt hätte, frage ich?

Obwohl ich im Alter von ungefähr zwölf Jahren zweimal versprochen und einmal verheiratet gewesen war, waren meine jüngeren Schwestern doch vor mir richtig verheiratet. Nach dem, was meinem ersten Mann passiert war, trauten sich die Leute nicht, nach mir zu fragen. Schließlich war es ein Fremder, der um meine Hand anhielt, drei oder vier Jahre später. Zu dieser Zeit war ich schon fast so groß wie heute und nicht mehr so dünn. Ein Mann aus Hassanabad machte ein Gedicht über meine Augenbrauen – er erwähnte meinen Namen nicht, aber ich wußte, daß es über mich war. Meine Mutter machte sich Sorgen, weil ich nicht verheiratet war. Ich mußte sehr vorsichtig sein, damit die Leute nicht über mich klatschten. Mein Vater ließ mich nicht einmal in die Abendschule für weibliche Analphabeten gehen, die unter dem alten Regime eingeführt wurde. Leila hat da eine Zeitlang unterrichtet und auch Amenes Schwester und Tante Sarahs jüngste Tochter, das sind Frauen, mit denen wir entweder verwandt sind oder die wir gut kennen. Es gab keine Fremden in diesen Klassen, aber mein Vater ließ mich dennoch nicht hingehen. Er war auch besorgt, weil ich keine Brüder hatte (mein Vater hatte nur einen Sohn, und der starb), so daß ich wirklich niemanden außer meinem Vater hatte, der auf mich aufpassen konnte, und Väter werden einmal alt und sterben irgendwann. Ich war fünfzehn oder sechzehn Jahre alt, und die Leute flüsterten, ich sei »alt«. Heutzutage gibt es viele ältere unverheiratete Mädchen im Dorf, und niemand sagt etwas, aber damals..., damals hielt man es für merkwürdig, für einen Makel, für schlecht. Leila war auch noch nicht verheiratet, aber sie war im Lehrerseminar und hatte einen Verlobten. Nur ich war noch übrig und Mahin, ach nein, die ist jünger als ich. Damals nahmen die jungen Männer einheimische Mädchen zur Frau. Heutzutage reisen sie überall herum und heiraten Mädchen von außerhalb. Nehmen wir Ḫalils Sohn als Beispiel; er folgte Fräulein Salimi bis nach Teheran, und heute morgen sind sein Vater und seine Mutter dorthin aufgebrochen. Das bedeutet, er wird sie heiraten. Und gleichzeitig sind Mahin und Effat und Mehri und die meisten Mädchen in der höheren Schule und ein Dutzend andere ohne Bräutigam. Kein Wunder also, daß unsere Töchter zu Hause herumsitzen und nichts anderes tun als stikken. Mit Handarbeiten kann sich der Iran zur Zeit bestimmt ausschließlich selbst versorgen.

Da war ein Mann aus dem Norden, der im Krankenhaus in der Stadt arbeitete. Er hieß Tehrani, aber er war nicht wirklich aus Teheran. Er kam aus einer kleinen Stadt in Aserbaidschan und sprach besser Türkisch als Farsi. Er sagte, auf türkisch heiße mein Name »Yildiz«, das bedeute »Stern« – ist das nicht hübsch? Er war gebildet und kräftig, kein junger Bursche, aber er war klug und wußte viel, und er war viel gereist. Er hatte mit seinem Jeep einiges von der Welt gesehen. Die Berge mochte er am liebsten, sagte er, besonders hier um Deh Koh. Ich weiß nicht, wie es dazu kam, daß er Land für einen Garten vom Bruder meines Vaters kaufen wollte. Es war Schicksal. Aber mein jüngster Vetter sagte, das Geld für den Garten sollte er bekommen, weil er seinen Vater versorgen müßte, und sein Vater, mein Onkel, der damals schon alt und klapprig war, sagte, er wolle das Geld lieber selbst haben. Tehrani war ein umsichtiger und kluger Mann; er wollte nicht in einen Familienstreit hineingezogen werden oder gar einen verursachen – ein guter Mensch, ein echter Moslem –, und so fragte er statt dessen meinen Vater, der ein Stück Land neben dem besaß, das er eigentlich kaufen wollte. Mein Vater wurde auch alt und war die

Arbeit leid, weil er keinen Sohn hatte, der ihm hätte helfen können, und so kam es, daß er das Stück Land verkaufte. Als Tehrani bei uns über den Garten verhandelte, sah er mich. Dann hörte er sich um, und die Leute sagten, daß ich Pech gehabt hätte, daß ich noch Jungfrau sei, ein ordentliches und anständiges Mädchen wäre und fleißig arbeiten könne. Nun gut, und daß ich stark und hübsch war und eine weiße Haut hatte – damals war ich noch hellhäutig, jetzt ist meine Haut von der Sonne gebräunt, weil ich so viel draußen gearbeitet habe –, das alles sah er selbst. Bei einigen Gelegenheiten beobachtete er mich beim Tanzen auf Hochzeiten, immer im Kreis herum mit den anderen Frauen – damals tanzten alle, nur die alten nicht, oder Frauen wie die von Mashhadi Yedulla und die des Mullahs, natürlich, wenn sie auch heute alle sagen, es sei verboten –, er sah, daß ich beim Tanzen zu den Besten gehörte und ich meine Tücher weit über mir schwingen ließ. Das alles hat er mir selbst gesagt. Er schickte Mashhadi Yedulla, dessen jüngster Sohn in der Krankenhausverwaltung arbeitet; er sollte für ihn um meine Hand anhalten. Alles verlief ganz ordnungsgemäß, und ich hatte nichts gegen ihn; ich fühlte nichts von der Abneigung, die ich gegen die beiden anderen gehegt hatte. Ich sage, es liegt daran, daß ich älter und klüger geworden war, aber meine Mutter sagt, das Alter spiele keine Rolle. Ob ein Mädchen mit ihrem Mann gut auskommt oder nicht, hängt ganz und gar von ihrem Schicksal ab. Ich weiß es einfach nicht. Unser Prophet sagte, daß Mädchen mit neun Jahren verheiratet werden können, und während des alten Regimes sagten die Ärzte und Tehrani und alle Lehrer und Hebammen, ein Mädchen solle nicht vor ihrem fünfzehnten Lebensjahr heiraten. Ich weiß nur, ich lasse meine Tochter erst gehen, wenn sie fünfzehn ist, wenn es sich irgendwie machen läßt.

Obwohl mein Vater nicht sonderlich heftig um mich gefeilscht hat – ich glaube, er war ganz einfach froh, daß ich heiraten würde –, bezahlte Tehrani einen hohen Brautpreis, und er und mein Vater machten gemeinsam (das war ungewöhnlich, und die Leute klatschten darüber) die Einkäufe für die Aussteuer. Ich hatte den ersten Gaskocher und den ersten Dampfkochtopf im Dorf – nein, Amenes Schwester hatte den ersten. Auch der Teppich, auf dem ich sitze ... dicke Decken ... alles gute, teure Sachen aus der Stadt. Der kleine, blaue Teppich dort drüben an der Wand ist ein Seidenteppich aus Nain. Es waren zwei gleiche; an der helleren Stelle dort hing der andere – ich mußte ihn im letzten Jahr verkaufen. Und das Bild mit der Heiligen Maria und dem Jesuskind – es ist alt und voller Fliegendreck –, das hat er mir aus Teheran mitgebracht, und er hat auch eins für meine Mutter mitgebracht. Sie hat ihr Bild aber meiner Schwester gegeben. Aber das Bild von der Schlacht von Kerbela mit dem weißen Pferd und den Märtyrern – das Blut ist wie eine Tulpe gemalt, das ist so traurig –, das habe ich selbst im letzten Frühjahr von einem Hausierer gekauft. Neben dem Imam Khomeini dort oben hängt die Photographie von Tehrani; o je, wie wird es mir schwer ums Herz, wenn ich sie ansehe!

Weil ich ja zum Ehevertrag gesagt hatte, schenkte er mir ein goldenes Armband, eins, wie es hier nur die Lehrerinnen tragen, und Ohrringe mit roten Steinen. Ich mußte sie verkaufen. Sie sind weg, auch wenn die Leute über mein Gold reden. Ich tanzte auf meiner eigenen Hochzeit – die Musikanten spielten zwei Tage lang –, und meine Kleider waren so schön, daß sie von vielen Frauen nachgemacht wurden. Das Trennungsgeld betrug achttausend Toman, das war damals eine Menge Geld, ungefähr so viel, wie ein Lehrer in drei Jahren verdiente. Tehrani hätte sich aber nie von mir scheiden lassen. Wir kamen sehr gut miteinander aus, und ich habe nie ein böses Wort aus seinem Mund gehört ... nun gut, fast nie.

Alis Vater – er wollte, daß ich ihn bei seinem Vornamen nannte, aber ich konnte mich nicht dazu überwinden, ich nannte ihn Tehrani oder nach der Geburt unseres ersten Kindes »Alis Vater« –, er war Witwer. Seine erste Frau war bei der Geburt ihres Kindes gestorben, eine traurige Geschichte. Das geschieht hier nicht häufig, Gott sei Dank. Leilas Schwester ist fast gestorben, als sie ihr erstes Kind bekam. Sie haben sie mitten in der Nacht in die Stadt gebracht, eine achtstündige Fahrt, und sie blieb sehr lange dort. Der Doktor hat ihre angeheirateten Verwandten beschimpft, weil sie es erlaubt hatten, daß sie schon in so jungen Jahren schwanger wurde. Sie war damals nicht älter als dreizehn und ein richtiger Zwerg.

Wir lebten eine Zeitlang in der Stadt, in einem der Häuser in der Siedlung, die von der Regierung für Staatsangestellte gebaut worden waren. Es war Sommer, und es war sehr heiß und staubig, nicht kühl und luftig wie hier. Die Häuser hatten Blechdächer, auf die der heiße Wind knallte. Wenn es im Winter regnete, war der Krach ohrenbetäubend. Und es gab so viele Fliegen, daß ich mit Leichtigkeit das Trennungsgeld für drei Golgols hätte liefern können. Da war zwar eine Baumreihe vor und eine hinter den Häusern gepflanzt, aber die Bäume gingen einem damals erst bis zum Knie. Meine Nachbarinnen waren Fremde aus dem ganzen Land. Sie waren nett, die meisten, aber ich habe mich dort gar nicht zu Hause gefühlt. Meine direkte Nachbarin konnte ich kaum verstehen, und sie konnte mich nicht verstehen. Die meisten waren auch anders gekleidet, und ich schämte mich. Als Ali geboren wurde und Alis Vater merkte, daß ich gar keine Hilfe hatte und sehr unglücklich war, ließ er mich nach Hause gehen. Er war freundlich und vernünftig. Er hat dieses Haus mit seinen eigenen Händen gebaut und zwar aus sonnengetrockneten Lehmziegeln, so wie die alten Häuser hier, aber mit einer Eingangshalle und einer Dusche im Haus, wie man es heute in den meisten modernen Häuser sieht, und innen und außen ist es so schön verputzt – außen ist der Verputz allerdings inzwischen abgeplatzt, und innen ist er verrußt und schmutzig, aber was soll ich machen? Er war sehr geschickt. Seine Aufgabe im Krankenhaus war es, die Einrichtung instand zu halten. Er konnte alles bauen und reparieren; es gibt heute noch Dutzende von Radios und Uhren im Dorf, die er repariert hat. Im darauffolgenden Sommer hat er die beiden hinteren Zimmer mit separatem Eingang und eigener Toilette angebaut. Alle wollten sich bei uns einmieten, weil unser Haus so schön und sauber war. Tehrani hat sogar Blumen gepflanzt. Sie gediehen aber wegen der Hühner nicht besonders gut.

Unser Haus war eines der ersten, das außerhalb des Dorfes in den Feldern gebaut wurde. Das war auch seine Idee gewesen. Alle hatten Angst um uns — es würden sicherlich Diebe kommen, sagten die Leute, es sei gefährlich. Aber in Wirklichkeit war es kühler, und wir hatten hier weniger Fliegen und weniger Staub. Er war den ganzen Tag fort, und meine Schwestern besuchten mich und auch meine Mutter, und langsam merkten immer mehr Leute, wieviel angenehmer das Leben hier draußen war, und sie begannen, ihre Häuser um uns herum zu bauen. Jetzt ist das Land hier fast so dicht besiedelt wie im alten Dorf.

Mein Vater mochte Tehrani gern — er legte den Garten um das Haus herum und die Bewässerungsgräben für uns an. Tehrani war auch nett zu ihm. Er brachte Wassermelonen aus der Stadt mit und gute Medikamente gegen die Herzschwäche meines Vaters und das Rheuma meiner Mutter. Er kaufte Fleisch von seinem Geld, und wir haben es zusammen gegessen. Jetzt sagen die Leute — und ich weiß das ganz genau —, daß wir uns viel gestritten hätten, daß ich ihn nicht genügend respektiert hätte, daß ich faul und aufsässig und was nicht noch alles gewesen sei, aber das stimmt nicht. Die Leute waren neidisch, weil ich ein schönes, sauberes Haus und einen verständnisvollen, gebildeten Mann hatte. Er hat sogar versucht, mir lesen und schreiben beizubringen, aber ich hatte nicht genug Zeit zum Üben, und so wurde nicht viel daraus. Jetzt habe ich mehr Zeit, aber in den Klassen für Frauen, die nicht lesen und schreiben können, wird nur Koranlesen unterrichten. Ich meine, ich habe nichts gegen die Religion oder das Koranstudium, aber es hilft mir nicht dabei, das Arztrezept zu lesen oder einen Antrag zur Beihilfe für die Teerung des Daches zu stellen.

Die Leute waren auch neidisch, besonders die Frauen, weil ich in der Stadt viele verschiedene Gerichte zu kochen gelernt hatte, nicht nur unseren guten alten Reis mit Linsen und solche Gerichte. Ich kann Makkaroni kochen, und Fleischbällchen und viele verschiedene Suppen und »Reis à la Istanbul«; dieses Gericht wird jetzt überall serviert, aber damals wußte niemand außer mir, was das überhaupt war. Tehrani legte großen Wert auf meine Kochkünste. Und dann waren die Leute neidisch, daß er mir neue Kleider kaufte und ich niemals um das, was ich nötig hatte, betteln mußte. Und als unser drittes Kind dann wieder ein großer, gesunder Junge war – Gott sei gelobt – und nicht kränklich und schwach, wurden die Leute noch neidischer. Nichts ist tödlicher als das Gerede der Leute.

In dem Winter bevor er starb, als wir so viel Schnee hatten, daß Tehrani vom Dach herunterlaufen konnte, als er es freigeschaufelt hatte, bekamen ich und die beiden älteren Buben einen Husten, der uns fast umbrachte. Tehrani war sehr besorgt. Ich fragte ihn, ob ich das Versprechen geben dürfte, den Schrein des Imam Reza in Mashhad aufzusuchen, und ich gelobte, eine Pilgerreise zu Bibi Masume zu machen. Wir wurden alle drei über Nacht wieder gesund – ein Wunder –, o ja, die Heiligen sind gut zu uns. Mein Versprechen an Bibi Masume habe ich letztes Jahr eingelöst; ich bin mit meiner Mutter und den vier Kindern dorthin gereist. Aber ich schulde Imam Reza noch einen Besuch, weil Tehrani uns dann nicht dorthin bringen konnte.

Im frühen Frühjahr fing er an, sich ganz plötzlich krank und schwach zu fühlen. Seine Haut war fahl, er wurde dünner. Der Doktor sagte, er hätte Blutkrebs. Wir haben ihm so viel Blut gespendet! Ich habe ihm mein eigenes Blut gespendet, und der Sohn meiner Schwester hat Blut gespendet, und mein Vetter, alles gläubige Moslems, aber es war nicht Gottes Wille, daß er leben sollte. Er starb im Krankenhaus. Mein Vater hat ihm den Kopf gehalten.

Als die Leute ihn wieder hierherbrachten und ihn wuschen, da habe ich ihm das Trennungsgeld erlassen – meine Mutter hat mich daran erinnert, sie sei gesegnet, sonst hätte ich mich einer schweren Sünde schuldig gemacht. Auf der Beerdigung wurde ich ohnmächtig, und die Leute dachten, daß ich auch sterben würde, dort an Ort und Stelle, neben seinem offenen Grab, wo er in das weiße Leichentuch gewickelt lag. Seitdem fange ich immer vor Schreck an zu zittern, wenn ich etwas Weißes sehe, zum Beispiel ein weißes Hemd an einem Mann oder Bettücher, die in der Sonne trocknen.

Ein paar Tage später, ich fühlte mich noch schwach, und ich war noch sehr traurig, und die Trauergäste gingen ein und aus, da nahm mich die Frau eines meiner Vettern zur Seite und fragte mich, ob ich schwanger sei. Ich sagte, ich wüßte es nicht. Sie sagte, wir sollten in der Stadt zum Frauenarzt gehen, weil die Leute es sofort erfahren sollten, falls ich schwanger sei, damit keiner später zu tratschen anfangen könne. Sie hatte recht. Sie sorgte dafür, daß ihr Sohn uns zum Doktor fuhr, weil ich noch so schwach wäre, sagte sie den Leuten. Die Ärztin sah mich nicht einmal an, sondern wollte nur etwas Urin. Aber weder die Frau meines Neffen noch ich selbst konnten den Untersuchungsbericht lesen. Wir fragten ihren Sohn und dann ihren Mann, der auch lesen und schreiben konnte. Beide sagten, es wäre nur ein Rezept für Medikamente. Es war ihnen zu peinlich, es uns zu sagen. Das war aber egal, da sie es nun wußten, und nur das war wichtig. Schließlich las es die Hebamme Shahzadeh und sagte uns, daß ich schwanger sei. Nun war ich noch trauriger und wütender. Ich wollte kein Kind, das ohne Vater aufwachsen würde. Ich hatte schon drei und keinen Bruder und keine Verwandten väterlicherseits, um sie zu erziehen und um ihnen zu helfen. Wie sollte ich sie nur großziehen? Wie für sie sorgen? Ich tat alles, um das Kind loszuwerden: Ich sprang auf und ab und knetete meinen Unterleib, aber Gott wollte, daß ich es bekam, und jetzt bin ich natürlich froh. Ich wollte schon immer eine Tochter haben. Wenn eine Frau nur drei Söhne hat, hat sie im Haus keine Hilfe; Schwiegertöchter taugen nichts.

Aber schon lange bevor meine Tochter zur Welt kam, hatte ich einen merkwürdigen Besuch. Tehrani hatte nie über seine Familie gesprochen. Ich wußte nicht einmal, ob er Geschwister hatte oder ob sein Vater und seine Mutter noch lebten. Aber eines Tages entstiegen dem Minibus, der mittags ankommt, eine fremde, ziemlich alte Frau und ein kleiner Junge, die nach dem Weg zu meinem Haus fragten. Die Frau sagte, sie sei Tehranis Mutter, und der Junge sei der Sohn ihrer Tochter. Es stellte sich heraus, daß sie Witwe gewesen war, und als sie wieder heiratete, sei Tehrani ärgerlich gewesen. Er hatte mit ihr gestritten und kam nicht gut mit ihrem zweiten Mann aus, und als Tehranis Frau starb, ging er aus lauter Unzufriedenheit fort. Sie sagte, Tehranis Freund im Krankenhaus hätte ihr die Nachricht von seinem Tod in einem Brief geschrieben, und sie sei gekommen, um an seinem Grab zu weinen und zu beten. Das tat sie auch. Aber sie sah sich auch ganz genau um und fragte, wem der Garten gehöre, und in wessen Haus wir lebten, und wieviel Miete die Hinterzimmer einbrächten. Sie schnüffelte überall herum, wenn ich nicht hinsah. Ein paar Wochen nach ihrer Abreise kam der Freund aus dem Krankenhaus und sagte mir, Tehranis Familie hätte angerufen, um zu fragen, ob ich den zweiten Mann der Alten heiraten wolle! Ich sollte die zweite Frau des Mannes meiner eigenen Schwiegermutter werden! Ich glaube, sie hatten sich ausgerechnet, daß ich als Dienstmagd gerade recht sei, oder sie wollten die Kinder. Da aber ihr zweiter Mann nicht mit Tehranis leiblichem Vater verwandt war und daher kein Recht auf die Kinder hatte, mußte sie mich auf andere Art und Weise überreden, zu ihnen zu kommen. Tehrani hatte keine Brüder, nur sie hätten die Möglichkeit gehabt, die Kinder für sich zu beanspruchen. Oder vielleicht dachten sie auch, Tehrani wäre reich, und wenn sie mich übernähmen, bekämen sie auch sein Geld. Welchen Grund sie auch immer für ihr Verhalten gehabt haben mögen, ich sagte natürlich nein. Das war der vierte Mann, der um meine Hand anhielt.

Kurz nach der Geburt meiner Tochter starb mein Vater in seinem Garten an einem Herzinfarkt. Seither muß ich mich mit meinen Vettern um sein Land streiten, das heißt, mit den Söhnen der Brüder meines Vaters, von denen es jeder haben will, und dann auch mit den Söhnen meiner Schwestern. Sie sehen es als ihr rechtmäßiges Eigentum an, oder sie geben vor, sich darum kümmern zu wollen, bis meine Jungen alt genug sind, es selbst zu übernehmen, was eine Lüge ist. Wie dem auch sei, es würde nichts vom Besitz meines Vaters für meine Söhne übrig bleiben, wäre ich nicht ständig auf der Hut. Ich arbeite sogar selbst in dem Garten, der um das Haus herum liegt. Ich pflege die Apfel-bäume und den Wein so gut ich kann, und die Jungen helfen ein wenig. Die Kinder heutzutage wissen ja gar nicht mehr, was Arbeit ist, sie haben den Kopf voll von Schulbuchwissen. Wenn ich das nicht täte, würde einer dieser Heiden mir das Stück Land direkt unter meiner Nase wegstehlen. Nur einer ist anständig: Er versorgt den ersten Garten, den Tehrani von meinem Vater gekauft hat, und er bringt mir Aprikosen und Trauben (nicht so viele wie mir zustehen, aber ich will mich nicht beklagen) und Weizen. Ich habe Rosinen und getrocknete Aprikosen für den Winter, und dann habe ich auch noch Brot. Es dauert nicht mehr lange, bis die Jungen das Land selbst bestellen können, wenn sie wollen, und wenn sie es schaffen, es von den Vettern zurückzubekommen.

Da stand ich nun, eine Witwe mit vier kleinen Kindern, ohne Bruder, der Vater tot, selbst eine Waise und umgeben von habgierigen Verwandten. Mein Vater, behaupteten sie, hätte mehr Land von ihrem Großvater bekommen als ihre Väter; das stimmte ganz und gar nicht. Der Unterschied bestand darin, daß mein Vater nur drei Töchter hatte, während ihre Häuser voller Söhne waren, und deshalb erschien ihnen das Land ihrer eigenen Väter so klein, nachdem sie es unter sich aufgeteilt hatten. Und dann meinten sie, ich brauchte gar kein Land, weil Tehrani mich gut versorgt habe – eine kleine Witwenrente nennen sie »gut versorgt«. Wir konnten gerade mit der Rente und dem Kindergeld von der Versicherung überleben. Wenn ich nicht die zwei Zimmer vermieten und den Schmuck hätte verkaufen können, hätten wir gehungert. Die Leute schwatzen über mein Gold und mein Bankkonto und was nicht alles, alles Lügen. Vom Erlös aus dem Verkauf des Jeeps habe ich einen Kühlschrank und einen Fernsehapparat und Kleider für die Kinder zu Neujahr gekauft, und ich habe die Ausgaben für die Beerdigung und die Trauergäste davon bezahlt. Ich mußte Zucker und Tee auf dem teuren freien Markt kaufen, von den Mahlzeiten, die wir Tag für Tag gekocht haben, ganz zu schweigen. Ich hätte das Grab so gerne mit diesen wunderschönen Eisengittern, die »Brautkammern« heißen und die überall für die jungen Märtyrer angebracht werden, einfassen lassen. Sie haben ein Dach und einen kleinen

Glasbehälter in der Mitte für eine Photographie, eine Flasche Parfum und Plastikblumen; es gibt jetzt schon ziemlich viele, sogar hier im Dorf. Aber sie sind sehr teuer. Tehrani hat nur einen kleinen Grabstein. Es macht mich jede Woche von neuem traurig, wenn ich dorthin zum Trauern gehe. Wenn es regnet, bin ich selbst mit der Eichenrolle auf dem Dach, weil ich noch nicht einmal das Geld zum Teeren des Daches habe. Unser Haus ist wahrscheinlich das letzte in Deh Koh, das noch ein ungeschütztes Lehmdach hat. Aber die Leute sagen, ich sei reich. So ist das mit der Gerechtigkeit in dieser Welt!

Eine junge Witwe ohne Brüder hat es schwer. Wenn ich in die Stadt ging, um mich über irgend etwas zu beschweren, oder allein zum Doktor ging, weil ich keinen Bruder habe, der mich begleiten könnte, dann redeten die Leute. Wenn ich in der Öffentlichkeit mit den Händlern herumfeilschte, weil ich keinen Bruder habe, der das für mich tun könnte, redeten die Leute. Wenn ich ein Schwätzchen mit meiner Tante oder der Nachbarin auf der Gasse hielt, redeten die Leute. Als ich meine Nebenzimmer vermietete, redeten die Leute. Sogar jetzt noch, wo ein Polizist mit seiner Frau und drei Kindern dort wohnt, reden die Leute. Und das alles nur, weil ich allein auf mich gestellt bin. Ich habe vor niemandem Angst, ich kann mich verteidigen, ich kann diskutieren und sei es mit dem Gouverneur höchstpersönlich, und die Leute reden, weil ich mich nicht von irgendeinem betrügerischen Ladenbesitzer übers Ohr hauen lasse und weil ich nicht wie ein dummes, kleines Mädchen rot werde, wenn mich ein Mann anschaut. Neulich hat mich doch ein Revolutionsgardist – ein Fremder, ich hatte ihn noch nie vorher gesehen, und zu allem Überfluß auch noch ein Halbwüchsiger – auf der Straße fast vor meinem Haus angehalten und mir gesagt, ich solle mein Kopftuch tiefer in die Stirn ziehen, man könne meine Haare sehen. Ich habe mich vor ihm aufgebaut und ihm direkt ins Gesicht gesehen und gesagt, er solle sich schämen, eine fremde Frau überhaupt anzusehen, und er solle sich eine Frau suchen, anstatt auf der Straße herumzulaufen und mit ehrbaren Witwen zu liebäugeln. Unser Land wäre wohl inzwischen so freizügig, daß Kriminelle wie Abbas problemlos Frauen belästigen und kleine Jungen in Latzhosen sich unbehelligt aufdringlich benehmen könnten. Meine Nachbarinnen beglückwünschten mich, nachdem er sich schamrot getrollt hatte, aber hinter meinem Rücken sagen sie, ich sei draufgängerisch und frech. Doppelzüngige Bande!

Da ja so viel geklatscht und um alles soviel Aufhebens gemacht wird, habe ich niemandem auch nur ein Sterbenswörtchen davon gesagt, daß einer dieser Revolutonsgardisten, die sich bei mir eingemietet hatten, hinter mir her war. Die zwei jungen Burschen waren aus einem gottverlassenen Dorf, dessen Namen ich noch nicht einmal kannte. Er bat mich ständig, ihn doch zu heiraten. Er sagte, ich würde mich versündigen, weil ich, so jung wie ich noch sei, nicht verheiratet wäre, und daß er ein gutes Werk täte, wenn er mich heiraten würde. Ha! Ich sagte ihm, ich würde mich über ihn beschweren, wenn er mich nicht in Ruhe ließe, und er und sein Zimmergenosse (der viel besser war, aber etwas langsam) sollten ausziehen. Aber er zog nicht aus. Ich verriegelte nachts das Haus und meine Zimmer, und ich sorgte dafür, daß meine Mutter Tag und Nacht bei mir blieb. Ich hatte solche Angst. Aber auch hier kann man sehen, was ich für ein Pechvogel bin. Hätte ich ihn geheiratet, wäre ich jetzt reich: Er ging freiwillig an die Front (weil ich ihn verschmäht hatte, sagte er) und wurde innerhalb eines Monats zum Märtyrer. Als seine Witwe hätte ich einen Haufen Geld bekommen und mein Dach reparieren lassen können und eine viel bessere Rente bezogen als die, die ich durch Tehrani bekam. Mein Pech. Noch mehr Pech hatte ich allerdings damit, daß Abbas auf mich aufmerksam wurde, derselbe Abbas, der wegen Turan im Gefängnis sitzt.

Abbas hat mich in der Bank in der Stadt gesehen, als ich versuchte, einen Kredit für die Teerung des Daches zu bekommen. Er war dort im Büro angestellt. Ich merkte schon, daß er mich anstarrte, aber ich habe ihn natürlich nicht beachtet. Er sah mich noch ein paarmal, und er war dann ganz verrückt nach mir. Die Leute erzählten ihm, wer ich bin. Viele Leute in der Stadt wissen, daß ich Tehranis Witwe bin. Er ist jünger als ich, sogar ziemlich viel jünger; damals war er fast noch ein Kind. Mehrere Male schickte er jemanden, der fragen sollte, ob ich ihn heiraten würde. Beim ersten Mal ging der Bote zum Bruder meines Vaters, ist das nicht komisch? Seine Frau sagte ihm, er solle mich persönlich fragen. Ich wäre mein eigener Herr, weil ich es so wolle. Das ist vielleicht eine vernünftige Frau!

Es war natürlich ein Fehler, ja zu sagen, aber nachträglich ist das leicht gesagt. Aber ich nahm sein Angebot nicht aus dem Grund an, den die Leute vermuten. Sie sagen, eine junge Witwe ist lüstern, und ich hätte Abbas deshalb geheiratet. Die Leute sagen, daß ein Mann, der eine Jungfrau heiratet, die noch sehr jung ist, selbst auch jung bleibt, weil sie nicht an dem Mann-Frau-Spiel interessiert ist, es gefällt ihr nicht. Aber wer eine Witwe heiratet, sagt man, ist bald alt. Eine Witwe legt schon das Kopfkissen bereit, wenn sie ihren Mann nur sieht, und er verausgabt sich ... Deshalb hätte ich Abbas geheiratet, sagen die Leute hinter meinem Rücken. So ein Unsinn! Alles Heiden mit ihrem schmutzigen Reden! Sie sagen auch, ich sei froh gewesen, daß er mich seiner Braut Turan vorgezogen hätte, und das hätte ich auch jedem unter die Nase gerieben. In Wirklichkeit wußte ich nicht einmal, daß er verlobt war. Was kümmern mich die Angelegenheiten der Leute in Mahmudabad? Ich war da vielleicht ein- oder zweimal in meinem ganzen Leben. Wenn ich über Turan Bescheid gewußt hätte, nun gut, vielleicht hätte ich ihn dennoch geheiratet, wer weiß? Aber ich habe Forderungen gestellt: Er müsse die volle Verantwortung für die Kinder übernehmen, sagte ich, und er stimmte zu. Ich würde in meinem Haus bleiben und nicht nach Mahmudabad ziehen, und er stimmte auch hier zu. Ich würde weiter die beiden Räume vermieten und das Geld für die Erziehung der Kinder behalten. Auch hier stimmte er zu. Und ich wollte dreißigtausend Toman als Trennungsgeld im Heiratsvertrag festgelegt haben. Das tat er auch, und ich habe es höchstpersönlich kontrolliert: Ich habe meinen Vetter gebeten, mir das Schriftstück vorzulesen, damit ich sicher war, daß keiner mich betrog.

Seither hatte ich nichts als Kummer und Probleme. Erstens

wohnte er nicht richtig hier. Er brachte gar keine persönlichen Dinge mit, er arbeitete nicht im Garten, er war nie da zum Reden. Er kam am Abend wegen meines guten Essens und ging morgens wieder zur Arbeit. Freitags ging er nach Mahmudabad und kam überhaupt nicht her. Das passierte dreimal am Wochenende. Danach kam mitten in der Woche die Polizei in mein Haus und fragte, ob er hier sei, und wann ich ihn zum letzten Mal gesehen hätte, und wo seine Sachen seien. Es stellte sich heraus, daß er in der Bank Geld gestohlen hatte, und nun versuchte die Polizei, ihn zu finden. Er hatte es in den Ärmeln versteckt herausgeschmuggelt – die langärmligen islamischen Hemden eignen sich wirklich besonders gut dafür – und in seiner Hose. Die Polizisten glaubten mir, als ich ihnen sagte, daß ich nichts von seinen Geschäften wüßte. Später fanden sie dann auch wirklich einen Teil der Beute im Haus seines Vaters in Mahmudabad, und niemand hat mich für irgend etwas verantwortlich gemacht, Gott sei Dank! Mir schaudert, wenn ich mir vorstelle, die Polizei hätte das Geld oder etwas anderes hier gefunden. Ich erinnere mich, daß er gesagt hatte, er würde ein paar Fernsehapparate in unserem Wohnzimmer lagern. Er sagte, er hätte sie von jemandem, der aus Kuwait zurückgekommen sei, billig erstanden. Die waren auch gestohlen. Es kam heraus, daß er und seine Brüder in Schmugglergeschäfte und Einbrüche verwickelt waren. Verkommene Leute, die ganze Bande. Ich hatte nicht einen Toman von ihm bekommen, noch nicht einmal für das Essen, das er hier bekam, von den sonstigen Ausgaben ganz zu schweigen. Aber ich verlor das Anrecht auf die kleine Witwenrente, weil ich wieder geheiratet hatte. Da saß ich nun, hatte vier kleine Kinder, keine Witwenrente, niemanden, den ich hätte um Hilfe bitten können, und einen kriminellen Strolch als Mann, der im Gefängnis war. Ich ging vor Gericht und verlangte die Scheidung. Der Richter war ein Mullah und sprach die Scheidung aus, nachdem er meinen Fall angehört hatte, und er sagte sogar, daß Abbas das Trennungsgeld bezahlen müsse; das war vielleicht ein guter Richter! Gott segne ihn! Aber es half mir nicht viel, weil Abbas bis zum heutigen Tag noch nichts bezahlt hat, und jetzt, nach dem, was mit Turan passiert ist, wird er natürlich lange im Gefängnis bleiben, und was wird aus meinem Scheidungsvertrag? Ich muß sofort nach seiner Entlassung wieder dafür weiterkämpfen. Ich weiß, daß er irgendwo Geld versteckt hat, und dreißigtausend davon gehören mir.

Nun bin ich ständig in der Stadt, laufe mit einer Bittschrift von Dienststelle zu Dienststelle, um meine Witwenrente wiederzubekommen. Neulich hat doch der Distriktbeamte, so einer von diesen jungen Typen mit schwarzem Hemd und schwarzem Bart, die Frechheit besessen, mir zu sagen, es wäre meine Pflicht, wieder zu heiraten. Ich sei noch jung genug, um noch viele Kinder zu gebären! Ich bin machtlos, ich brauche Hilfe. Vielleicht hilft mir der Gouverneur oder der Freitagsprediger in der Stadt. Und warum nicht? »In der Stadt der Blinden, halte dir die Hände vor die Augen.« Das ist ein weiterer wahrer Spruch. Und sicherlich hat auch heutzutage, im Zeitalter der Turbane und der schwarzen Hemden, irgend jemand Mitleid mit einer Witwe ohne Buder und mit vier vaterlosen Kindern.

Aber ich will mich nicht beklagen. Was wäre gewesen, wenn Tehrani einen Bruder gehabt hätte, der mir die Kinder weggenommen hätte, weil sie zu seiner Familie gehörten? Das ist Nargez' Schwester passiert: Sie hat ihre beiden Kinder nie mehr gesehen, seit ihr Mann vor vier Jahren gestorben ist und seine Verwandten sie zu ihrem Vater zurückgeschickt haben. Einer der Brüder ihres Mannes hätte sie natürlich heiraten sollen, dann hätte es keine Probleme gegeben; aber sie sind Heiden. Und Nargez' Schwester war zu schüchtern und zu anständig, als daß sie vor Gericht gegangen wäre. Ich glaube, sie wäre gegangen, aber ihr Vater hat nein gesagt. Er wollte keinen Streit. Verglichen mit ihr habe ich noch Glück gehabt. Oder nimm Huris Kusine: freundliche Schwiegermutter, eine gute Familie, sie sind nett zueinander und mögen sich, niemals fiel ein böses Wort. Ihr Mann fand Arbeit in der Stadt und nahm sie mit in eines der Häuser, in denen ich auch mit Tehrani gewohnt habe. Die Bäume sind natürlich schon größer, aber es wimmelt immer noch von Fremden, und es gibt so viel Schmutz und Dreck und so viele merkwürdige Leute! Städte sind heute ja so häßlich. Sie wollte so gerne zurück zu ihrer Schwiegermutter, sie weinte Tag und Nacht. Nach dem zweiten Kind wurde sie noch trauriger. Nun ist sie wieder hier, aber sie hat den Verstand verloren. Sie liegt den ganzen Tag in einer Ecke und weint und lacht grundlos vor sich hin und redet kein Wort. Und ihre Schwiegermutter macht sich so große Sorgen, daß sie auch bald krank wird. Was sind schon meine Schmerzen und Plagen und Sorgen dagegen?

Meine Kinder werden irgendwann einmal erwachsen sein und für mich sorgen, vielleicht. Aber es gibt ja dieses Sprichwort: »Eine Tochter verliert man an einen Mann, und einen Sohn durch die Leidenschaft zu einer Frau.« Das ist wirklich ein wahres Sprichwort. Die Kinder müssen weggehen, um sich ihren Lebensunterhalt zu verdienen, und wo bleibe ich? Aber über die Zukunft entscheidet Gott. In der Zwischenzeit sehe ich mich dort nach Hilfe um, wo ich sie finden kann. Wie zum Beispiel beim Freitagsprediger in der Stadt. Dieser neue, junge Mullah, der jetzt manchmal in Deh Koh predigt – ein frischgebackener Mullah, der gerade erst gelernt hat, seinen Turban zu wickeln –, vielleicht kann er mir ein Empfehlungsschreiben für ihn geben... er beobachtet mich immer aus den Augenwinkeln. Ich frage ihn... ich sage zu ihm ... »Ehrenwerter, erhabener Diener Gottes«, sage ich...

ZEHNTES KAPITEL

Über verwirrte Menschen und Schmetterlings Schweigen

In Deh Koh kann man auf die verschiedenste Art und Weise etwas merkwürdig sein, ohne unbedingt große Aufmerksamkeit zu erregen. Simins Schwester trinkt nie Tee. Sie gießt heißes Wasser in ein Teeglas und trinkt es mit einem Stück Zucker im Mund, als ob es Tee wäre. Ihre Schwiegermutter konnte sich lange nicht daran gewöhnen. Sie bezeichnete sie als »verrückt«. Mahin, die drei Heiratsanträge in einem Jahr ablehnte und ihre Meinung frei äußert, ob sie danach gefragt wird oder nicht, ist auch ein wenig verrückt, das sagt sie von sich selbst, aber was soll's? »Worüber könnten die Leute reden, wenn es mich und Setara nicht gäbe; Setara ist genauso verrückt«, sagt sie, und da hat sie auch recht. Mahmud, der Krüppel, kann weder richtig laufen noch sprechen; er ist geistig und körperlich behindert, aber er hat eine Frau und drei Kinder, die er von seinen Almosen ernährt. Qeta, über deren Wahnsinn man sich im Dorf uneingeschränkt einig ist, hatte einen Schock, der ihr Gehirn und ihre Seele austrocknete; weder geht man ihr aus dem Weg noch fürchtet man sich vor ihr, und nur die unwissenden Kinder machen sich über sie lustig. Schon der Anblick, oder wahrscheinlich sogar der bloße Gedanke an eine Frau, bringt das Blut von Yusufs Vetter in Wallung. Er bemüht sich bereits so lange um eine zweite Frau, daß es peinlich ist. In der Zwischenzeit verprügelt er die, die er daheim hat. Das ist wirklich ein schlimmer Wahnsinn; wie die Trunksucht bringt er allen nur Kummer und Leid. Aber obwohl die Leute ihm Vorwürfe machen, wenn er seine arme Frau mißhandelt, ist er dennoch ein sehr angesehener Schreiner. Eine von Maryams Nichten stürzt manchmal plötzlich und stöhnt und brabbelt dann unzusammenhängend vor sich hin. Die Leute sagen, ein Djenn habe sie vor Jahren heimgesucht, als sie allein in der Abenddämmerung an einer berüchtigten Quelle unterhalb des Dorfes die Wäsche gewaschen habe. Aber der Arzt schickte sie mit ihrem Mann nach Teheran ins Krankenhaus für Geisteskranke. Es stellte sich heraus, daß ihre Verrücktheit eine Krankheit war – danach war man zwar schlauer, aber ihr Verhalten hat sich deswegen nicht geändert!

Parvane bedeutet Schmetterling. Einige Leute sagen, Parvane sei genauso verrückt wie Maryams Nichte. Andere meinen, sie sei eher wie Qeta, die vor lauter Schock und Trauer den Verstand verloren hat. Nur sei es bei ihr nicht ganz so schlimm. Wieder andere, darunter die meisten ihrer Verwandten, sagen, sie habe nur ein einfaches Gemüt, sei recht ruhig und brauche etwas Hilfe und Rücksichtnahme, die sie von ihrem Mann nicht bekomme.

An den Sommer, in dem Parvane hoch über den Feldern, Gärten, dem Eichengestrüpp und den kalten Quellen in einer Hütte aus Zweigen geboren wurde, erinnert sich Parvanes Mutter auf mancherlei Art und Weise. Es war der Sommer, in dem Reza, Parvanes Vater, von einem Rudel Wölfe eine Eiche hinaufgejagt wurde, als er in der Wildnis nach einer Kuh suchte, die sich von der Herde abgesondert hatte. In Todesangst hatte er sich von morgens bis zum späten Nachmittag im Geäst einer freistehenden Eiche festgeklammert, als schließlich einige Männer, die auf dem Nachhauseweg von den außerhalb liegenden Feldern waren, vorbeikamen und die Wölfe verjagten. Er war vor Angst erstarrt und von dem Schock und der Erschöpfung gefühllos geworden; danach war er nicht mehr derselbe; oft war er unwirsch und stumm. Das war derselbe Sommer, in dem die Heuschrecken an einem diesigen Nachmittag über das Dorf herfielen, den Himmel verdunkelten und fast alles auffraßen, was eigentlich die Vorratskammern in den Mauern, die Lederbeutel und Wollsäcke für den Winter hätte füllen sollen. Im Frühsommer war Rezas Mutter gestorben, und Atri mußte alleine mit den Erträgen von einer der größten Herden im Dorf fertig werden. In diesem Sommer rafften Masern und Keuchhusten an die dreißig Kinder im Dorf dahin; darunter waren auch die beiden Brüder von Parvane und Maryams einziges Kind. Es war ein heißer Sommer; die erbarmungslos brennende Sonne hatte Quellen und Bäche zu Rinnsalen werden lassen. Während der langen, trägen Nachmittage zwischen Milchaufkochen und abendlichem Melken hockte Atri, der von ihrer fünften Schwangerschaft sämtliche Knochen weh taten, im schattigen Eingang der kleinen Laubhütte, sah den staubfarbenen, verbrannten Hang zum Dorf hinunter und spann. Mit den gleichmäßigen Bewegungen langjähriger Übung zog sie einen ebenmäßigen, feinen Faden. Sie war erstaunt, wie schnell das Gras unter dem blauen Himmel die Farbe von Sand annahm und beobachtete die Wirbelwinde, die über Deh Koh hinwegzogen und dabei schlanke Staubsäulen bis hoch in die flimmernde Luft wirbelten.

Obwohl die Tiere in diesem Sommer nur wenig Milch gaben, war Atri dennoch lange vor der Morgendämmerung auf den Beinen, um mit dem Buttern fertig zu werden, solange es noch kühl genug war und die Butter im Buttersack auf dem Dreifuß in kleine, feste Klumpen zerfallen konnte. Das Plumpsen und Schwappen des Joghurts und des Wassers im Ziegenledersack war Atris nächtliches Lieblingsgeräusch. Es stieg von allen sechs Laubhütten in den stillen Nachthimmel und mischte sich mit dem leisen Kratzen, Klingeln und Blöken der Schafe und Ziegen im Pferch.

An einem solchen Morgen wurde Parvane, gleich nachdem der zweite Buttersack geleert war, geboren. Am Vortag war Atri eine dieser winzigen Fliegen, die sich im Fell der Tiere verstecken, in den Mund geflogen, als sie sich beim Melken mit der Wange gegen die Seite einer Ziege gelehnt hatte. Davor hatten alle große Angst, weil die Fliegen sich im Hals festsetzen und beim Schlucken, Sprechen und bei jedem Atemzug einen stechenden Schmerz verursachen. Das tut so weh, daß es einem das Wasser in die Augen treibt, und die Zunge schwillt an und klebt schwer am Gaumen. Man kann nichts anderes tun, als schweigend zu leiden, bis der Schmerz nach ein paar ganz besonders langen, unangenehmen Tagen von selbst vergeht. Als Atri an den Wehen merkte, daß das Kind bald kommen würde, konnte sie wegen der Fliege im Hals keinen Ton herausbringen. Sie ging zur nächsten Hütte (sie gehörte Rezas Vetter), und machte Zari klar, daß die Geburt bevorstand. Zari rief die Nachricht den anderen Frauen zu, und sie ließen ihre Buttersäcke stehen, um Parvane auf die Welt zu helfen. Reza und sein Vetter, in dieser Nacht die einzigen Männer im Lager, standen auf und gingen fort, um sich ihren Anteil an der Bewässerung im Dorf zu sichern. Die beiden jungen Hirten verschliefen alles.

Parvane war ein winzig kleines Wesen, sagt Atri. Sie hatte ein rotes Gesicht, und sie war nur ein Mädchen – gottlob –, sicherlich besser als ein junger Hund, aber dennoch nach dem Verlust von zwei Söhnen eine bittere Enttäuschung.

Zari butterte für Atri fertig, und die Frauen erledigten für sie zu Mittag das Melken, kochten die Milch ab und setzten den Joghurt an, aber abends war Atri wieder zur Stelle, immer noch stumm.

Das ist alles, was Atri von Parvanes Geburt behalten hat. Niemand scheint zu wissen, warum das Baby den Namen Schmetterling bekam. »Parvane« klang hübsch, und da keine andere Frau im Dorf diesen Namen hatte, konnte sich auch keine darüber ärgern, daß der eigene Name nachgemacht worden war.

Zari erinnert sich, daß Parvane von Anfang an ein sehr stilles Baby war. Das kleine Ding schrie selten. Das sei nicht gut, sagte Zari zu Atri. Es sei vielleicht ein Zeichen dafür, daß sie ein Wechselbalg war – daß eine Djennfrau sie in dieser ersten Nacht in den Bergen gestohlen und mit einem ihrer eigenen Kinder vertauscht habe. Das würde nichts als Scherereien geben. Aber Parvane wuchs im Gegensatz zu einem Wechselbalg genauso wie ein gesundes Baby heran und war fast nie krank. Sie hatte nicht einmal Durchfall oder eine Erkältung.

Atri wurde zum ersten Mal klar, daß Parvane anders war, als sie sich im Alter von nicht ganz zwei Jahren stark verbrannte. Es war zu Beginn des Frühjahrs, in einem anderen Lager in den Bergen. Eines Nachts knetete Atri gerade den Brotteig, als Parvanes Decke durch ein paar Funken Feuer fing. In den kleinen

Hütten aus Eichenbalken und Steinen war es sehr eng. Als Atri begriff, was geschah, war Parvanes linkes Bein schon schwer verbrannt. Parvane schrie nicht; sie wimmerte nur und preßte ihre Fäustchen gegen den Mund. Seitdem war sie noch ruhiger als vorher und sprach nicht einmal mehr die wenigen Worte, die sie bis dahin gelernt hatte: »Mutter« und »nein« und »Dada«, das sie für »Schwester« sagte und für alles andere. Ohne sich zu rühren, saß sie nur da und schaute, oder sie stand da und schaute, freundlich, aber doch so, als ob sie nicht wirklich an dem, was sie sah, interessiert war. Atri war etwas beunruhigt. Sie hing Parvane Amulette um und verbrannte regelmäßig Woche für Woche die Samen der wilden Raute, um den bösen Blick abzuwenden. Sie kaufte Eisenarmbänder von den fahrenden Schmieden und legte sie Parvane um Arme und Fußgelenke, um sie vor den Djenn zu schützen. Wenn Parvane mit kleinen langsamen, wohlbemessenen Schritten einherging, umgab sie ein stetiges Klimpern. Kein kleines Mädchen hatte mehr Perlen um den Hals hängen als Parvane. Kein kleines Mädchen war besser vor jeglicher Gefahr geschützt als Parvane.

Setara, Negin und Parvanes älteste Schwester Kokab sagen, daß sie sich daran erinnern, wie selten Parvane als Kind spielte oder sich zankte oder herumsprang. Und wenn die anderen Mädchen sie geneckt hätten, habe sie sich nicht gewehrt, sondern sei bei der nächsten sich bietenden Gelegenheit fortgeschlichen, um sich zu verstecken. Meistens hätten die Kinder sie in Ruhe gelassen. Kokab begann, auf ihre lächelnde Schwester mit den Grübchen aufzupassen. Sie schleppte sie mit in die Weingärten und zu den Walnußbäumen und nahm sie im Frühling in die Hochtäler über dem Dorf zum Gemüse sammeln und im Herbst zum Eicheln auflesen mit. Die Mädchen erinnern sich, daß sie einmal auf einem Ausflug versehentlich einen wilden Eber aufschreckten und in Panik in alle Himmelsrichtungen flohen. Nur Parvane nicht, sie stand furchtlos da und beobachtete das Wildschwein, das sich dann abwandte und den Hügel hinunterraste. Das war schon eine erstaunliche Geschichte, die die Kinder da erzählten: Parvane sei auf einem Felsbrocken in der Sonne gestanden, die Röcke wären im Wind geflattert, und sie habe dem tobenden Ungeheuer ohne mit der Wimper zu zucken entgegengesehen.

Kokab konnte sich an eine weitere merkwürdige Eigenschaft Parvanes erinnern: Sie habe sich nie schmutzig gemacht. Parvane ging vorsichtig, saß ordentlich da, aß sauber, trat nicht in Pfützen oder in den Dreck und faßte nicht alles an. Noch nicht einmal ihr Haar war zerzaust oder verfilzt. Es schien fast nicht nötig zu sein, Parvane mit ins Badehaus zu nehmen. Einmal, so erinnert sich Kokab, hatten ihre Schwestern sie aus irgendeinem Grunde draußen vor dem Badehaus zurückgelassen. Geduldig wartete sie vor der Tür, und als Atri etwas später kam, dachte sie, Parvane habe schon gebadet, so sauber sah sie aus, und schickte sie nach Hause.

Atri sagte, daß Parvane sehr gut Pflanzen sammeln, Walnüsse knacken und Graslasten und schwere Wassersäcke tragen konnte. An einem kalten Wintertag hatte sie am Brunnen (das war lange bevor im Dorf Wasserleitungen zu jedem Hof gelegt wurden) den Wassersack nicht sorgfältig zugebunden, und er verlor Wasser. Als Parvane zu Hause ankam, waren ihre Röcke auf der rechten Seite steifgefroren, aber sie fühlte es noch nicht einmal.

Parvane lernte zur rechten Zeit, Wolle zu kämmen, zu spinnen und zu nähen. Es war leicht, es ihr beizubringen, sagt Atri, weil sie nicht wie andere Kinder ungeduldig war und nicht herumzappelte, wenn man ihr etwas erklären wollte. Bald war Parvanes Garn makellos gesponnen. Jeder Nadelstich saß genau neben dem anderen. Ihre damalige Nachbarin Setara, die ungeschickt und faul war (das sagt sie selbst), bestach Parvane oft mit einer Handvoll Rosinen oder einem Stück Kandiszucker, das sie zu Hause stibitzt hatte, damit sie ein wenig für sie spinnen oder ihr bei den Hausarbeiten helfen würde. Parvane liebte Süßigkeiten mehr als alle anderen Kinder, sagt Setara.

Parvane lernte, wie man Feuer macht, um Reis zu kochen, sie lernte Teig zu kneten und Brot zu backen, sie lernte zu buttern und zu weben. Sie arbeitete, ohne aufzumucken, aber nur dann, wenn es ihre Mutter, ihr Vater oder Kokab mit leiser, freundlicher Stimme sagten. Wenn eine fremde Person es ihr befahl oder sie anschrie (sie machte den Eindruck, etwas schwerhörig zu sein), dann lächelte sie nur und reagierte überhaupt nicht. Wenn sie allein gelassen wurde, saß sie nur da und schaute; vielleicht machte sie auch ein Nickerchen; dann saß sie wieder da und schaute, die Hände im Schoß, ganz egal ob Regen oder Sonnenschein, mit oder ohne Fliegen, lächelte in sich hinein, sprach ein paar Worte, aber auch nur dann, wenn ihr danach zumute war.

»Sie ist ein gutes Mädchen«, sagten die Leute von ihr, »ein bescheidenes Mädchen, und sie hat ein gutes Herz, das arme Ding, und sie ist nicht boshaft. Ein hübsches Mädchen, möge Gott sie beschützen.« In den Erzählungen der Leute ist sie heute noch so wie damals, als alle noch jung waren.

Trotz ihres sonnengebräunten Gesichts – sie versuchte nie, ihr Gesicht vor der Sonne zu schützen –, kann man heute noch ihre Schönheit erkennen. Ihre Haut ist so glatt, sie scheint über ihre hohen Backenknochen straff gezogen zu sein. Ihre großen Augen sind von schweren Lidern halb verdeckt, und ihr kleiner, freundlicher Mund sitzt unter einer geraden Nase. Ihr rundes Gesicht, jede sparsame Geste und ihre wenigen Worte strahlen eine tiefe Ruhe aus, die nicht von dieser Welt ist. An ihrem schlanken Körper, den sie gerade und ruhig hält, sieht sogar ein altes Hemd ordentlich und sauber aus und wirkt besser, als es in Wirklichkeit ist.

Huris Beobachtungen, die sie von ihrem Ausguck im Hof hinter Rezas Hof machen konnte, stimmen mit den Erinnerungen von Negins Mutter aus der Zeit, als sie Atris direkte Nachbarin war, darin überein, wie Farid um Parvane warb. Farid war einer von Huris Verwandten, die auf demselben Hof wohnten. Damals war er ein junger Mann. Er war ungefähr zehn Jahre älter als Parvane und lebte mit seinen Eltern und drei jüngeren Brüdern zusammen. »Die Jungen schauten immer nach uns Mädchen«, sagt Huri, »und wir sahen uns immer nach den Jungen um und redeten über sie; wir gaben aber vor, sie nicht zu bemerken. Das ist wahrscheinlich eine Sünde, aber wir taten es dennoch, und die jungen Leute tun es heute auch, und so kam es, daß Farid auf Parvane aufmerksam wurde. Er machte es sich zur Angewohnheit, immer wenn er von den Feldern zurückkam, Rezas Treppenaufgang zu benutzen, um zu seinem Hof zu gelangen – das war nicht gerade der kürzere Weg, sagt Negins Mutter, aber es gab ihm Gelegenheit, einen langen, kritischen Blick auf Parvane zu werfen, wie sie am Feuer hockte, wie sie sich gegen einen Verandapfosten lehnte, wie sie Reis säuberte, wie sie spann und wie sie nichts tat. Er war angetan von dem, was er sah und was die anderen über sie zu sagen hatten, besonders seine Mutter: Parvane »redet nicht viel«, sagten sie ihm. »Sie ist kein Störenfried, sie gibt keine Widerworte, sie ist friedliebend. Ein lammfrommes Mädchen, ein gehorsames Mädchen.«

Er hielt um ihre Hand an, und Parvane wurde ihm versprochen. Es gab nicht den geringsten Grund, ihn abzuweisen, sagt Atri. Parvane sagte deutlich »ja«, als man es von ihr verlangte (sie war nicht wie andere Mädchen, die es tränenerstickt und kaum hörbar murmeln), und sie zog ohne ein Wort des Protestes fort, um auf dem anderen Hof zu wohnen. Sie war ungefähr dreizehn Jahre alt. Ihre älteren Schwestern waren schon verheiratet, und Atri ließ Parvane ungern ziehen. Sie war zwar nicht gerade eine großartige Gesprächspartnerin aber eine bereitwillige und zuverlässige Hilfe gewesen. Nun waren nur noch eine Tochter und ein Sohn zu Hause. Die Tochter war zappelig und flink und hatte immer nur Unfug im Kopf, das krasse Gegenteil von Parvane, die langsam und ruhig war, und der Sohn würde noch jahrelang keine Braut nach Hause bringen. Als für Parvanes Hochzeit drei Ziegen und ein Schaf geschlachtet wurden und die Frauen auf einem freien Platz oberhalb vom Haus des Haji zusammenkamen (er ist jetzt schon lange zugebaut und nicht mehr wiederzuerkennen), der Trommel und der Oboe lauschten, tanzten und anderen beim Tanzen zuschauten, war der kleine Junge gerade in der dritten Klasse.

Am Anfang hatte Parvane im Haus ihres Mannes ganz sicherlich kein schlechtes Leben. Farid war ein Bauer mit nur wenig Land, aber er konnte lesen und schreiben, und er war geschäftstüchtig. Er kaufte nützliche Artikel wie Aluminiumtöpfe und Hemden und Schuhe in der Stadt ein, um sie in den abseits gelegenen Dörfern und Lagern zu verkaufen. Er verlieh Geld und strich Zinsen ein, dann verlieh er noch mehr Geld. Er war jung und unternehmungslustig, er scheute weder harte Arbeit zu Hause noch das Herumreisen, obwohl es damals wegen der Räuber, der Soldaten und der Dorffehden noch gefährlich war.

Parvane blieb bei ihrer Schwiegermutter zu Hause und tat, was sie immer schon getan hatte: Sie verrichtete die Arbeiten, die man ihr auftrug, sonst saß sie herum und lächelte. Sie wurde schwanger und gebar zu jedermanns Zufriedenheit einen Sohn. Aber sie hatte nur wenig Milch und schien das Baby eher zögerlich zu stillen, und das Baby starb. Atri macht Farids Gedankenlosigkeit dafür verantwortlich: Er hat einmal Granatäpfel mitgebracht. So schmackhaft sie auch sein mögen, sie müssen dennoch mit Vorsicht und in Maßen genossen werden, da sie durch ihre »kalte« Eigenschaft das natürliche Gleichgewicht des Körpers stören können. Und er hatte sie, ohne Zweifel in bester Absicht, neben die schwangere Parvane gestellt. »Parvane«, sagt Atri, »aß die ganze Schachtel auf. Kein Wunder, daß sie keine Milch hatte und das Baby schwach war und sie immer fror und dann eine fiebrige Erkältung bekam, die ihr die Nerven zum Gehirn austrocknete.«

Ein Jahr später bekam sie noch ein Kind, ein Mädchen. Wieder zeigte Parvane wenig Interesse an dem Baby. Ihre Schwiegermutter und Atri fütterten es mit Kuhmilch. Sie badeten und wickelten das Mädchen und sagten Parvane, sie solle die Wiege schaukeln und die schmutzigen Windeltücher waschen. Sie tat dies, ohne zu murren. Und wenn man ihr sagte, sie solle das Baby von der Wiege losbinden und es liebkosen, dann tat sie das auch, und nach einiger Zeit schien sie es sogar zu mögen. »Sie wird schon noch lernen, wie man Kinder versorgt«, sagte Farids Mutter, als Atri sich wegen Parvanes Gleichgültigkeit beunruhigt zeigte. Sie sorgte dafür, daß ihre andere Schwiegertochter Parvane nicht schimpfte oder sie anschrie. Man lächelte Parvane an und redete mit ihr so liebevoll wie mit einem Lieblingskind.

Ihr drittes Kind – wieder ein Jahr später – starb auch; es starb an Masern, als es nur wenige Monate alt war. Parvane weinte, als der kleine Körper weggebracht wurde. Sie weinte lautlos mit zurückgelegtem Kopf, und dicke Tränen rollten über ihre Bakken. Es kamen kein Klagelaut und kein Klagelied über ihre Lippen. Atri mußte mehr über diesen Anblick als über den Verlust des Babys weinen, und Reza, der seine Tochter noch nie so traurig gesehen hatte, war auch zu Tränen gerührt und wurde sehr mürrisch.

Parvane war offensichtlich eine Frau, die sehr leicht schwanger wurde. Und es war auch klar ersichtlich, daß das nicht gut für sie war. Ihre Wangen fielen ein, und ihre Finger wurden knochig. Oft saß sie mit geschlossenen Augen da und nickte trotz der grellen Mittagssonne mitten im Lärm von tausend Aktivitäten um sie herum ein, und dann stand sie mit vorsichtigen, müden Bewegungen wie eine viel ältere Frau wieder auf. Sie lächelte weniger und seufzte häufiger. Man konnte nichts dagegen tun. Es gab nun einmal diese Frauen, die immer schwanger waren, Gott weiß warum und wozu. Zwischen Frühlingsende und Sommeranfang, nur kurz vor der Geburt des vierten Kindes, verwelkte Farids Mutter und starb. Sie starb so schnell, daß jeder im Haus verwirrt war. »Sie ist wie ein Vogel davongeflogen«, sagte ihre fassungslose Schwiegertochter Aferin immer wieder. Sie bemühte sich, den plötzlich verwaisten Platz der Organisatorin und Verwalterin so vieler Menschen – ihres Schwiegervaters, ihres Mannes, ihrer drei Kinder, der beiden halbwüchsigen Brüder ihres Mannes und Parvanes – einzunehmen.

Aferin hatte Parvane nie ganz verstanden. Ihre hübsche Schwägerin schien faul zu sein, wenn sie da trotz der anfallenden Arbeit so herumsaß; aber es war ja nicht so, daß sie es ablehnte zu arbeiten und nur das tat, wozu sie Lust hatte, wie das bei richtig faulen Frauen der Fall ist. Es schien eher so zu sein, daß Parvanes Körper und ihr Verstand nicht an ein und derselben Stelle waren. Parvane spürte die Fliegen in ihrem Gesicht einfach nicht. Sie hörte die Kuhglocken am Abend nicht. Und dennoch, niemand backte dünneres Brot und butterte besser als Parvane, und beides erforderte die Beherrschung schwieriger Fertigkeiten. Immer wenn das Klack-Klack einer Teigrolle auf dem Brotbrett mitten in der Nacht durch die Dunkelheit schallte, kam es wahrscheinlich von Parvane. Sie arbeitete gerne nachts. Und an manch einem frischen frühen Morgen war das rhythmische Klatschen und Schwappen ihres Buttersackes als erstes in der Nachbarschaft zu hören. Man konnte in all diesen Dingen keine Faulheit erkennen und auch nicht darin, wie sie lächelnd auf alle Forderungen ihrer Schwiegermutter einging. Aber nun war die starke, freundliche Stimme der Alten für immer verstummt, und Parvane hatte niemanden mehr, auf den sie hören konnte. Aferin versuchte alles: Sie versuchte, sie zu überreden, sie bat sie inständig, sie forderte, sie schrie sie an, Parvane zeigte auch nicht die geringste Reaktion. Aferin war überarbeitet und müde, sie fühlte sich betrogen und ausgelaugt. Einmal ließ sie eine Pfanne mit Brotteig (es war ihre größte Pfanne, Brot für neun hungrige Menschen) zum Ruhen in einer Ecke der Küche stehen. Sie und Parvane hatten den Teig aus Wasser und Mehl geknetet und wollten später Brot backen. Aferin bedeckte ihn mit einem Tuch, schloß hinter sich die Tür und ging Besorgungen machen. Sie hatte es nicht für nötig gehalten, die Tür zu verriegeln, weil Parvane direkt davorsaß und spann. Und sie wußte, daß Parvane sich wahrscheinlich nicht so leicht wegbewegte. Aber die Kinder fingen an, an Parvane vorbei zur Küche hinein und hinaus zu laufen. Sie sagte nicht »laßt das« oder zumindest »macht die Tür wieder zu«. Nach den Kindern kamen die Hühner durch die offene Tür hinein, und obwohl die Hühner fast über Parvane laufen mußten, reagierte sie nicht. Als Aferin zurückkam, hatten sie den Teig mit Beschlag belegt. Sie hatten das Tuch weggekratzt und pickten und drängelten mit großer Entschlossenheit, alles unter Parvanes Augen. »Da habe ich sie geschlagen«, sagt Aferin Jahre später, »und es wird mir bis ans Ende meines Lebens leid tun. Heute ist es eine lustige Geschichte, über die ich lachen muß, aber damals – da stand ich nun, wollte mein Brot backen, aber wo war der Teig? Schmutzig und halbaufgefressen war er, mit Hühnerdreck bedeckt, und Parvane saß direkt daneben und hat die Hühner nicht verjagt, sie hat nicht mit Kieselsteinen geworfen, gar nichts. Ich war so wütend, daß ich sie geschlagen habe, obwohl ich wußte, daß es nicht ihre Schuld war. Sie ist nun einmal so, etwas einfältig. Ich habe immer versucht, freundlich zu ihr zu sein, nicht ärgerlich zu werden, sie nicht zu erschrecken. Aber da habe ich sie geschlagen.«

Parvanes Mutter gewöhnte es sich an, an zwei Orten gleichzeitig zu sein. Sie war ständig zwischen ihrem Haus und dem Farids unterwegs und arbeitete von morgens bis abends. Atri hatte Angst um Parvane, und sie fürchtete sich davor, was Aferins Verwandte über die Menge von Arbeit, die auf ihr lastete, sagen könnten. Niemand sieht es gern, wenn die eigene Tochter mehr Aufgaben übernehmen muß, als einzusehen ist. Und es war wirklich nicht einzusehen, daß Aferin für den verheirateten Bruder ihres Mannes und dessen Frau und Kinder zu sorgen hatte. Aber Reza warnte Atri. »Du mischt dich in Farids Haushalt ein«, sagte er. »Sie werden es dir übelnehmen. Es ist nicht deine Angelegenheit.« Atri und Reza stritten sich darüber. »Parvane braucht Hilfe«, sagte Atri, und Reza hielt dagegen, daß nicht mehr sie die Verantwortung hätten, sondern Farid. »Wenn du sie weiter verwöhnst, lernt sie es nie zu arbeiten«, sagte er.

»Sie ist krank«, sagte Atri.

»Es heißt noch lange nicht, daß sie krank ist, wenn sie mit den Händen im Schoß herumsitzt«, meinte Reza. Die Streitereien nahmen kein Ende.

Dank Atri und Aferin und hie und da der Hilfe von anderen Frauen wie Setaras Mutter und Negin (»Parvane, dein Baby weint, nimm es auf, füttere es«, riefen sie über den Hof, erinnert sich Negin), und weil es der Wille Gottes war, überlebte ihr viertes Baby. Es war ein Junge. Er war nicht wie seine Schwester, sondern er war ein schwächliches und kränkliches Kind, obwohl Parvane sich viel mehr um ihn kümmerte, als sie sich um ihre Tochter gekümmert hatte. Sie lächelte ihn an und sprach leise mit ihm, wenn sie ihn auf dem Arm hielt, und sie stillte ihn oft und bereitwillig.

Wenn Farid zu Hause war, spielte er mit seiner Tochter und

dem Baby. Er war mit seiner Familie zufrieden. Er redete nicht viel mit Parvane – sie gab nur einsilbige Antworten, aber das machte ihm nichts aus. Er hatte sie nicht zum Reden geheiratet, sondern weil er wußte, daß sie eine stille Frau war. Er hörte sich genug von Aferin an, um Parvanes Schweigsamkeit um so mehr zu schätzen. »Er dachte, ich wäre ein Störenfried«, sagt Aferin. »Er dachte, wir wären wie so viele andere Frauen von Brüdern, die zusammen leben und sich über alles zanken. Parvanes ältere Schwester dachte das auch. Aber Atri selbst weiß, daß es eine Lüge ist. Ich sagte Farid, Parvane könne nicht wie andere Frauen arbeiten, aber er glaubte mir nicht. ›Um so besser für sie‹, sagte er, ›wenn sie nicht deine Dienstmagd ist. Laß sie in Ruhe.‹ Er merkte nicht, wieviel ich für sie und ihn arbeitete. Als mein Mann es ihm sagte, stritt er sich auch noch mit ihm. Atri hielt zu mir (die Mutter seiner eigenen Frau!), aber er wollte nicht hören. Ich sagte Farid, er solle eine Hilfe aus einem der kleinen Dörfer anstellen, ein Mädchen, das den Haushalt führen kann, um Parvane zu helfen. Er dachte, ich würde scherzen. ›Du denkst wohl, ich bin ein Khan?‹ sagte er, ›und Parvane ist eine feine Dame? Dann behandle sie auch so!‹ Er war ungerecht. Wenn er doch nur auf mich gehört hätte!«

Auch von anderer Seite kamen gute Ratschläge. Setara hatte Tehrani geheiratet. Er sah Parvane oft über den Hof hinweg, wenn er seinen Schwiegervater besuchte. Setara und die anderen im Haus sprachen oft über sie. Tehrani hatte den Vorteil, als vertrauenerweckender Außenseiter die strengen Regeln der Gesellschaft etwas lockerer nehmen zu können. Deshalb konnte er es sich erlauben, bei Atri und Aferin das Gespräch auf Parvane zu bringen, die ihn zu faszinieren schien. Einmal ging er eigens zu Atri hinüber, um ihr zu sagen, daß er mit einem Freund, der Arzt sei, im Krankenhaus über Parvane gesprochen habe, und der Arzt habe angeboten, nach Deh Koh zu kommen, um sich Parvane anzusehen. Er dachte, man könne ihr im Krankenhaus in der Stadt helfen, und Atri solle es mit Farid besprechen. Mit Aferins Hilfe brachte Atri das Gespräch darauf, aber Farid wurde wütend. Seine Frau sei nicht krank, schrie er. Sie sollten sie und ihn endlich in Ruhe lassen, er habe genug von Parvane dies und Parvane jenes. »Nein«, rief er, »ich will nichts mehr von diesem Unsinn hören. Und außerdem, was hat dieser Fremde überhaupt für ein Interesse an meiner Frau?« Sie waren froh, daß er nicht auch noch mit Tehrani einen Streit anfing.

Zu Hause mußte sich Atri auch noch Rezas Meinung anhören. »Was habe ich dir gesagt?« schimpfte er. »Hundertmal habe ich dir gesagt, du sollst den Mund halten und zu Hause bleiben.« Atri weinte, und das machte Reza noch mürrischer.

Farids jüngerer Bruder heiratete. Es wurde eng auf dem Hof. Die neue Braut war ein freches, flinkes kleines Wesen, sie war schlagfertig und auf ihren Vorteil bedacht. Und es war gewiß nicht zu ihrem Vorteil, für Parvane (die sie »faul« und »schmutzig« nannte) zu arbeiten. Die vielen Kinder störten sie, besonders Parvanes Tochter, die ungehorsam und respektlos sei, behauptete sie. (Die Tochter war eine leichte Beute für jedermanns herrschsüchtige Forderungen, weil ihre Mutter sie nicht verteidigte.) Jedesmal wenn im Haus etwas schiefging, war sie schnell damit bei der Hand, Parvane oder ihre Tochter zu beschuldigen. »Vielleicht war es Parvane«, sagte sie und zuckte mit den Schultern, wenn ein Stapel Töpfe und Pfannen umfiel und zerbrach. »Sicherlich war es Parvanes Balg«, sagte sie, wenn eine Wäscheleine zerriß und die Wäsche im Schlamm landete. »Parvane hat nicht auf das Feuer aufgepaßt«, sagte sie, wenn der Reis anbrannte. »Ich habe gesehen, wie das Mädchen ihn gegessen hat«, sagte sie, wenn der Zuckertopf wieder einmal unerwarteterweise leer war.

Obwohl die anderen diese Behauptungen meistens anzweifelten, wuchs Parvane dennoch langsam aber sicher in die Rolle des schwarzen Schafes hinein. Das war für jeden bequem. Damals fing sie an, vernachlässigt auszusehen, sagt Setara. Sie lächelte nicht mehr, sie war nicht mehr makellos sauber. Ihr Schleier saß oft schief, ihre Füße waren schmutzig, Risse in ihren Röcken wurden nicht mehr geflickt. Einmal brannte sie ein großes Loch in ihr Hemd (die neuen Stoffe schmelzen einfach weg, wenn man zu nahe an die Flammen gerät). Es war an einer äußerst heiklen

Stelle. Es wurde von allen ignoriert, bis Setara es bei Atri erwähnte und Atri Parvane dazu brachte, das Hemd zu wechseln und das Loch zu flicken. Die Kinder fingen an, sich über sie lustig zu machen. »Verrückte Parvane«, riefen sie aus sicherer Entfernung und machten obszöne Geräusche. Setara hat sie oft weggescheucht. »Sie ist eine arme Frau, es ist eine Sünde, sie zu verspotten«, sagte sie zu ihnen, aber wer kann schon Kinder dazu bewegen, vernünftig zu sein oder zuzuhören, wenn man von Güte spricht? Und Parvane hatte wirklich einige peinliche Angewohnheiten. Es war bei der Trauerfeier für Farids Vater. (Er war bald nachdem die neue Braut ins Haus gekommen war, gestorben. Zu früh, sagten die Leute, wahrscheinlich aus Kummer um den Verlust seiner Frau.) Bei dieser Trauerfeier also saß Parvane bei den Frauen, die von weither gekommen waren, um den verstorbenen Verwandten zu beweinen. Sie hob ihre Röcke bis zu den Schenkeln hoch und kratzte sich laut und ausgiebig. Ein wenig später furzte sie ungehemmt in das betretene Schweigen, und es machte ihr gar nichts aus, als ein Kind aus Versehen von hinten ihr Kopftuch herunterzog, so daß sie mitten unter den Gästen mit entblößtem Haupt dasaß. Als ihre Beine vom zu langen Hocken in einer Stellung steif wurden, streckte sie sie vor sich aus, anstatt aufzustehen und draußen herumzulaufen. Sie benahm sich wie ein Kind, das noch zu jung ist, um sich Gedanken darüber zu machen, ob es vielleicht unhöflich sein könnte. Die jüngeren Frauen kicherten. Farids Schwester zischte sie an, sie solle ihr Kopftuch wieder hochziehen und sich anständig hinsetzen. Aber auch sie konnte Parvane nicht dazu bewegen zu weinen und mit den anderen zu wehklagen. Während sie schluchzten, sah Parvane sich ausgiebigst um, mit einem Ausdruck des Erstaunens und einem kleinen Lächeln im Gesicht, das bei dieser Gelegenheit nicht angebracht war. »Was ist nur mit Parvane los?« flüsterten die Frauen Aferin zu, als sie gingen.

Aferin tat so, als ob sie es nicht wüßte. »Sie fühlt sich heute nicht wohl«, sagte sie. Sie war froh, als Atri sie am nächsten Tag zu sich nach Hause holte.

Aber gegen Mittag vermißte Farid sie und rief sie zurück.

Aferin setzte sie an die Feuerstelle, um Tee für die Gäste aufzu-
gießen. An diesem Nachmittag trank Parvane »zehn oder zwanzig Gläser Tee«, sagt Aferin. Das war nicht gut für ihr ohnehin
kaltes Grundtemperament, und außerdem wurden zwei Zuckerhüte aufgebraucht, weil Parvane die Kinder so viel Zucker stehlen ließ, wie sie wollten.

Die meisten Leute, die sich genügend für Farids Angelegenheiten interessieren, um eine Meinung zu diesem Problem zu haben,
sagen, daß Farid das neue Haus baute, weil er nicht mit seinen
Brüdern und deren Frauen auskam (unglücklicherweise ist dies
eine ganz alltägliche Sache), aber auch, weil seine Geschäfte sehr
gut gingen und er sich ein großes Haus leisten konnte. Farids
Schwester sagt, er hätte ein größeres Haus gebraucht, um seine
Kunden zu bewirten. Das Haus ist umgeben von einem Hof mit
Mauer und liegt neben dem Haus von Farids Schwester. Atri war
dort fremd. Sie kam nicht mehr so häufig zu Besuch. Parvane
war den größten Teil des Tages allein mit ihren beiden Kindern.
Atri glaubt, daß Farid ihr nicht erlaubte, das Haus ihres Vaters
zu besuchen, und daß die vielen Gäste ihr das Leben schwer-
machten. Aber Farids Schwester sagt, Farid sei gut zu Parvane
gewesen. »Er hat oft Reis gekocht, wenn er abends müde nach
Hause kam und feststellte, daß sie kein Abendessen vorbereitet
hatte. Er ging mit seiner Tochter zum Arzt, als sie sich den Kopf
blutig geschlagen hatte. Er wusch sogar seinen Kindern das
Gesicht, wenn er sah, daß sie schmutzig waren. Es ist eine Lüge
zu behaupten, er habe sie vernachlässigt oder geschlagen, eine
riesengroße Lüge.« Ihrer Meinung nach wurde die Tatsache,
daß Parvane ab und zu einmal einen Topf Reis und eine Kanne
Tee für Gäste bereiten mußte, reichlich durch ihr sonst so leichtes Leben ausgeglichen: Parvane brauchte keine Ziegen zu melken und nachts nicht zu buttern. Sie hatte den Wasserhahn
direkt im Hof und so viel zu essen, wie sie wollte. Außerdem
hatte sie in ihrer Tochter eine Hilfe. Alle Frauen sind übereinstimmend der Meinung, daß Atri und Aferin das kleine Mädchen gut geschult hatten. Sie war kaum fünf Jahre alt, als man sie
schon das Baby sachkundig herumtragen sah. Sie wusch die

Windeln, trug Joghurt vom Haus ihrer Großmutter heim und fegte das Haus. Als sie sechs Jahre alt war, schickte ihr Vater sie zur Schule, und Parvane verlor für den größten Teil des Tages ihre Helferin. Parvane ging es schlechter.

Parvanes Schwester Kokab, die nur ein paar Häuser weiter lebte, und Farids Schwester von nebenan schlüpften ab und zu herein, um nach Parvane zu sehen. Was sie in Farids Haus vorfanden, machte sie oft tieftraurig. Eines Tages ertappte Kokab Parvane dabei, wie sie Zucker einweichte. Sie dachte offensichtlich, es sei Reis. Und Farids Schwester rettete Parvanes Baby einmal davor, mitten im Winter in eiskaltem Wasser unter dem Wasserhahn im Hof gewaschen zu werden. Aber das Allerschrecklichste passierte eines Nachmittags im späten Frühling. Da fand Kokab den Leichnam einer triefnassen Frühgeburt auf einem Lumpen in der Hofecke. (Das Baby hatte »winzig kleine Fäustchen«, erinnert sie sich.) Und Parvane wusch gerade ihre blutigen Röcke am Wasserbecken. Sie hatte in aller Stille ganz allein in dem großen, leeren Haus eine Fehlgeburt gehabt. Es war Farids eigene Schwester, die an diesem Abend zu ihm sagte, daß mit Parvane etwas nicht stimme. »Bring sie nach Mashhad«, sagte sie. »Kette sie am Schrein des Imam fest und bitte ihn, er möge doch Erbarmen mit ihr haben und ihre Fesseln sprengen. Oder bring sie wenigstens zum Doktor, damit sie stärkende Medikamente bekommt.« Farid war beschämt und traurig, und er murmelte zustimmend. »Er mietete sogar ein Taxi, um sie zum Krankenhaus zu bringen«, sagt seine Schwester. »Er ging sehr rücksichtsvoll mit ihr um.«

Aber der Arzt verstand nicht, was mit ihr los war. Er sagte, Parvane sei so schwach, weil sie zu viele Kinder in zu kurzer Zeit bekommen habe. »Sie hat nicht genug Blut«, sagte er. Sonst fehle ihr nichts. Sie sei zu oft schwanger, sagte er, aber »gebt ihr nicht die Pille, sie ist schlecht für ihre Gesundheit.« Sie solle sich im Krankenhaus die Eileiter durchtrennen lassen. Er schrieb Parvane einen Brief für das Krankenhaus in der Stadt.

Farid gefiel es nicht, daß er keine Kinder mehr haben sollte. Er hatte nur einen Sohn. Aber er war ein vernünftiger Mann, und er stimmte dem Vorschlag des Doktors und der Frauen zu. Er entschied, daß Parvanes Eileiter durchtrennt werden sollten – das war der einzig sichere Weg, Schwangerschaften zu verhindern. Aber er wollte erst einmal dafür sorgen, daß sie gut ernährt und für die lange Reise ein wenig gestärkt würde. Gegen Ende des Sommers packte er seine Familie in den überfüllten Minibus und fuhr mit ihnen in die Stadt. Drei Tage mußten sie warten, bis sie an der Reihe waren. Der Arzt untersuchte Parvane und sagte, sie sei wieder schwanger, er könne jetzt nichts für sie tun. Sie sollten gleich nach der Geburt des Babys wiederkommen. Farid, der verärgert und enttäuscht war, brachte seine erschöpfte und schmutzige Familie wieder nach Hause und ging nie wieder mit Parvane zum Arzt. Ärzte wollten ihr nicht helfen, entschied er. Es hatte keinen Sinn, es zu versuchen.

Warum Parvanes Bruder, der damals erst vierzehn Jahre alt war, sich zum ersten Mal freiwillig zur Front meldete, ist eine ganz andere Sache und hat nichts mit Parvane zu tun, sagen die Frauen. Er fuhr mit zwei anderen Jungen in einem Lastwagen der Revolutionsgardisten fort. Sie waren nach Deh Koh gekommen, um Soldaten zu rekrutieren. Atri lief mit rotgeweinten Augen herum; es habe Reza das Herz gebrochen, sagte sie. Tagelang saß er mit dem Kopf auf die Hände gestützt in seinem Zimmer und brachte kaum ein Wort heraus. Es war ganz gut, daß er damals schon fast alle Tiere verkauft hatte, denn er konnte nicht mehr arbeiten. Sein Bruder bewässerte für ihn die Felder, als er bei der Wasserverteilung an der Reihe war. Aber nach ein paar Tagen war der Junge wieder da. Der zuständige Offizier im Freiwilligenlager war aus einem Nachbardorf flußaufwärts und kannte Reza. Er hatte den Jungen beiseite genommen und ihm gesagt, daß es eine Sünde sei, seinen alten Vater und seine Mutter allein zu lassen, und er könne sich größere Verdienste im Himmel erwerben, wenn er, statt an der Front zu kämpfen, bei ihnen bliebe. Er hatte dann dem Jungen Geld für die Busfahrt nach Hause gegeben und ihn diskret fortgeschickt. Aber die Freude zu Hause währte nicht lange. Als der Junge Parvane das erste Mal nach seiner Rückkehr besuchte – er sah ab und zu nach ihrem Feuerholz und dem Petroleum für den Heiz-ofen –, fand er sie, wie er sagte, »halbnackt« vor (in diesem Fall hieß das, sie hatte kein Kopftuch auf und trug unter einem dünnen Hemd nur einen einzigen schäbigen Rock), wie sie in einem kalten Zimmer »auf einem Stoffetzen« saß und die Wiege schaukelte. Sie zitterte vor Kälte. Da er schon aus persönlichen Gründen unglücklich und nun auch noch wegen seiner Schwe-ster sehr bedrückt war, ging er zu seinem Schwager. Eine laute und häßliche Auseinandersetzung in Farids Geschäft war die Folge. Sie endete damit, daß Farid den Jungen hinauswarf. Er ging nach Hause, packte ein paar Sachen in einen Rucksack, den seine Mutter vor Jahren gewebt hatte, und ging wieder fort, dieses Mal für immer. Zwei Monate später fiel er an der Front.

Parvane bekam noch ein Kind, ein Mädchen, das »so winzig klein und schwach war wie ein Spatz, der aus dem Nest gefallen ist«, sagt Atri. Danach wurde es noch schlimmer mit ihr. Die Tage, an denen sie sich in sich zurückzog, wurden nun von Wutausbrüchen unterbrochen, bei denen sie Schimpfwörter be-nutzte, die so schlimm waren, daß sich die Leute fragten, wo sie sie gehört haben mochte. Mehrmals weigerte sie sich, mit ins Badehaus zu gehen, auch wenn ihre Mutter sie holte. Wurde Parvane von ihrer Tochter gestört, warf sie mit Gegenständen nach ihr. Immer öfter holten Farids Schwester, Kokab oder Atri das kleine Kind, das gerade laufen konnte, von der Straße und fütterten es, oder Farid nahm es mit ins Geschäft. Sogar das ältere Mädchen verbrachte mehr Zeit bei ihren Tanten und der Großmutter als zu Hause. Parvane sah verwahrlost und elend, mager und erschöpft aus. Auf ihrem Gesicht war nicht einmal mehr der Schatten eines Lächelns zu erkennen.

Farids Familie sprach davon, daß er sich doch eine zweite Frau nehmen solle, eine, die gut arbeiten könne. Wäre es nicht mög-lich, eine nette, robuste Frau – und wenn es nur eine Witwe wäre – in einem der Dörfer zu finden? In Deh Koh würde ihm wahr-scheinlich keiner eine Frau geben. Die Mädchen aus Deh Koh hatten es nicht nötig, durch eine Heirat zur Dienstmagd zu werden, und außerdem war Reza ein sehr angesehener Mann, dessen Gefühle verletzt werden würden, wenn Farid seine Tochter durch eine zweite Frau erniedrigte. Aber Farid wollte auch gar keine zweite Frau, und Reza und Atri waren ganz und gar dagegen. Sie waren davon überzeugt, daß eine zweite Frau sich nie um eine kranke, schwache ältere Ehefrau wie Parvane kümmern würde. Parvane würde genauso vernachlässigt werden wie jetzt, und ihre Kinder würden genauso schlecht ernährt werden. Keine Frau sorgt gern für die Kinder anderer Leute. Es war auch eine Prestigefrage, denn nähme er sich eine andere Frau, würden die Leute reden, und Farids und auch Rezas Familie waren keine Familien, über die man redete. Es mußte doch einen besseren Weg geben, um dieses Problem zu lösen.

Eines Abends stattete Farid seinem Schwiegervater einen seiner seltenen Besuche ab. Nach dem Austausch von Höflichkeiten und nachdem der Tee getrunken und die Süßigkeiten abgelehnt worden waren, machte er einen Vorschlag. Ihr Sohn sei ein Märtyrer im Himmel, sagte er. Sie hätten niemanden, der ihre Interessen vertreten, ihr Land bearbeiten, Rezas Tiere versorgen, das Haus reparieren und sonstige Arbeiten verrichten könne. Er selbst, Farid, habe ja sein großes, modernes Haus. Er würde gerne Platz für sie schaffen und wie ein Sohn zu ihnen sein; und sie könnten zusammen leben und dasselbe Brot essen. Natürlich wäre es auch für Parvane gut. Sie sollten darüber nachdenken, und sie könnten seiner Ergebenheit gewiß sein.

Es war nicht möglich, Reza zu diesem Schritt zu bewegen. Er sagte nein und blieb dabei. Es sei gegen jede gute Sitte, wenn ein Schwiegervater beim Mann seiner Tochter leben würde. Nein. Farids Verwandte, seine Schwester, die Frau seines Buders Aferin und seine Brüder taten ihr Bestes, um ihn zu überzeugen. »Niemand wird weniger von dir halten, wenn du dort einziehst, um dich um deine kranke Tochter zu kümmern«, versicherten sie ihm. »Farid und alle anderen verehren dich. Farid ist dein Diener und nicht du seiner.« Obwohl Atri da nicht so ganz überzeugt war, war es ihr gleichgültig, ob irgend jemand denken könnte, sie würde sich zur Dienstmagd ihres Schwiegersohnes erniedrigen. Sie sah nur eine unglückliche Parvane, die unter ihren Augen langsam in eine einsame Finsternis glitt und darunter litt, daß sie die Aufmerksamkeit und Pflege, die sie wegen ihrer sonderbaren Schwäche gebraucht hätte, nicht bekam. Aber Reza sagte nein. Es war Gottes Wille, daß er nicht nachgab.

An einem grauen Nachmittag, nicht lange nach dieser Diskussion, als der letzte Schnee des Winters die Hauptstraße in einen glatten, halbgefrorenen Schlammhang verwandelt hatte, schätzte ein junger Mann auf einem Motorrad die Kurve auf der eisigen Straße vor Farids Geschäft falsch ein, rutschte seitwärts ab und stieß mit Farid, der vor seinem Geschäft stand, zusammen. Beide stürzten zu Boden. Der junge Mann stand unverletzt wieder auf, aber Farid mußte unter dem Motorrad hervorgezogen werden. Er hatte den linken Fuß zerquetscht und konnte das Bein nicht mehr gebrauchen. Er konnte nicht einmal aufstehen. Unter großen Schmerzen wurde er auf den Lieferwagen seines Vetters gehoben und zum Doktor und von dort ins Krankenhaus gefahren. Der Vetter kam am nächsten Tag zurück und berichtete, daß er drei Krankenhäuser anfahren mußte, ehe er jemanden fand, der sich um Farid kümmerte, und daß Farid am Fuß und am Schenkel operiert werden und für mehrere Wochen in der Stadt bleiben müsse.

Die älteren Frauen wie Farids Schwester und Atri weinten und rangen die Hände. Sie fragten alle Leute, für welche Sünden Gott sie bestrafe. Die Jüngeren wie Aferin und Kokab sahen sich mit grimmigen Gesichtern an und seufzten. Parvane schien Farids Unfall nicht zu begreifen, oder er war ihr gleichgültig. Als Atri und die Schwester ihres Mannes es Parvane erzählten, spann sie weiter, ohne etwas zu sagen. Am nächsten Tag fuhren Farids Schwester mit Farids Sohn und Tochter fort, um Farid zu besuchen.

Atri bekam Fieber, das ihr die Knochen bis ins Mark auskühlte. Man ließ ihre jüngere Tochter holen, die seit ihrer Hochzeit in Mahmudabad lebte. Sie sollte über Nacht bleiben. Kokab melkte die Kühe und kochte das Abendessen für ihren Vater. Als sich Atri nach ein paar Tagen wieder stark genug fühlte, um zu gehen, rief sie Kokab, damit sie sie zu Parvane begleitete. Sie sagte, sie sei sich nicht sicher, ob sie kräftig genug sei, allein den steilen Hügel hinaufzusteigen. Kokab war über diese Bitte etwas ärgerlich, weil sie einen Berg Wäsche und eine kränkliche, alte Schwiegermutter zu Hause hatte, aber später war sie froh, daß sie es nicht abgelehnt hatte. »Mutter war ja selbst noch krank«, sagt sie jetzt. »Sie wäre in Ohnmacht gefallen oder vielleicht an einem Schlaganfall gestorben, wenn ich nicht bei ihr gewesen wäre, so sehr haben wir uns erschrocken.« Als die zwei Frauen auf Farids Hof kamen, hörten sie herzzerreißendes Wimmern vom Haus her. Der Dreijährige kam ihnen durch den kalten Schlamm entgegengelaufen; er war barfuß, hatte keine Hose an und kaute an einem schmutzigen Stück Brot. »Mutter weint«, sagte er. Sie fanden Parvane mitten im Zimmer sitzend; den Kopf hatte sie zurückgeworfen, und laut klagend schlug sie mit der Teigrolle vor sich auf den Teppich; sie wiegte sich hin und her, vor und zurück in den kleinen, glitzernden Staubwolken, die im Lichtstrahl, der durch das offene Fenster hereinfiel, aufleuchteten. Sie hielt den dünnen, schlaffen Körper ihres Babys im Schoß. Sein Kopf, auf dem noch die Kappe saß, die Atri genäht hatte, baumelte leblos über ihrem Arm herab.

Über Parvanes dreckverkrustetem Gesicht hingen verklebte Haarsträhnen, und ihre Augen waren geschlossen. Versunken in ein katzenartiges Wimmern, das aus einer tiefen Quelle des Leids aufstieg, nahm sie ihre Mutter und ihre Schwester nicht wahr und hörte auch nicht ihre Rufe und ihr Schluchzen. Der kleine Junge warf sich gegen sie und schrie: »Mutter, he, Mutter, hör doch!« Aber Parvane war in eine Welt des Todes und der Kälte geglitten und hörte nur noch die Stimme ihrer eigenen Trauer.

Niemand hatte schuld. Niemand hatte sich falsch verhalten, hatte Böses gewollt oder war respektlos gewesen. Im nachhinein war es natürlich leicht zu sagen, wenn Farid sie doch nur nicht geheiratet hätte, oder wenn er wenigstens nach einer Hilfskraft gesucht hätte, eine zweite Frau genommen hätte oder in der Nähe von Atri und Aferin geblieben wäre. Wenn er nur freundlicher zu Parvane gewesen wäre, sanfter mit ihr geredet hätte, ihr mehr geholfen, weniger Gäste eingeladen, sie zum Doktor gebracht hätte... und wenn Reza sie nicht so früh verheiratet hätte, und wenn er sie zum Arzt gebracht hätte, als zum ersten Mal klar wurde, daß etwas mit diesem ruhigen, lächelnden Kind nicht in Ordnung war, wenn er nur seinen Stolz überwunden hätte und zu Farid gezogen wäre... aber was kann das jetzt noch ändern? Alle waren gute Männer und Frauen und hatten getan, was sie konnten und was zu jener Zeit angebracht war. Aferin hatte darüber hinaus noch viel mehr getan, ebenso wie Farids Schwester und Atri. Gott hatte nicht über Parvane gewacht. Es war sein Recht zu entscheiden, ob er wachte oder nicht. Nur er weiß, warum Menschen ihr Schicksal erleiden.

Atri und Kokab mußten Parvane das tote Kind mit Gewalt wegnehmen. Sie preßte das Gesichtchen gegen ihre Brust, als ob sie es stillen wollte, und jammerte dabei in hohen, sanften Tönen, unterbrochen von Rufen, die wie erstickte Laute aus einer Schilfrohrflöte klangen. »Liebes... liebes... mein Baby... mein Leben, mein liebes Baby...«

Atri brachte Parvane, ohne Reza zu fragen, nach Hause. Parvane quer durch das Dorf nach Hause zu holen, bedeutete schon eine öffentliche Kritik daran, wie Farid und seine Familie Parvane behandelt hatten. Man konnte Farid nur zugute halten, daß er sich durch seinen Unfall nicht um Parvane kümmern konnte. Atri wußte, daß die Leute nun reden würden, aber damit wollte sie sich im Moment nicht auseinandersetzen. Als Reza bei Sonnenuntergang nach Hause kam, fing Atri ihn draußen auf der Veranda ab. »Parvane ist hier«, sagte sie und sah ihm fest in die Augen. »Das Kind ist tot, sie hat einen Schock. Niemand kümmert sich um sie und die Kinder. Sie bleibt.« Reza sah über den Kopf seiner Frau hinweg in den dunklen Raum. Er konnte Farids zwei kleine Kinder auf einem Kissen unter einer Decke liegen sehen. Es war nicht seine Sache, über sie zu entscheiden, auch nicht über seine Tochter. Farids Brüder müßten es tun... aber dann wiederum... »Wir werden sehen, was geschieht«, murmelte er. Er zog seine Schuhe an der Tür aus und trat über die Schwelle in sein warmes Haus. Er war von Arbeit und Sorgen gebeugt und hungrig vom langen Arbeitstag. Parvane saß da, satt, gewaschen, in sauberen Kleidern. Ihr Haar unter dem weißen Kopftuch war gekämmt. Sie saß auf seinem dicken, weichen Teppich neben dem Feuer, die leeren Hände im Schoß, und wiegte sich langsam hin und her. Reza setzte sich seiner Tochter gegenüber an seine Seite an der Feuerstelle. Er war müde, und sein Herz war schwer. Parvane starrte mit leerem Blick an ihm vorbei in den graublauen Abend, von einer tiefen Stille wie von einer Schneedecke umgeben.

ELFTES KAPITEL

Huri erzählt von Perlen und zieht eine Kette aus glühenden Kohlen auf

Die Kette war schon einmal viel länger: Schöne Perlen, wirksame und auch gefährliche Perlen waren rechts und links des Amuletts – Worte mit magischer Kraft auf einem Zettel, in roten Samt eingenäht – aufgezogen. Bis auf diese roten Glaskugeln und die beiden Silberperlen sind alle für irgend etwas gut. Die Muschel kommt aus dem Meer. Sie verhindert, daß Kleinkindern Schaum vor den Mund tritt. Der Tigerzahn ist gegen die Djenn. Er hing an der Wiege meiner fünf Kinder und wird auch an der Wiege des sechsten hängen, so Gott will. Im Gegensatz zu mir, denn ich werde von Jahr zu Jahr runzeliger, werden die Perlen mit zunehmendem Alter glatt und glänzend. Bernsteinperlen sind für alles gut, ebenso wie die rote Koralle. Die Perle mit den zarten roten und grünen Streifen verhindert Weinkrämpfe bei Babys. Das Stück Salzkristall und die blaue Perle sind gegen den bösen Blick. Wenn man etwas von dieser gelben Perle abschabt und es einem Baby in Wasser zu trinken gibt, bekommt es keine Gelbsucht. Der Eisenverschluß hält die Djenn fern. Diese schwarze, glänzende Perle zerspringt, wenn der böse Blick, der ein Kind treffen soll, auf sie abgelenkt wird. Ich hatte mehrere davon, aber sie sind alle im Laufe der Zeit zersprungen. Diese lange, dunkle ist für irgend etwas, ich habe vergessen wofür. Hier ist das getrocknete Auge eines geopferten Schafes: Es sorgt dafür, daß man gesund bleibt. Und diese lehmfarbene, runde Perle soll starke Worte wirkungslos machen: Wenn wir uns über Kinder ärgern, fluchen wir oft – »Ein Djenn soll dich holen!« sagen wir, aber wir meinen es nicht wörtlich, und die Perle verhindert, daß es wirklich geschieht. Der Dattelkern ist gegen Erschöpfungszustände bei Babys. Die weiße ist eine Milchperle zur Stärkung der Muttermilch. Die Eselsperle kommt von einem Knorpel, der bei einigen Eseln unter der

Nackenhaut sitzt. Man kann sie heimlich anwenden, damit ein Mann oder eine Frau einen begehrt. Ähnlich wirkt auch diese helle Perle: Durch sie mag ein Mann seine Frau so sehr, daß er keine andere nehmen will. Und diese schwarzweiße wird auf den sauberen, pulverisierten Lehm gelegt, auf dem die Babys entbunden werden. Durch sie wird das Kind schön, und sie schützt es vor den Djenn und dem bösen Blick. Die Hebamme und der Doktor lassen sie uns nicht mehr benutzen, aber neulich hat Hakime sich eine bringen lassen, als sie Simin bei der Geburt ihres Sohnes helfen mußte, weil die Hebamme gerade zu einem Religionskurs in der Stadt war. Mein Vater fand eine ganze Handvoll von diesen alten glasigen, blau-weißen Perlen auf dem Feld, die Leute von früher müssen auch über Perlen Bescheid gewußt haben. Ich bin sicher, sie sind für irgend etwas gut, aber es sind nur noch zwei übrig. Die große, schwere, dunkle ist eine Viehperle. Sie ist gut für Schafe und Ziegen, ähnlich wie diese braune: Man schabt etwas davon ab und streut es ins Viehwasser. Es wirkt bei Schafen und Ziegen gegen Durchfall. Diese hier ist so oft benutzt worden, daß sie fast aufgebraucht ist.

Ich hatte noch mehr Perlen, meine Tochter hat ein paar mitgenommen, obwohl sie eine sehr strenggläubige Moslemin ist und einen Revolutionsgardisten geheiratet hat. Wenn es um Schwangerschaften und Kleinkinder geht, wollen sie anscheinend soviel Schutz wie nur möglich haben, selbst wenn ihr Glaube es nicht ausdrücklich gutheißt. Ich hatte auch einen Kinderstein. Begom hatte ihn für Golgol ausgeliehen, und als ich ihn wieder brauchte, nachdem sie damit fertig war, habe ich meinen Sohn geschickt, um ihn zu holen. Ich sagte ihm, er solle ihn in seinen Schuh legen; dort in Bodennähe ist er weniger gefährlich. Aber auf dem Heimweg ging er spielen und hat ihn verloren. Das macht aber nichts: Er liegt irgendwo auf der Erde zwischen anderen Steinen und Kieseln und schadet so niemandem.

Perlen sind wirkungsvoll. Wie die Sprache, wie Worte, müssen sie mit Umsicht benutzt werden. Wenn sie mit Respekt behandelt werden, helfen sie einer Frau bei ihrer Verpflichtung, sich und ihre Kinder zu schützen. Aber die Mullahs sagen, die

Perlen seien schlecht; das sei Aberglaube, Magie, und man solle nur auf Gott vertrauen. Aber dennoch sage ich: Gott hat diese Perlen geschaffen, und Gott hat ihnen auch ihre Kraft gegeben – woher sonst sollten sie ihre Wirksamkeit haben? Also, wie kann es dann falsch sein, etwas zu benutzen, das Gott uns gegeben hat? Es ist eine Wissensfrage: Einige Frauen wissen um Perlen und können deshalb ihre Kinder bei guter Gesundheit und sich selbst bei Kräften halten. Und andere Frauen wissen es nicht oder sie sind zu faul, das Notwendige zu tun, und dann sterben ihre Kinder, und sie selbst sind schwach und können nicht arbeiten.

Natürlich müssen Perlen mit äußerster Vorsicht behandelt werden. Schließlich trägt man ja auch nicht sein Herz auf der Zunge, wenn man höflich sein will, und deshalb tragen wir auch keine Perlen mehr um den Hals. Wir schützen uns selbst nicht mehr, um anderen gegenüber rücksichtsvoll zu sein. Wir sind jetzt still und haben uns angewöhnt, Goldketten mit Anhängern zu tragen, in die das Wort »Allah« eingraviert ist. Aber ich behalte meine Perlen. Es vergeht kaum eine Woche, ohne daß jemand anfragt, ob er sie benutzen darf, um sie ins Wasser zu legen, um ein wenig davon abzuschaben, um sie an eine Wiege zu hängen. Früher waren wir unsere eigenen Ärzte und unsere eigenen Berater. Jetzt brauchen wir Männer aus der Stadt, damit sie uns sagen, was wir tun sollen. Ist es so besser? Ich behalte jedenfalls meine Perlen, obwohl mein Schwiegersohn, der Revolutionsgardist, mich warnt, daß sie im Jenseits genauso wie der Klatsch, der aus meinem Mund kommt, wie heiße Kohlen um meinen Hals hängen werden.

Ich lauschte gerade hinter der Laubhütte.
Was meine Frau und ihre Mutter über mich sagten,
macht mir das Herz vor Kummer schwer.

Wenn Männer reden, ist es, als fielen Rosenblätter zur Erde. Sie fallen ganz leise in der Sommerbrise herab. Wenn Frauen reden, sagen die Leute, ist es, als ob vergiftete Pfeile und glühend rote

Schwerter die Luft zerschneiden. Das ist wahr. Aber dennoch: Wer würde mich trösten, wenn ich traurig bin, außer meiner Mutter, meiner Schwester und meiner Nachbarin, die meine Kusine ist? Und warum werde ich so wütend, wenn mein Mann mich beleidigt und mich wie ein Kind ausschimpft? Ist es schlecht von mir, wenn ich mit meinen Schwestern zusammensitze, um mein Herz auszuschütten? Und dann wiederum sagt man, daß das Gerede der Leute auch hilfreich sein kann.

Es war einmal eine junge Witwe, die hatte einen Sohn. Der Sohn wuchs heran und heiratete. Die Witwe, die noch jung war, ließ sich mit einem Mann ein und wurde schwanger und gebar zur gleichen Zeit wie ihre Schwiegertochter einen Sohn. Die Braut wollte aus lauter Ehrfurcht und Bescheidenheit nicht, daß ihre Schwiegermutter und ihr Mann ins Gerede kämen. Sie gab vor, das Kind ihrer Schwiegermutter sei ihr eigenes, sie habe Zwillinge geboren. Dann zog sie das Kind selbst auf. Die Witwe starb schließlich. Aber als die Leute die Bahre hochheben wollten, war sie so schwer, daß sie nicht von der Stelle bewegt werden konnte. Sie riefen den Propheten herbei. Er befahl der Schwiegertochter, vor ihn hinzutreten, und fragte sie, was die Schwiegermutter Böses getan hätte, daß man die Bahre nicht wegtragen könne? Sie sagte es ihm. Der Prophet wiederum sagte es den Leuten, und die Leute fingen an zu reden: »Hast du schon von der Alten gehört? Wer hätte das von ihr gedacht? ... Sie hat uns alle reingelegt ... Möge Gott sich ihrer erbarmen!« So redeten die Leute, und je mehr sie redeten, um so leichter wurde die Bahre, bis es zu guter Letzt möglich war, sie wegzuschaffen, und man die alte Frau beerdigen konnte.

*

Dem Gerede kann keiner entkommen, sei es nun nützlich oder schädlich. Der Prophet Mohamad höchstpersönlich zog einmal mit einer Karawane durchs Land. Sie hielten in einer Karawanserei an, um zu essen, und seine Frau mußte hinausgehen und sich erleichtern. Dort verlor sie ihre Halskette. Da sie aber große Angst davor hatte, es ihrem Mann zu sagen, suchte sie überall danach. Inzwischen war die Karawane ohne sie weitergezogen. Nach einiger Zeit merkte der Prophet, daß sie nicht da war, und die Leute sagten ihm, sie wäre wegen einer Affäre mit dem Besitzer der Karawanserei dort geblieben. Sie hätten gesehen, wie sie mit ihm gesprochen habe und wie sie mit ihm draußen vor dem Tor herumgelaufen sei. Aber der Prophet, der alles sehen konnte, wenn er wollte, sagte nein, sie habe nur ihre Perlen verloren und suche danach. Aber die Leute hörten nicht auf zu reden, und jeder hatte noch mehr über sie und den Besitzer der Karawanserei zu erzählen. Schließlich sagte der Prophet Mohamad, daß selbst er, ein Prophet, die Leute nicht vom Reden über andere abhalten könne, und er ließ sich von ihr scheiden.

*

So ist das Schicksal nun einmal. Man muß nichts angestellt haben, um bestraft zu werden. Als ich das erste Mal schwanger war, fühlte ich mich sehr merkwürdig. Mal war mir zum Lachen, mal zum Weinen zumute, im einen Augenblick war ich zufrieden und ruhig, und im nächsten fing ich mit jedem einen Streit an. Ich konnte meinen Mann nicht ausstehen, und immer, wenn ich ihn sah, packte mich die Wut und mir kam die Galle hoch. Ich konnte nichts dafür. Schwangere Frauen, sagt man, sind oft so: Sie sind nicht mehr ganz bei Verstand, sie werden wie trotzige Kinder. Einmal habe ich einen Milchtopf umgestoßen, weil ich über etwas, das meine Schwägerin zu mir gesagt hatte, wütend war. Mein Mann hat mich durchs ganze Dorf gejagt, und dann hat er mich so sehr verprügelt, daß zwei Rippen gebrochen waren. Ich war damals im sechsten Monat, und mein Vater hat mich wieder nach Hause geholt. Zu Hause haben sie mich ausgeschimpft, weil ich mich so schlecht benommen hatte, und schließlich bin ich wieder zu meinem Mann zurückgekehrt. Danach war ich aber ruhiger und ausgeglichener. Es hat geholfen, daß er mich verprügelt hat, obwohl es nicht meine Schuld war.

Du weißt es, und auch Gott weiß, daß
meine Augen auf dir ruhen,
aber du willst mich nicht anschauen.
Das ist allein die Schuld deiner Mutter.

Einmal stritt sich ein Mann mit seiner Frau. Er warf einen Stein nach ihr und traf sie an der Stirn. Unter der abgeschürften Haut auf dem Schädelknochen konnte er ganz deutlich lesen, »diese Frau wird vierzig Tage in einem Bordell leben.« Ein paar Tage danach backte seine Mutter gerade Brot und hatte nicht genügend Wasser. Sie schickte ihre Schwiegertochter zum Wasserholen. Am Brunnen stand ein Mann, der ihren Arm nahm und sie fortführte, geradewegs in ein Hurenhaus. Sie blieb dort vierzig Tage. Als sie zurückkam, redeten die Leute: »Verprügle sie«, sagten sie zu ihrem Mann, »laß dich von ihr scheiden!«

Seine Mutter war die schlimmste: »Töte sie«, sagte sie.

Aber er sagte: »Nein, ich habe selbst gelesen, was auf ihrer Stirn stand. Es ist nicht ihre Schuld, es war ihr Schicksal, von Gott befohlen.« Und er nahm sie wieder als seine Frau an.

*

Wir sind von Natur aus böse, weil wir von Adam und Eva abstammen. Die Heiligen sind die Nachkommen des Propheten, und daher frei von Sünden. Einmal kam ein Blinder an die Haustür des Propheten. Die heilige Fatima zog den Schleier über das Gesicht und ging fort. »Warum hast du das getan?« fragte der Prophet sie später. »Er war blind, er hätte dich gar nicht anschauen können.«

»Aber ich bin nicht blind«, sagte Fatima, »ich hätte ihn anschauen können.«

Sie ist eine Heilige. Wenn uns so etwas passieren würde, würden wir uns den Mann erst einmal ganz genau anschauen. Das ist so, weil die heilige Fatima aus der Familie des Propheten stammt, und wir Kinder und Kindeskinder von Sündern sind.

*

Durch Gottes Willen sind wir so, wie wir sind, ob wir es mögen oder nicht. Wenn eine Frau ihre Monatsblutung hat, kann sie nicht beten und nicht in die Moschee gehen. Ihr Blut ist unrein und kann andere Menschen krank machen. Man sagt, daß am Anfang, als Gott Adam und Eva erschaffen hatte, die Männer sich mit dieser Last quälen mußten. Sie beklagten sich bei Gott darüber. »Wir wollen diese Schikane nicht«, sagten sie. »Es macht uns unrein und schwach, es ist entwürdigend. Befreie uns davon.« Sie flehten Gott so lange an, bis er sie schließlich davon befreite und es den Frauen gab. Deshalb menstruieren die Frauen und nicht die Männer.

Ihre Perlen waren auf eine Lederschnur gezogen,
und nicht auf einen brüchigen Faden.
Aber die Halskette zerriß,
und Korallen und Bernstein fielen in ihren Schoß.

Dieses ganze Gejammer wegen Behjad! Die Leute sagen, sie sei wegen ihres schwachen Herzens gestorben, weil sie schon wieder schwanger war; sie hätte sich die Eileiter durchtrennen lassen sollen, und sie hätte die Pille nehmen sollen und was nicht noch alles. Es war Gottes Wille. Es war auch ihre Schuld. Wenn sie nicht so ein Theater darum gemacht hätte, daß Aziz eine zweite Frau haben wollte, hätte er sie vielleicht in Ruhe gelassen. Eine Frau begeht eine Sünde, wenn sie sich ihrem Mann verweigert. Sicherlich war es besser, sie wurde schwanger und starb, als daß sie eine Sünde begangen hätte. Und es war ihr Schicksal. Was weiß der Doktor schon? Ist er vielleicht Gott? Oder ein Prophet? Als meine Schwester heiratete, war sie noch sehr jung und klein und schwach, ein richtiges Kind. Sie wurde schwanger, und der Doktor sagte, ihr Mann müsse sie in die Stadt bringen, sie könne das Kind nicht daheim gebären, weil sie zu schmal sei. Aber als es soweit war, hat er sie nicht ins Krankenhaus gebracht. Die Geburt war schon sehr schwer für sie, ganz sicher, aber sie überlebte es und das Kind auch, ganz gleichgültig, was der Doktor gesagt hat. Was nun Behjad anbelangt, ach, diese arme Frau! Ich habe in der Nacht nach der Beerdigung von ihr geträumt: Sie saß auf einer grünen Wiese voller Blumen, wie im Frühling die Gärten im Süden, mit dem Duft von tausend Blüten in der Luft. Behjad ist im Himmel, aber wer weiß, wo ich einmal sein werde?

*

Wie die meisten von uns, hatte auch ich so meine Zweifel, was über Himmel und Hölle gesagt wird. »Wer weiß das schon?« sagte ich. »Ist schon einmal jemand zurückgekommen, um es uns zu erzählen?« Dann hatte ich einen Traum. Ich sah meine Großmutter, die einige Monate vorher gestorben war. Sie saß im Hof meines Bruders und paßte auf den Reistopf auf. »Großmutter«, sagte ich, »du bist doch tot! Was machst du hier?«

»Meine Liebe, ich bin gekommen, um deinem Bruder zu helfen«, sagte sie. »Sie haben Gäste und so viel Arbeit. Ich dachte, ich könnte mich nützlich machen.« Nun frage ich dich: Hätte ich das im Schlaf sehen können, wenn meine Großmutter wirklich ganz tot und für immer verschwunden wäre, von den Würmern im Grab aufgefressen? Nein, wirklich, sie ist irgendwo. Im Himmel wahrscheinlich, weil sie überhaupt nicht unglücklich aussah. Sie sah fast so aus wie immer. Ich war froh darüber, weil ich glaube, daß nicht viele Frauen es schaffen, in den Himmel zu kommen.

> *Als ich vom Berg herabschaute, sah ich sie ihre Hüften schwingen.*
> *Die Perlen im Tal zwischen ihren Brüsten ließen meine Sinne schwinden.*

Wie ein Wolf, der eine Schafherde umkreist und das Schaf, das sich von der Herde abgesondert hat, fortschleppt, so liegen die Männer immer nach einer Frau, die nicht bei den anderen oder zu Hause in Sicherheit ist, auf der Lauer. So sind sie nun einmal. Gott muß es so gewollt haben, obwohl ich mir nicht vorstellen kann, warum. Vielleicht, um zu verhindern, daß die Frauen rebellieren; um jeder einzelnen zu zeigen, daß es wirklich besser ist, zu Hause zu bleiben und Mann und Kindern treu zu dienen, als sich in der Öffentlichkeit zur Schau zu stellen. Da war einmal ein Mann aus einem Dorf weiter oben im Tal. Er hatte keine Söhne, die für ihn das Vieh hüten konnten, und er war zu geizig, um jemanden dafür einzustellen. Er schickte seine Tochter, die noch ein Kind war; aber dennoch, die Männer fingen an, nach ihr zu schauen. Eines Tages war sie mit dem Vieh draußen, als ein Ghul, ein ganz übler Djenn, in Gestalt einer Bergziege, eines Widders, vorbeikam. Er trug sie auf seinen Hörnern in eine Höhle und machte sie zu seiner Frau. Sie konnte sich nicht dagegen wehren. Ihr Vater suchte nach ihr, das ganze Dorf suchte nach ihr, aber sie konnten keine Spur von ihr finden. Sie blieb bei dem Ghul und hatte mit ihm zwei Kinder.

Eines Tages kam ein Hirte zu ihrer Höhle, die einen dunklen, engen Eingang hatte, und er rastete gerade davor. Die Frau flüsterte ihm aus der Höhle heraus zu: »Ali«, sagte sie, denn sie hatte in ihm einen Jungen aus dem Dorf erkannt. »Geh nach Hause und erzähl meinen Verwandten, daß Mahvash einsam in der Höhle ist.« Er tat es, und sie kamen zu ihr und nahmen sie mit. Der Ghul wußte nicht, was er tun sollte, als seine Kinder weinten, und er tötete sie. Und die Verwandten der Frau wußten nicht, was sie mit ihr anfangen sollten, weil sie mit einem Fremden geschlafen hatte, und noch dazu mit einem Ghul, und sie töteten sie auch. Was hätten sie sonst tun sollen?

*

Mit einer Frau, die richtig unmoralisch ist, ist es so: Da war einmal ein Mann, der hatte eine Affäre mit der Tochter seines Nachbarn. Ihr Bruder schwor, sie zu rächen. Als der Mann das hörte, floh er aus lauter Angst. Aber seine Frau wußte, daß der Bruder aus Rache mit ihr schlafen würde. Sie verriegelte die Tür und schleppte einen Sack Weizen davor, um sicherzugehen, daß er nicht hereinkommen konnte. Aber nachts kam der junge Mann durch den Schornstein. Sie sah, daß es ihr Schicksal war. Sie sagte: »Es ist mein Schicksal, so soll es geschehen. Aber laß deinen Samen nicht in meinem Schoß, sondern in diesem Lumpen.« Das tat er auch. Als sie später in den Lumpen sah, war er voller Würmer. Das bedeutet, daß der Samen eines Mannes, der so etwas tut, sich in der Frau in Würmer verwandelt, und ab und zu bewegen sie sich und krabbeln in ihr herum, und dadurch macht sie es noch einmal. Von diesem Zeitpunkt an ist sie eine verdorbene Frau.

> *Mädchen, schön wie eine Rosenblüte,*
> *sieh nicht den schlimmen Schurken an,*
> *er ist auf dem falschen Weg.*

Hat eine Frau erst einmal einen Fuß auf den falschen Weg gesetzt, hat sie keine andere Wahl mehr, als darauf zu bleiben. Und ist sie erst einmal auf dem Pfad der Sünde, ist ihr Schoß durch diese Sünde für all ihre Kinder vergiftet: Sie werden auch schlecht. Das gilt auch für einen Mann, der ein Kind zeugt, solange er in Sünde lebt. In seinem Samen ist das Gift der Sünde für seine Kinder. Unser ehemaliger Grundbesitzer war der schlimmste Schürzenjäger in der Gegend. Sobald er die schöne Tochter, Frau oder Schwester irgendeines Mannes sah – jede war ihm recht –, wollte er sie besitzen. Und wenn ihr Vater oder Mann nicht einwilligte, verbrannte er einfach seinen Weizen und stahl seine Schafe, bis der arme Mann keine andere Wahl mehr hatte, als nachzugeben. Die Freunde des Grundbesitzers sangen und klatschten draußen in die Hände, während er in seinem Haus seinen unzüchtigen Geschäften nachging. Und heute? Sein Sohn sitzt im Gefängnis, und seine Tochter benimmt sich schlimmer als ihr Vater. Sie getraut sich noch nicht einmal mehr, ihr Gesicht im Dorf zu zeigen. Sie zog in die Stadt, wo ihr mehr Männer zur Verfügung stehen. Mir graust bei dem Gedanken an das, was aus ihren Kindern wird. Es geht immer so weiter, und das Gift breitet sich aus. So wird die Welt immer schlechter.

*

Vielleicht ist Soheila wegen ihrer Eltern so geworden. Die Leute sagen, daß sie sich viel gestritten haben, und ihr Vater war Gefolgsmann eines Grundbesitzers und hat mit allen Nachbarn Streit. Sie leben in einem Dorf sehr weit flußaufwärts. Soheila freundete sich mit dem Waldhüter in Deh Koh an. Er war aus dem tiefen Süden. Sie redete in aller Öffentlichkeit und allein mit ihm, und sie fuhr mit ihm auf seinem Motorrad in die Stadt. Ihr Mann hatte keinen Einfluß auf sie. Erst warf er sie raus, dann nahm er sie am nächsten Tag wieder auf, weil er niemanden hatte, der seine Kinder versorgt hätte. Seine Mutter war tot. Einmal hat ihn ein Nachbar dabei ertappt, wie er nachts mit einem Gewehr um das Haus des Waldhüters herumschlich. Es gab einen großen Krach mit Geschrei und Gewehrfeuer, und die Nachbarn dachten, der Krieg oder eine Räuberbande wären über sie hereingebrochen. Aber Soheila hatte wieder alle hereingelegt. Sie war in dem Tumult aus einem Fenster geschlüpft und nach Hause gerannt, und als die Leute zu ihrem Haus kamen, lag sie friedlich schlafend bei ihren Kindern, und ihr Mann war doppelt angeschmiert. Aber wir wußten, daß es irgendwann einmal ein böses Ende nehmen würde, obwohl der Waldhüter wegzog. Ihre Tochter heiratete einen Mann aus der Stadt und zog dorthin, und auch sie hatte einen Liebhaber, vielleicht auch mehrere, aber mit dem einen hatte sie ausgeheckt, ihren Ehemann zu töten. Es war ein alter Mann, der sie aus Mitleid geheiratet hatte, weil ihr Ruf so schlecht war. Die beiden haben ihn zusammen getötet, und nun ist sie im Gefängnis und ihr Liebhaber auch. Sie hat die Schlechtigkeit im Blut.

*

Als der Waldhüter das schamlose Verhältnis mit Soheila hatte, kam einmal seine Frau zu Besuch. Sie sah, was los war. (Frauen merken es; Männer, denen von ihren Frauen Hörner aufgesetzt werden, merken es nicht.) Sie war sehr traurig. Er verprügelte sie und machte ihr alle erdenklichen Scherereien, als sie ihm deswegen Vorwürfe machte.

Einmal war eine Theatertruppe in Deh Koh, und wir gingen alle hin. Sie hatten Schlangen und riesige Bilder von Szenen in

Kerbela – Blut und so, man bekam eine Gänsehaut. Die Frau des Waldhüters war auch da. Sie stand neben mir. Als die Vorstellung vorbei war, sammelten die Theaterleute Geld. Die Frau des Waldhüters gab mir zehn Toman und bat mich unter ihrem Schleier hervor, das Geld für sie nach vorne zu bringen, weil die Leute reden würden, wenn sie dabei gesehen würde. Ich tat es für sie, und dann sagte sie mir, daß sie das Geld für die heilige Sarah mit der Bitte gespendet hätte, sie solle ihren Mann bestrafen. Ich war beunruhigt und das mit Recht: Drei Tage später kippte der Lastwagen des Waldhüters auf dem Weg nach Shiraz um, und der Mann wurde schwer verletzt.

> *Gott gab mir eine Blume, eine Blüte,*
> *aber ich war nicht gut zu ihr.*
> *Ich sah in ihre Augen*
> *und versündigte mich.*

Vor nicht allzu langer Zeit, da lebte in Deh Rud ein Mann, der hatte eine Frau aber sonst nicht viel. Er ging in die Stadt, um dort zu arbeiten und ein wenig Geld zu verdienen. Er vermißte seine Frau und suchte sich eine andere. Er nahm sie mit zurück nach Hause. Seine erste Frau war nicht damit einverstanden. Sie und die anderen Frauen – die Frauen in Deh Rud sind schlau – verhexten ihre Nebenfrau und setzten ihre Perlen ein, damit der Ehemann seine zweite Frau nicht mehr wollte. Es wirkte. Es kam soweit, daß er sie richtig verabscheute, und er tötete sie und vergrub sie unter einem riesigen Steinhaufen im Feld. Aber die Kinder haben sie gefunden, und jetzt ist er im Gefängnis.

*

In Deh Koh vernarrte sich ein Mann in ein Mädchen, über das schon viel geredet worden war. Einige Leute sagten sogar, sie hätte draußen im Weidelager schon eine heimliche Totgeburt gehabt, obwohl so ein Klatsch ganz sicher eine Sünde ist. Gegen den Rat seiner Familie heiratete er sie. Er war verrückt nach ihr; drei Tage und Nächte hat er die Brautkammer nicht verlassen, und dann tat er alles, was sie wollte, brachte ihr das beste Essen und die schönsten Kleider und Perlen und goldene Halsketten. Aber sie wollte immer noch mehr. Die Leute machten sich hinter seinem Rücken über ihn lustig. Er drückte jedem, der zufällig in die Stadt fuhr, Stoffmuster in die Hand, die seiner Frau besonders gut gefielen, und bat ihn, den Stoff mitzubringen. Oder er gab jemandem Geld, damit er ganz bestimmte Schuhe, ein spezielles Parfum und was sonst nicht noch alles mitbrachte. Aber er war nicht reich und mußte immer mehr arbeiten, um ihre Wünsche erfüllen zu können. Wenn er ihr nichts schenken konnte, schmollte sie, kochte ihm kein Essen und ließ ihn nicht an sich heran. Schließlich hat er sich kaputtgeschuftet und ist gestorben. Er kommt in den Himmel und sie in die Hölle.

*

Was Binas angeht, nun, sie war eine ganz besonders weise, alte Frau. Sie konnte den Koran lesen und wußte alles. Einmal erzählte sie uns, sie sei im Traum in der Hölle gewesen. Da hing eine Frau mit der Brust an einem Eisenhaken, weil sie ohne die Erlaubnis ihres Mannes das Kind einer anderen Frau gestillt hatte. Und da war eine Frau mit einem glühenden Eisenkeil durch die Zunge, weil sie über andere schlecht geredet hatte. Und dann sah sie noch eine Frau mit glutroten Fesseln, weil sie ohne die Erlaubnis ihres Mannes irgendwohin gegangen war, und noch eine, in kochendes Wasser getaucht, die hatte sich ihrem Mann verweigert, und eine ausgemergelte Frau verschluckte Steine, weil sie ihren Mann und die Kinder nicht ordentlich ernährt hatte, sondern das Essen ihrem Liebhaber gegeben hatte. Und da war eine gepfählte Frau, die ohne die Erlaubnis ihres Mannes Almosen gegeben hatte und keine gegeben hatte, wenn es ihr von ihm befohlen worden war. Einer Frau, die viel gelacht hatte, kam Feuer aus dem Mund. Eine, die ihrem Mann das Trennungsgeld nicht erlassen hatte, wurde von einem Sack voller Steine niedergedrückt. Es gab Frauen, die mit Nadeln gespickt waren, Frauen, denen man die Augen ausgestochen hatte, andere mit abgeschnittenen Nasen, einige standen im

Feuer, andere im Schnee. Die Hölle, sagte Binas, war voller Frauen, die Sünden begangen hatten, die ihren Männern wie Ketten aus glühenden Kohlen um den Hals hingen.

Mein Söhnchen spielt mit den Perlen an seiner Wiege.
Die Perlen am Hals einer Mädchenblüte
werden ihn mir wegnehmen.

Es war einmal eine Witwe, die nur einen Sohn hatte. Da er ihr einziges Kind war, behandelte sie ihn wie ein Baby. Immer wenn er wollte, ließ sie ihn bei sich Milch trinken. Er konnte schon laufen, aber er trank immer noch ihre Milch, und dann konnte er sprechen und herumrennen und arbeiten, aber immer noch trank er sich jeden Morgen bevor er das Haus verließ an der Mutterbrust satt. Er sagte, er wolle nicht heiraten. »Wozu?« fragte er. »Ich habe doch meine Mutter.« Die alte Frau machte sich allmählich Sorgen, daß sie keine Braut bekäme, die für sie arbeiten könnte. Sie war schon alt und müde. Also sagte sie ihrem Sohn, sie würde ihn nur dann noch stillen, wenn er einwilligte, eine Frau zu nehmen. »Nun gut«, meinte er, »such mir eine Frau!« Die Mutter sah sich nach einer guten Frau um, eine hübsche sollte es für ihren geliebten Sohn schon sein, und sie wählte sie mit Sorgfalt aus.

Nach der Hochzeit wollte er nicht zu seiner Frau in die Brautkammer gehen, und seine Mutter mußte ihn hineinschubsen und die Tür hinter ihm verriegeln. Sie nahm an, daß er schnell seine Pflicht erledigen und dann wieder zu ihr kommen würde. Sie wartete und wartete, aber er kam nicht. Die Sterne verblaßten, die Morgendämmerung zog herauf, aber er kam immer noch nicht heraus. Die Sonne ging auf, und er war immer noch drinnen. Die Mutter wurde unruhig. »Meine Seele, mein Liebster«, rief sie, »komm und trink deine Milch.«

»Bei allem Respekt«, rief er aus dem Zimmer, »trag deine Brüste auf den Friedhof, Alte, ich habe Besseres zu tun.«

*

Als vor Jahren die Heuschrecken die Ernte gefressen hatten, kam die Witwe eines Seyed, das ist ein Nachfahre des Propheten, mit ihrer jungen Tochter zu meinem Großvater. Sie hatten nichts, und mein Großvater war wohlhabend. Sie blieben als seine Gäste bei ihm. Das kleine Mädchen war wunderschön: Ihre Haut war weiß wie Opalglas, und sie hatte Augenbrauen wie Widderhörner und kleine Brüste wie Mandelblütenknospen. Einer der Grundbesitzer sah sie und wollte sie zur Frau nehmen. Als er das erste Mal mit ihr schlief, gab es so viel Blut, daß das Bettzeug durchweicht war. Deshalb wurde sie seine Lieblingsfrau: Es zeugte davon, wie jungfräulich sie war.

*

Als ich noch klein war, spielte mein Vater immer mit mir. Ich war sein ältestes Kind, und er mochte mich gern. Er lag auf dem Rücken und setzte mich auf seine Fußsohlen und bewegte seine Beine auf und ab, so daß ich das Gefühl hatte zu fliegen. Und manchmal warf er mich ein wenig hoch in die Luft. Aber meine Mutter sagte ihm, er solle das lassen. Es könnte mein Jungfernhäutchen zerreißen. Sie hatte recht. Schulsport für Mädchen, dieses Rumgehopse und Gelaufe ist schädlich. Nargez erzählte uns von ihrer Nachbarin in Shiraz. Ihre Tochter bekam vor der Hochzeit einen Brief vom Schulleiter. Darin stand, daß sie sehr aktiv am Sport beteiligt war. Denn ihre Mutter fürchtete, ihr Jungfernhäutchen könnte zerrissen sein. Und in der Tat, so war es auch! Wie peinlich für den Bräutigam und den Brautvater und die Brüder! Wenn sie diesen Brief von der Schule nicht gehabt hätte, wer weiß, was aus ihr geworden wäre?

> *Die Tränen der schönen Blütenbraut*
> *tropfen wie kostbare Perlen*
> *auf eine grüne Blumenwiese.*

Mädchen müssen selbst für sich sorgen. Rote Lippen und schwarze Augen und eine weiße Haut unter den Röcken reichen aus, um einem Mann den Verstand zu rauben, aber sie reichen nicht aus, um einer Frau ein angenehmes Leben zu gestalten. Eine gute Frau muß wissen, wann sie reden darf und wann sie zu schweigen hat, wann sie arbeiten soll und wann sie mit ihren Perlen klimpern darf, wann sie ihre Augenbrauen einsetzen kann und wann ihre Stimme.

Ein Sohn der Familie, die neben Alis und Golgols neuem Haus wohnt – ich meine das Haus, das sie gerade verkauft haben –, suchte sich eine Frau aus einem Dorf auf der anderen Seite des Schneebergs. Er war dort Lehrer. Sie war völlig fremd hier im Dorf. Ihre Verwandten hatten sie nur zögernd ziehen lassen. Vorher hatten sie sich die Familie des jungen Mannes ganz genau angesehen. Aber es sind anständige Leute, und schließlich gaben sie dem jungen Lehrer ihre Tochter zur Frau. Sie war von Anfang an eine sehr gute Frau, höflich und angenehm und fleißig; sie klatschte nie und redete nicht, wenn sie nicht gefragt war. Aber aus irgendeinem Grund machten die Verwandten ihres Mannes ihr das Leben schwer, und sie weinte oft, sagte Golgol. Trotz ihres Unglücks blieb sie ruhig und anständig und beklagte sich nicht bei den Nachbarinnen. Sie hatte Würde – sie hat sie natürlich immer noch. Nun gut, eines Tages stieß ihr etwas besonders Unangenehmes zu. Sie ist nicht wie wir, wir schreien und schimpfen und fluchen gleich los – unsere süße, fromme Golgol hat einmal bei einem Streit Mehris Kette heruntergerissen –, nun, diese junge Frau tat nichts dergleichen. Statt dessen stieß sie ganz plötzlich aus einer totalen Stille heraus einen lauten durchdringenden Klagelaut aus, als ob jemand gestorben wäre. Die Leute kamen von überall herbeigerannt, und obwohl sie so schnell aufhörte, wie sie angefangen hatte, hing das Gerede schon in der Luft, Klatsch breitete sich aus. Irgend jemand benachrichtigte ihre Verwandten, und zwei Tage später kamen ihr Vater und zwei ihrer Brüder und noch andere Leute im Auto an, um sie wieder abzuholen. Ihr Mann und seine Mutter mochten sich noch so viel mit einschmeichelnden Worten bemühen, ihr Mann mußte mit der ganzen Verwandtschaft, einem Lieferwagen voller Leute, zwei Reisen zu ihrem Vater unternehmen, ehe er sie wiederbekam, und das auch erst, nachdem er vor allem, was Rang und Namen hatte, ein Schreiben unterzeichnet hatte, in dem er versprach, ihr niemals mehr Ärger zu machen und es nicht zuzulassen, daß ein Familienmitglied sie noch einmal schlecht behandelte. Ohne auch nur ein Wort zu verlieren, hatte sie sich ein angenehmes Leben eingehandelt. Was für eine schlaue und starke Frau sie schon als junge Braut war!

*

Im Laufe der Jahre habe ich so einiges begriffen. Ich weiß, wann ich Süßholz raspeln soll und wann ich schimpfen kann. Ich weiß, welche Perlen wirken und welche nur hübsch anzuschauen sind. Durch eigene Erfahrung habe ich herausgefunden, was mir und meinen Kinder gut bekommt. Ich habe erfahren, wer gute Amulette für bestimmte Anlässe schreiben kann, und wie man Glückstage und Unglückstage herausfindet. Ich weiß, es wird das ganze Jahr hindurch Streit geben, wenn mein Mann als erster am Neujahrstag die Tür öffnet. Aber wenn ich sie als erste aufmache, wird Frieden im Haus herrschen. Am letzten Abend des alten Jahres hatten wir eine Auseinandersetzung. Kurz nach Mitternacht weckte mich mein Mann: »Geh und mach die Tür auf«, sagte er, aber ich war noch wütend auf ihn. »Ich habe sie gestern Abend nicht zugemacht«, sagte ich. »Du warst es. Geh und mach sie selbst auf!« Aber dann dachte ich daran, wie ich unter den zukünftigen Streitereien leiden würde, und da bin ich aufgestanden und habe die Tür aufgemacht. Weisheit und Wissen sind die Krücken fürs Leben.

> *Eija, popeija, ich schaukle eine neue Wiege.*
> *Laß mich die Perlen an der Wiege*
> *in die Hände meines Babys zählen,*
> *eine nach der anderen.*

Nachwort

Huri, die in Geschichten denkt und spricht, ist nun eine Witwe mit fünf Kindern; darunter sind zwei halbwüchsige Söhne. Dank der kleinen Rente, ihrer Gesundheit und ihres beachtlichen Erfindungsreichtums schafft sie es, ihre Familie, die Kühe und die Ziegen zu ernähren. (Ab und zu, wenn alle Stricke reißen, trägt sie das Gras auf ihrem eigenen Rücken wie eine junge Frau nach Hause.) Auch ihre Felder werden regelmäßig gepflügt, das Getreide wird gesät und geerntet. Mit ihrem Einverständnis arbeiten ihre Söhne nicht auf dem wenigen Land ihres Vaters, noch nicht einmal während der langen Sommerferien. (Die meisten ehrgeizigen Schüler der höheren Schulen verachten die Landarbeit.) Die vielen Sorgen machen ihr das Herz schwer, sagt Huri. Es fühlte sich an, als ob ein großer Stein auf ihrem Herzen läge. Aber sie sieht dabei ganz zufrieden aus. Die Verwandten ihres Mannes wollten weder sie noch ihre Kinder, noch machten sie Ansprüche auf sein Land geltend. Ihr alter Vater hält seine schützende Hand über sie. Ihre Mutter ist hilfsbereit, und die Brüder, die alle jünger sind als sie, verehren sie. Und sie weiß, daß sie besser zurechtkommt als früher, als ein kränklicher und streitsüchtiger Ehemann sie nur notdürftig und unzureichend versorgte. Damals sind ihre »Perlen der Weisheit« entstanden. Besser als jede Biographie geben sie Zeugnis von den Richtlinien, nach denen sie ihr Leben mit einigem Erfolg gestaltet. Dennoch war die Enttäuschung vor Jahren so groß, daß sie beim Tod einer ihrer Töchter (sie war noch ein Baby, und ihr Tod hätte vermieden werden können, wenn Huri es ernsthaft versucht hätte) sagte, sie sei ganz froh darüber, weil dem kleinen Mädchen so das trostlose Leben einer Frau erspart geblieben sei.

Manche Leute sagen, Parvane ginge es viel besser, andere meinen, es ginge ihr etwas besser. Niemand, nicht einmal die Verwandtschaft ihres Mannes, behauptet, sie sei bei ihrem Vater schlechter aufgehoben als bei ihrem Mann. Die Situation ihres

Mannes hat sich drastisch verändert, was jeder außer Parvane zu spüren bekommen hat. Am Dorfleben nimmt Parvane nicht mehr teil, sie wurde sozusagen aus dem Verkehr gezogen. Während sie wie auf einer Insel lebt und von ihrer Mutter und dem noch immer unschlüssigen Vater von allem abgeschirmt wird, geht das Leben um sie herum weiter. Jeder außer ihr selbst macht sich um sie Sorgen. Ihre Mutter hofft, so lange zu leben, bis Parvanes Sohn erwachsen ist, um sie in seine liebevolle Obhut nehmen zu können – eine vage Hoffnung, die mehr auf die Güte der zukünftigen Schwiegertochter setzt, als vernünftig ist, aber es ist ihre einzige Hoffnung. Noch hält das Sicherheitsnetz. Es hat Parvane die Möglichkeit gegeben, wenigstens am Rande der Gesellschaft zu funktionieren, während sie sich langsam aber stetig aus der Realität weiter zurückzieht. Das ist sowohl ein Triumph des Zusammenhalts und der Solidarität in der Familie und der unter den Frauen als auch der starren und zwanghaften Erwartung, die einer Frau ihre Rolle und ihre Aufgaben in der Gesellschaft wie selbstverständlich zuteilt.

Um Setara kreisen wie eh und je Gerüchte, und sie erklärt sie mit großer Geste für null und nichtig. Diese Gerüchte und ihre Hintergründe schmücken zwar ihre Lebensgeschichte noch weiter aus, aber für ein neues Kapitel reicht es noch nicht, wenigstens bis jetzt noch nicht. Sie hat ihr Dach teeren lassen, aber jetzt fließt kein Wasser mehr durch die Wasserleitung zu ihrem Haus. Das erfordert weitere Fahrten zur Stadt und noch mehr Bittschriften. Für Setara bietet das Leben vor allem eine Herausforderung: Sie tut alles, was in ihrer Macht steht, um die gute alte Zeit, als Tehrani sich noch um alles kümmerte, wieder aufleben zu lassen. Zumindest soll alles wieder annähernd so wie früher werden. Sie versucht, ihren eigenen Mythos zu leben, und inszeniert ein Drama, das sie gleichzeitig befriedigt und frustriert und sie ständig in Bewegung hält.

Die Weberin Sarah heißt nun »Mashhadi Sarah«. Die Pilgerreise zum Grabmal des Imam Reza hat sie erfolgreich hinter sich gebracht. Sie hat etwas von der Welt gesehen, aber dennoch meint sie, dadurch habe sich weniger für sie geändert, als sie angenommen habe. Dort draußen, sagt sie, sind die Menschen von Sorgen geplagt, und ihr Lebensrhythmus ist hektisch. Zu Hause hat sich der Mittelpunkt ihrer Welt unter die Apfelbäume ihres Sohnes verlagert, die hinter einer neuen, massiven Mauer liegen. Kunden und Nachbarn finden sich immer noch unter dem wackeligen Sonnenschutz ein, der aus einem alten Schleier, der an drei Bäumen befestigt ist, besteht. (Kein Vergleich zu dem Schatten, den früher der Walnußbaum bot.) Zwei Enkelinnen sind ihr noch geblieben (die älteste wurde, nachdem sie die Schule beendet hatte, verheiratet und zog fort). Sie bringen immer noch Geschichten aus der Schule und über Fremde mit. Sarah hat im Haus ihres Sohnes alles, was sie braucht. Wenn sich etwas für sie geändert hat, dann nur zu ihrem Vorteil. Über ihren Webstuhl gebeugt, wirkt sie jetzt älter und benimmt sich auch so und sie spricht weniger und mit einer sanfteren Stimme. Die Geschichten in ihrer Familie handeln jetzt von den jungen Leuten und der neuen Braut ihres Mannes.

Im Leben von Mamalus, der Geschichtenerzählerin, haben sich die Dinge so schnell entwickelt, daß sogar sie, eine der rastlosesten und resolutesten Frauen im Dorf, nicht mehr nachkommt. Ihr Lieblingssohn starb an einer mysteriösen Krankheit; ein anderer baute weitab vom Gedränge ein Haus, holte die ganze Familie nach und heiratete dann die Tochter von einem ihrer Vettern, der nach zwanzigjährigem Stillschweigen wieder aus dem Nichts aufgetaucht war. Er war Fabrikarbeiter in einer großen Stadt, hatte eine schnellsprechende Frau mit riesiger Nase und pfiffigen Augen und zwei rundliche, heiratsfähige Töchter mit kurzen, krausen Haaren und blutrot lackierten Fingernägeln. Eine davon blieb und heiratete Mamalus' Sohn ... und das ist auch wieder eine Geschichte für sich – und was für eine! Mamalus' Tochter Effat hatte einen Freier, der von der Familie akzeptiert wurde. Aber dann erspähte Mamalus einen besseren und löste Effats Verlobung. Das war ein schwieriges, nervenaufreibendes und ganz und gar erfolgreiches Unterfangen. Mamalus' Vorrat an grotesken und absurden Geschichten schwindet langsam aus ihrem Gedächnis. Aber das tut ihr nicht leid. Das Leben bietet ihr gerade so viel Aufregung, wie sie verkraften kann, sagt sie.

Von den anderen, die wir aus der Geschichte von Gedulak kennen, ist noch Qeta zu erwähnen. Sie starb im darauffolgenden Sommer an einem heißen Abend still im Haus ihres Bruders, und viele haben sie vermißt. Das ist merkwürdig, wenn man bedenkt, daß sie doch nur eine verrückte, häßliche, arme, alte Frau war. Amenes Geschichte (oder, angemessener ausgedrückt, Amenes Geschichten, denn sie ist mit vielen anderen Geschichten verbunden), hat noch niemand erzählt. Sie und ihre Schwester, die Lehrerin, die als erste Frau im Dorf für ihre Scheidung gekämpft und sie durchgesetzt hat, und ihre Mutter, eine der eindrucksvollsten Frauen, die ich jemals kennengelernt habe, sind etwas Besonderes. In ihrem Leben verbindet sich die Welt der Frauen mit der Geschichte des ganzen Dorfes und dem Zusammenspiel von Macht, Adel und Politik. Auch spiegeln sich in ihrem Leben Anfang und Ende mehrerer Epochen wider.

Abbas, der Frauenschänder (oder doch nicht?), wurde schließlich gefangen und wanderte ins Gefängnis, aber keiner scheint zu wissen, für welches seiner Verbrechen. Turan wurde mit einem Polizisten aus einer Stadt im Süden verheiratet. Sie zog bereitwillig dorthin, sagt Banu, aber Nargez weiß von jemandem, der mit ihrem Mann zusammenarbeitet, daß Turan dort unglücklich ist, weil sie mit einem Mann ohne Bildung verheiratet ist und mit einer großen Familie von ungehobelten Leuten zusammenlebt. Nargez, die meist mit ihren Voraussagen recht behält (und scheinen sie noch so weit hergeholt zu sein) sagt, Turan werde zurückkommen. Sie sagt, Turans Mann werde sich von ihr scheiden lassen, weil sie keine Kinder bekommt. Nargez selbst und ihr Mann sind für immer ins Dorf zurückgekehrt. Sie beißen sich so durch und weinen ihrem ehemaligen Stadtleben keine Träne nach. Sie wartet immer noch darauf, daß ihr Mann ihr einen Anbau für eine Ziege baut.

Banu und Mahin geht es gut. Banu sitzt weiterhin auf ihrer Veranda, umgeben von Nachbarn, Schwestern und Freundinnen und einer stetig wachsenden Familie mit lauten und schmutzigen Kindern. Sie ist mit dem wenigen, das sie besitzt, zufrieden und mit fast allen gut Freund. Mahin hat einen Fremden geheiratet. Er ist wohlhabend (im Vergleich zu den Einheimischen) und gebildet (im Vergleich zu ihr) – sie hat sich diesen Mann selbst ausgesucht. (Die Verwandten hatten es aufgegeben, sie zu verheiraten.) Ihre Lebensgeschichte wird wohl niemals erzählt werden. Es ist die Geschichte einer treuen Tochter und vertauschter Geschlechterrollen: einer Tochter, die ihrer Pflicht zu heiraten nicht nachkommen will und ihrer Rolle als Frau nicht gerecht wird, um die ungewöhnliche Aufgabe zu übernehmen, ihre Eltern zu versorgen. Trotz Kritik und Mißbilligung verfolgte sie ihr Ziel, wenn auch mit Groll, bis sich die Probleme in ihrer Familie von selber lösten und sie wieder frei war. Als ihr Vater beerdigt wurde und ihr Bruder heiratete, drehte sie der Vergangenheit den Rücken und ging ihren eigenen Weg.

Leila machte eine schlimme Phase durch. Ihr Mann wurde auf einen ihrer Vettern eifersüchtig, der seiner Ansicht nach die Freiheiten, die einem engen männlichen Verwandten zugestanden werden, mißbrauchte und zu oft zu Besuch kam. Im Verlauf der Auseinandersetzung bekam der Vetter Hausverbot und Leila ein blaues Auge. Dann hatte sie ein Magengeschwür, das nur langsam heilte. Ihre Kräfte schwanden und mit ihnen ihr überschäumendes Temperament. Sie ist jetzt viel ruhiger als früher, und sie scheint ein wenig traurig zu sein. Sie macht sich Sorgen um ihre vier heranwachsenden Söhne, die bald zu bewaffneten Soldaten werden und von einem Krieg, den niemand im Dorf wollte, verschlungen werden könnten.

Gouhar und Aftab reden wieder miteinander, vorsichtig und mit weitschweifiger Höflichkeit. Maryam hat den auf tönernen Füßen stehenden Frieden zwischen den beiden vermittelt. Über den Schmuck redet man nicht mehr. Aftab wird bald in ein neues Haus ziehen, das Bandar an einen Hang am Dorfrand gebaut hat, und dann wird sie nicht mehr viel von ihren alten Nachbarinnen sehen. Dort wird dann alles in Ordnung sein, sagt Aftab. Sie haben sogar eine eigene Toilette und eine Dusche, wenn Bandar dazu kommt, eine zu bauen.

Maryams Bruder Kerim, der Schulleiter, starb an einer Magenkrankheit. Durch seinen Tod hatte die Familie samt Maryam plötzlich ihren Wortführer verloren. Ziemlich lange gab es niemanden aus der jüngeren Generation, der diese Rolle ausfüllen konnte. Maryam war durch seinen Tod viel beschäftigt. Zunächst organisierte sie die Trauerfeierlichkeiten, dann spielte sie die Vermittlerin in ihrer Familie, brachte diesen und jenen Stein ins Rollen und machte ihren Einfluß überall geltend. Da sie sich freier als die anderen Frauen bewegen konnte und ihnen auch intellektuell überlegen war, war sie in diesen Wochen kaum zu Hause. Nach dem letzten Stand der Dinge scheint ihr Lieblingsneffe, auch ein Lehrer, in Kerims Rolle hineinzuwachsen, und Maryam stärkt ihm mit bewundernswerter Energie und Loyalität den Rücken.

Im Familiendrama um Golgol und Ali haben sich die Verhältnisse in aufregender aber voraussehbarer Art und Weise verändert. Mehri hat einen Mann gefunden und ist ziemlich weit weg in eine der umliegenden Ortschaften gezogen. Akbar ist ein sehr müder, alter Mann, der mit nichts belästigt werden will und für die kleinsten Annehmlichkeiten dankbar ist. Begoms Kampfgeist ist gebrochen, seit sie sich wegen ihres Herzfehlers körperlich zu schwach fühlt, um noch die starke Verhandlungsposition zu behaupten, die sie durch das Tragen der Hauptlast der Arbeit früher hatte. Bald war sie auch geistig nicht mehr agil genug, um zu kämpfen. Sie hat sich auf ihr Altenteil zurückgezogen und nimmt würdevoll die dargebotene Fürsorge und Hilfe entgegen. Golgol hat aufgehört zu arbeiten. Sie erwartet ihr viertes Kind und kümmert sich wie eine vorbildliche Moslemin um die Familie ihres Mannes.

Tala und Yusuf haben eines der größten Häuser im Dorf gebaut. Obwohl Tala oft traurig und wütend ist, hat sich zwischen ihr und den meisten von Yusufs Verwandten eine freundliche Beziehung entwickelt, zumindest bis zur nächsten Krise. Beide haben ihre Kinderlosigkeit anscheinend als Gottes Willen akzeptiert.

Perijan hat die Wechseljahre hinter sich und lacht darüber,

daß sie sich damals wegen ihrer Schwangerschaft so schämte. »Wie dumm man als junge Frau doch sein kann«, sagt sie und macht sich über sich selbst lustig. Sie ist glücklich und gesund. Ihre beiden strammen Söhne versorgen sie sehr gut; in ihrem ganzen Leben ging es ihr noch nie besser. Die zwei kleinen Töchter sind ihre besondere Freude und der Sonnenschein des ganzen Hauses. Sie sagt, sie seien schrecklich verwöhnt, und Gott möge sie und alle anderen Kinder und das ganze Dorf in dieser schweren, traurigen Zeit beschützen.

Danksagung

Viele Freunde und Institutionen, die dieses Buch ermöglicht haben, verdienen Dank für ihre Hilfe: In den Vereinigten Staaten das National Endowment of the Humanities, das Social Science Research Council, die Wenner Gren Foundation for Anthropological Research und die Western Michigan University für Forschungsstipendien; E. Dominek, M. Hegland, R. Hinkel, M. Jayne, R. Löffler, J. Sloan und J. Sacks für kritische Lektüre und Ermunterung; in Deutschland A. und D. Götzelmann für ihre rührende Gastfreundschaft während der Durchsicht der deutschen Bearbeitung; und im Iran ganz besonders die Bewohner von Deh Koh, deren Großzügigkeit und Geduld allerdings mit Dank gar nicht beglichen werden können.

Frankenthal im April 1991   *Erika Friedl*

Inhalt